1917—2017

100th Anniversary
Shanghai University of Finance and Economics
上海财经大学 100周年校庆

谨以此丛书献礼

上海财经大学百年华诞

千村调查十年回眸

媒体报道篇

上海财经大学千村调查项目组

上海财经大学出版社

本书由上海文化发展基金会图书出版专项基金资助出版

图书在版编目(CIP)数据

千村调查　十年回眸.媒体报道篇 / 上海财经大学千村调查项目组编.—上海：上海财经大学出版社，2017.9

ISBN 978-7-5642-2820-0 / F.2820

Ⅰ.①千…　Ⅱ.①上…　Ⅲ.①乡村—社会调查—调查报告—中国　Ⅳ.①D668

中国版本图书馆CIP数据核字(2017)第212972号

责任编辑　朱静怡

封面设计　张克瑶

QIANCUNDIAOCHA SHINIANHUIMOU

千村调查　十年回眸

——媒体报道篇

著 作 者：上海财经大学千村调查项目组

出版发行：上海财经大学出版社有限公司

地　　址：上海市中山北一路369号(邮编200083)

网　　址：http: //www.sufep.com

电子邮箱：webmaster@sufep.com

经　　销：全国新华书店

印　　刷：上海宝山译文印刷厂

装　　订：上海淞杨装订厂

开　　本：710mm × 1000mm　1/16

印　　张：18.75

字　　数：297千字

版　　次：2017年9月第1版

印　　次：2017年9月第1次印刷

定　　价：56.00元

Foreword 前言

习近平总书记在全国高校思想政治工作会议上强调，高校思想政治工作关系高校培养什么样的人、如何培养人以及为谁培养人这个根本问题。做好高校思想政治工作，要因事而化、因时而进、因势而新。高校要全面提高人才培养能力，广泛开展各类社会实践，增强思想政治工作的时代感和吸引力。总书记的重要讲话，为办好中国特色高等教育指明了方向。

上海财经大学创建于1917年，是我国高等教育领域办学历史最为悠久的财经院校。经过百年来的不懈奋斗，学校已成为一所经济管理学科优势突出、国际化特色鲜明、在国内外具有一定影响力的社科类大学。学校秉承创始校长郭秉文倡导的“三育并举”“四个平衡”的教育思想，铭记首任教务长马寅初题写的“经济匡时”校训，坚持“面向社会，求真务实，立德树人，经世济国”的办学理念，坚持实践育人的办学传统。在20世纪20年代上海商科大学时期，学校就提出“治商业学科者，不独贵具书本之学识，尤贵具实际之常识”；50年代孙冶方院长要求师生“跑出学校门，到实际工作中再去学习”，姚耐院长强调学校“坚持理论联系实际，改革高等财经教育”；改革开放以来，学校坚持面向社会，密切联系实际，提出了“复合型、外向型、创新型”的人才培养规格，促进学生“素质、知识、能力、体格”全面发展。可以说，学校在各个发展阶段都高度注重培养学生服务国家、服务人民的社会责任感，勇于探索的创新精神，善于解决问题的实践能力。在社会实践的载体建设上努力做到因时而进、因势而新，创校初期设立实习银行、消费合作社，改革开放以来实施暑期“三下乡”社会实践、“知行杯”社会实践竞赛、“百县义务教育调查”等，“千村调查”就是其中规模较大的一个项目。

中国农村是经济学最好的自然实验室，是大学生熟悉当代中国社会、了解中国国情的最好课堂，也是我们党培养人才、锻炼人才的重要阵地。大学生是未来中国的希望，他们对农村认识、理解和思考的深度将直接影响和改变中国农村乃至整个中国未来的发展。财经学科与国民经济和社会发展关系密切，财经人才直接服务社会主义市场经济建设，如果缺少对广大农村、农业、农民的了解，离开中国大地的“滋养”，那么，我们的人才培养就谈不上是成功的。让学生了解中国最基本社会单位——村庄的状态，帮助他们读懂中国最基本的现实，将知化行，以行促思，可以激发学生的爱国热情和学习动力，增强他们的责任感和使命感。

基于上述思考，自2008年以来，学校通过国情教育、科研训练、创新实践开展人才“集成式”培养，以问题导向的社会调查为主要方法，每年暑期组织在校学生“走千村，访万户，读中国”，深入农村开展相关“三农”问题的主题调查。学校先后围绕“农民发展状况”“农村医疗卫生保障”“农民收入状况”“粮食安全问题”“农村文化建设”“农村劳动力城乡转移”“农村养老状况”“农村基础金融服务”“农村创业状况”“农村互联网应用”10个主题，组织广大学生奔赴全国各地开展调查研究。10年来，参与的学生达17 100多人次；师生们的足迹遍布全国31个省（直辖市、自治区）的9 670多个村庄，调查农户达126 120余家；发放调查问卷累计20余万份，回收有效问卷近14.5万份；学生撰写调研报告万余篇。

经过10年探索实践，“千村调查”项目形成了较为鲜明的特点。

1. 立德树人：创新思政教育载体，丰富人才培养体系

学校以立德树人为根本任务，积极探索财经人才培养模式改革。在多年探索的基础上，学校以分类培养为理念、以课程学习为基础、以个性体验为依托，实施拔尖计划、卓越计划、创新创业计划三类人才培养路径，完善通

识教育课、学科基础课、专业方向课三类课程结构，打造社会实践、科学研究、海外学习三类个性化体验平台，构建了立体化的财经人才培养模式，着力培养适应国家发展需要和全球化竞争的卓越财经人才。

学校将“千村调查”作为全校性的社会实践平台，纳入各类人才培养体系。项目每年聚焦一个“三农”主题，以科研项目的规范要求开展社会实践，在增强学生的社会责任意识和实践能力的同时，帮助学生学习和掌握科学的社会调查方法、提升创新研究能力，并进一步建立数据库支撑后期研究，着力挖掘和产出具有重大价值的研究成果。目前，每位本科生在校期间都拥有 1 次以上参加“千村调查”及其他各种内容和形式社会调查的机会。

通过一年一届的对中国“三农”发展状况的接力式追踪调查，项目形成了“连续性、主题式、项目制”的特征，形成了首席专家制、教育培训机制、学术诚信约束、成果转化机制、安全保障机制、制度激励机制六大工作机制。从 2013 年起，在学生返乡调查的基础上，学校进一步又将调查形式拓展为“返乡 + 定点”调查，选取 30 个县作为固定观察点，由专业教师带队，开展更具科学性和延续性的长期跟踪调查。

2. 教学相长：深入田间地头，实现三全育人

针对“千村调查”项目，学校专门建立了由分管校领导直接负责推动，发展规划处（学科办）与学工、教学、科研等部门相互配合，各学院具体实施的体制机制。从首席专家遴选、问卷设计、学生队伍组建、预调查、学生实地调研，到数据处理、调查报告撰写、研究论文指导等一系列工作，构建了一个跨学科、跨部门、师生融合的思政协同创新平台，成为教学相长、三全育人的重要载体。

在定点调查环节，带队教师与学生朝夕相处，他们身体力行、言传身教，他们严谨客观的学术态度和谦逊礼让的道德风范，成为社会主义核心价值观的最佳诠释和模范践行；在讨论探究、答疑解惑的过程中，真实地展现出了教师的人格魅力和学识魅力，从写作、研究、学习、处事、做人等方面深深影响和感染着学生们。

参与“千村调查”实践也使得教师自身获益良多。许多参与的教师表示，调查实践使他们对中国问题的思考更加深入、更为全面；也和青年学生们一

起受到了深刻的国情教育。“千村调查”项目使学生在参与中感知个人、国家与社会，感悟生活与人生；也使教师将潜心问道和关注社会相统一，以德立身、以德立学、以德施教，真正实现了全员育人、全过程育人、全方位育人。

3. 实践大课堂：激发爱国热情，结出创新硕果

在农村大课堂的亲身磨练，使学生们真切地体察到了中国当代农村的现状，感受到了改革开放所带来的农村社会发展、农民生活质量的变化，也增强了服务国家、服务人民的责任感与使命感。参与调查的同学感慨：“农村给我们上了人生重要的一课”“‘千村调查’让我们知道了真正由土地养育出的劳动人民的伟大之处”“当第一次走进广袤的农村时，忽然明白什么是责任了。但是，这种责任意识，如果封闭在大学校园里，则是比较难体会到的。”也有学生感触至深地说，“我们从小生活在城市，因为调研第一次看到了真正的黄土、土山、土房，还有像黄土一样淳朴的村民们”。调研不仅是一次学术上的探寻，更是对他们内心世界的冲击，学生们表示：“‘千村调查’是一次成长之旅，让我们无比感激！”

在教师的指导下，项目培育出了一批高质量的调查成果。有同学的调研报告被当地报刊全文刊登，有同学的调查结论被全国人大代表引用作为提案，还有同学利用调研资料撰写课外学术科技作品，参与全国大学生竞赛并获得多个奖项。

“千村调查”项目不仅搭建了一个大学生社会实践和国情教育的平台，为增强大学生创新精神和实践能力提供了一种行之有效的培养模式，更为深入开展我国“三农”问题研究采集和积累了极其宝贵的一手资料，经过长期持续的积累和跟踪研究，愈发凸显出重要的研究价值和意义。

刘延东同志两次对“千村调查”专门批示，她指出：“组织大学生深入实践，体察国情民情，受教育、长才干，是培育人才的好形式。”基于调查形成的研究成果受到教育部、农业部等部委和上海市主要领导的高度重视，给予了充分肯定。教育部思政司认为我校通过“千村调查”开展国情教育、改革人才培养路径的探索具有示范推广意义。项目因此获国家级教学成果奖和高校思想政治教育优秀成果奖等奖项。

《中国教育报》以“走千村、访万户、读中国”为题、《光明日报》以

“走千村、访万户、读民情”为题，分别对“千村调查”进行了重点报道，《西藏日报》对我校学生赴海拔4 500米的西藏浪卡子县张达村调研进行了专题报道。一些媒体记者表示，“千村调查”项目从设计的科学性到时间的持续性和成果的有效性，都让他们觉得它具有独特的价值，也激发了其持续关注和报道的兴趣。

2017年是上海财经大学建校100周年，也是学校自主创设的大学生社会实践项目“千村调查”创办十周年的里程碑之年。10年来，“千村调查”项目让学生深入农村“接地气”，为学校思政教育“补元气”，使学校人才培养工作更加“有底气”。值此重要时刻，我们将以“千村调查”项目为抓手探索人才培养路径改革的情况进行了梳理，以《千村调查　十年回眸》为题，分教师成果篇、学生成果篇和媒体报道篇3册，编辑出版纪念专辑，以此献礼学校百年华诞。

值此，我们谨向参与“千村调查”活动的每位师生表示祝贺，也向一直对学校改革发展，尤其是对本项目的实施给予关注鼓励和支持帮助的各位领导和各界人士，表示崇高敬意和衷心感谢。

面向未来，我们将按照习总书记的指示，全面贯彻落实全国高校思政工作会议精神，扎根中国大地办大学，加快“双一流”建设步伐，更加深入地推进“千村调查”项目，加强其科学性、规范性和长效性，力争将其建成高校思政教育和社会实践的示范项目，深入探索具有社会科学类高校特色的人才培养路径，为培养德、智、体、美全面发展的社会主义事业建设者和接班人做出应有的贡献。

本项目得到中央高校基本科研业务费专项资金资助。

Contents

目录

上海财大学子关注社会主义农村建设成就

——千名大学生开展千村社会调查

《文汇报》 2008-06-12

上海财经大学1 000余名大学生将利用暑假开展千村社会调查，反映改革开放30年来社会主义新农村建设的成就，从而加深对国情的了解。为保证数据的真实，此次每个参与实践的大学生都将签署诚信协议书。

据介绍，调查以全国东、中、西的地理区划为基础，按照高、中、低三个收入层次进行分层抽样。样本共计365个行政村，1 000多个自然村（寨、屯），除港澳台外，覆盖全国每个省、直辖市、自治区。按照每个村访谈10家农户的要求，预计将有10 000家农户接受访谈。

上海财经大学学生将利用返乡机会就近开展调研，城镇学生、农村学生组成团队合作调研。大学生通过访谈、查阅资料、开座谈会等途径获得信息，在指导老师的指导下形成最终的调查报告。

本次千村调查以“改革开放30年，中国农村的变化与发展”为主题，将持续4年，2008年的调查将特别关注农民收入问题，今后3年则将分别以乡镇企业、民工子弟学校、农村医院为主题。上海财经大学的知名学者组成专家指导组，和学生一起设计了针对村主任、村民的调查问卷，村基本情况登记表，村主任、村民访谈提纲等。每份问卷都设计了近百个问题，例如，“目前各级政府对农业和农村发展的投入主要体现在哪些方面”“2004年开始实行的粮食直接补贴对农民收入的影响是什么”“如何推进以农村税费改革为主的综合改革，进一步减轻农民负担”，等等。

据悉，调查启动前，大学生们都进行了前期准备。人文学院研究生小李自报名参加调研后，查阅了大量资料，其中包括国家农村改革的各项政策，并撰写了详细的文献综述。据了解，《毛泽东农村调查文集》《江村经济——中国农民的生活》《黄河边的中国》等都列入了调研学生的必读书目。

千村社会调查项目专门制定了诚信承诺书，每个学生都要承诺：调研期间愿意接受专家委员会询查及监督，调查报告数据来源于实际调研活动，未剽窃、侵犯他人作品。有关负责人告诉记者，学校鼓励学生进行面对面的访谈和问卷，尽可能提供农村家庭发展的访谈个案、家庭账册，了解农民家庭经济收入的发展变迁，而不是简单地从网络上获取资料。

据悉，调研成果获得专家审核通过后，大学生将被奖励社会实践 3 个学分。调研成果汇总后，学校专家委员会将精选其中的 100 篇调查报告，纳入人民奖学金科研论文加分。

（记者：李雪林）

千余学子赴千村调查农民收入 上海财大暑假实践活动昨出征

《解放日报》 2008-06-18

这个假期，上海财经大学1 100余名大学生将分赴全国1 000多个村子开展社会调查，采撷改革开放30年来社会主义新农村建设的成就，加深当代大学生对国情的理解，出征仪式于昨日举行。

本次千村调查以“改革开放30年，中国农村的变化与发展”为主题，将持续4年，2008年的调查将特别关注农民收入问题，今后3年则将分别以乡镇企业、民工子弟学校、农村医院为主题。上海财经大学的知名学者组成专家指导组，和学生一起设计了针对村主任、村民的调查问卷等。每份问卷都设计了近百个问题，例如，“目前各级政府对农业和农村发展的投入主要体现在哪些方面”“2004年开始实行的粮食直接补贴对农民收入的影响是什么”“如何推进以农村税费改革为主的综合改革，进一步减轻农民负担”，等等。调查计划以全国东、中、西地理区划为基础，按照高、中、低三个收入层次进行分层抽样。样本共计365个行政村、1 000多个自然村（寨、屯），覆盖除港澳台外各个省、直辖市、自治区。按照每个村访谈10家农户的要求，预计将有10 000家农户接受访谈。

迄今为止，上海财经大学共有1 100多名学子报名参加。经过培训后，来自农村地区的学生将带着同学，利用返乡机会就近开展调研，通过访谈、查阅资料、开座谈会等途径获得信息，在老师指导下形成最终的调查报告。为保证数据真实，每个参与实践的大学生都将签署诚信协议书。有关负责人表示，学校鼓励学生进行面对面的访谈和问卷调查，尽可能提供农村家庭发展的访谈个案、家庭账册，了解农民家庭经济收入的发展变迁，而不是简单地从网络上获取资料。

调查启动前，大学生们都进行了前期准备。人文学院研究生小李自报名参加调研后，查阅了大量资料，其中包括国家农村改革的各项政策，并撰写了详细的文献综述。据了解，《毛泽东农村调查文集》《江村经济——中国农民的生活》《黄河边的中国》等都已列入调研学生的必读书目。

2008 年 9 月，调研成果获得专家审核通过后，有关学生将被奖励社会实践 3 个学分。调研成果汇总后，学校专家委员会将精选其中的 100 篇调查报告，纳入人民奖学金科研论文加分。

（记者：彭德倩）

上海财经大学暑期上特殊一课
千名大学生踏访中国千个村寨

《新民晚报》 2008-08-24

踏着乡村小路，走进寻常农家。这个暑假，由上海财经大学 1 100 余名大学生组成的千村调查社会实践队，分别走访遍布全国各省、直辖市、自治区的 1 000 多个自然村（寨、屯）。一个多月过去了，超过半数的同学完成了走访调查，他们回沪后感慨："中国农村给我们上了人生重要的一课。"

发现身边的"亿元村"

"以前我对农村的印象还停留在火车上看到的大片农田。"上海财经大学电子商务专业大三学生胡静瀛在这次千村调查活动中，走访了上海市闵行区七宝镇九星村的 20 多家农户。他告诉记者，自己在七宝住了 6 年，过去对九星村的印象就是道路不好、有点乱，但是亲身走访后发现，这些年的新农村建设使这里发生了翻天覆地的变化，九星村不仅经济发展上去了，成了上海的"亿元村"，而且配套设施和农民的福利保障都上去了。

从完全不了解农村的情况，到搜集各方面的资料，再到实地走访调查、撰写调查报告，在小胡同学看来，这不仅让他从专业上亲身实践了如何写调研报告的过程，更让他上了"人际交往"这一课。

农村亟须科技援助

此次千村调查以“改革开放 30 年，中国农村的变化与发展”为主题，将持续 4 年，2008 年聚焦农民收入问题，后 3 年分别以乡镇企业、民工子弟学校、农村医院为主题。

注册会计师专业的赵越调查的是黑龙江省绥化市望奎县卫星镇厢兰头村，提到这几天的走访过程，小赵告诉了记者一件让她印象最深的事。“我第一天去的时候，天刮起了大风，路两旁的玉米大多倒了，看到田里一大片倒地的玉米，一位老农的脸色一下子变得十分凝重。天灾对农民的伤害实在是太大了！”小赵说，“现在村里的大多数农民都还是在种植玉米、土豆等传统农作物，一旦遇到天灾，他们这一年就白干了。我深切地感受到，农村实在是太需要一批有知识、有文化的青年，来帮助他们改变传统的收入方式，帮助他们用科学的方法对抗天灾。”

农民收入震撼心灵

政治经济学专业的许缈妙说，这次她选择了去西部，深入云南省昭通市永善县大兴镇大兴村。小许同学告诉记者，“那里到处都是山，从城里到大兴村足足花了 4 个多小时，山路非常颠簸，我走访了几家农户，发现他们一个家庭一年的收入只有 1 000 多元。”而城市里的大学生，有时一个月就能花掉农家一年的收入。

在大兴村的所见所闻，是从小生长在上海的小许无法想象的，“基础设施建设对农村来说实在是太重要了，许多像大兴村这样的地方，正是由于交通的闭塞，使得这里的村民更加贫困。”

上海财大学生返校后，将在指导老师指导下完成中国农民收入调查报告。

该怎样看待“90后”

——“千村调查”引出的思考

《立业周刊》 2008-10-16

随着1990年以后出生的学生在大学校园逐渐多起来，“90后”，这个充满青春气息的代称也越来越多地被大学师生关注。然而，“90后”这个代称，除了青春气息以外，还有诸如娇气、脆弱、不独立之类的潜台词。如何教育“90后”大学生，成为高校老师高度关注的话题。

“90后”大学生成谈资

此前，“90后”大学生已经成为网络的热点话题，他们被标注一些鲜明的特征符号：“QQ聊天爱用‘火星文’”“没有责任感”等。

有媒体报道，广州某高校的新生军训，一天之内有38个学生请病假休息，于是有人说现在的孩子太娇气。北京某高校开学，新生报到时穿得比较清凉，于是有人说象牙塔被污染。大部分学校都有家长陪同报到、帮助办理手续的情况，于是有人说这是娇生惯养还没断奶。至于平时司空见惯的女生涂防晒霜、做美甲，男生打耳洞、戴戒指，以及玩PSP，用苹果电子产品之类，加上“90后”大学生作为主语，就都能成为人们说道的谈资。

2008年9月，新一届大学新生入学之际，记者在沪上各大高校采访，也发现有不少大学新生的表现确实不尽如人意。有一位女大学生报到时，除了妈妈帮忙办理报名手续外，还有爸爸开车、爷爷护驾。而父母扛行李、大学生自己空手走路更是成为新生报到的一景。

“90后”大学生入学装备过分追求时尚与个性更是为“开学经济”点了一把火，使很多家长暗暗叫苦。电脑、手机、MP4已成大学生的“新三样”。据报道，考虑到学习、上网、玩游戏等多种用途，学生们选择的笔记本电脑要品牌更要配置好的成熟畅销机型，价位通常在5 000元左右，联想、方正等品牌的关注度比较高。与此同时，通信工具也被列入学生们开学采购的必备品之一，主流品牌的影、音、摄、照多功能手机成了大多数学生消费者的首选。而造型时尚且功能多样化的电子词典也替代了学习机，成为学生选购的对象。苏宁电器一位李姓负责人介绍，近期数码产品的销量比前段时间增长两三成，近半数销量来自准大学生。其中，电脑以5 000～6 000元价位的销量最大，手机以1 000多元的销售得最好。最近，网上就曝出了“最牛”的一份家长给孩子购买开学用品的清单：电脑、快译通、手机、数码相机等，总价超过了3万元。“开学经济”成了浪费的“奢侈经济”。

这样的“90后”大学生能担负起未来的责任吗？很多人对此表示担忧。令人欣喜的是，“90后”呈现给人们的，还有有别于娇气、脆弱、不独立的另一面。

“90后”也有责任感

“90后”大学生到底是怎样的一个特殊群体？《中国教育报》联合南京航空航天大学能源动力学院暑期社会实践小分队开展了一次“承载梦想，体味成长——对话‘90后’大学生”的活动，通过对全国各地2008级新生近千份的问卷调查及现场采访，与“90后”大学生真正进行了一次“亲密接触”。调查发现，“90后”大学生更多地表现为早熟、独立、张扬、自信。在调查的学生中，66%的考生志愿是自己拿主意的，这反映了其思想上的独立，没有人觉得互联网容易让人沉溺；57.7%的被调查者认为互联网主要是学习的工具；62.5%的被调查者认同“挫折使人奋进”这个选项。“90后”是否意识到、肩负起自己的社会责任？在调查中发现，“90后”很少有什么口号，他们更注重实际、实用。他们蔑视形式、不屑口号，但他们有自己的一套行事风格。

2008年国家一些重大事件的发生，对这些学生高考志愿的选取和专业的选择都产生了很大的影响。45%左右的同学都认为自己在填写高考志愿时都考虑了这些重大事件，比如对南航的新生调查中，54%左右的同学都说是为了将来航空报国，他们关注我国的嫦娥工程、载人航天工程和大飞机工程。

而在2008年的抗震救灾中，许多即将长大的“90后”用自己的行动让人们看到了希望：生死关头，“90后”少年冒着余震的危险抢救同学；全国各地，“90后”孩子将自己的全部零花钱放进募捐箱；许多地方，献血的队伍排了几百米长，其中不乏“90后”的身影……正如一个“90后”网友所说：“在这次灾难面前我们会退缩吗？不会……我们不会人心惶惶，更不会在灾难面前有所畏惧。”一对18岁的双胞胎女孩在博客里写到，她们要退掉租住的房子，将未来2个月要交的3 600元房租全部捐出，“我们的银行卡里只有不到区区4 000元，那是我们的全部财产，我们打算将这笔钱的一大部分捐出去。”（据2008年5月14日《中国青年报》）在这次灾难中，我们看到了“90后”身上闪光的一面，他们有责任、有担当，中华民族的优良传统在他们这一代传承。

人们不禁深思，“90后”身上并不缺少责任感，又为什么给人们留下娇气、脆弱、不独立的印象。人们发现，正是因为我们很少给“90后”提供担当责任的机会，他们才这样娇气、脆弱、不独立。一位“90后”大学生表示，新生报到由父母陪着并非他的意愿，而是父母不放心。

看来，通过教育怎样激发“90后”大学生本来就有的责任感，正是我们高校教育工作者应该深入思考的课题。

怎样教育“90后”大学生？

大学生群体是一个特殊的群体，特别是“90后”大学生，带有这个时代高速发展、急剧转型的鲜明特征，“90后”的大学生们最显著的特点就是信息量的极大丰富和创造力的提高。互联网的普及和信息化教学的发展改变了传统的教育模式和学习模式，也改变了学生的面貌。由于网络的普及和教育民主程度的提高，“90后”大学生对于自己的人生表现出来的信心和理性远超过他们的前辈。因此，对于他们的教育，需要在了解他们特点的基础上，选择他们易于接受的方式与途径。

2008 年暑假，上海财经大学 1 000 余名大学生到 1 000 多个自然村进行社会调查，反映改革开放 30 年来社会主义新农村建设的成就，从而加深对国情的了解。调查以全国东、中、西的地理区划为基础，按照高、中、低三个收入层次进行分层抽样。样本共计 365 个行政村，1 000 多个自然村（寨、屯），足迹遍布全国 31 个省、直辖市、自治区。按照每个村访谈 10 家农户的要求，有 10 000 家农户接受访谈。上海财经大学学生利用返乡机会就近开展调研，城镇学生、农村学生组成团队合作调研。大学生通过访谈、查阅资料、开座谈会等途径获得信息，在指导老师指导下形成最终的调查报告。本次调查以“改革开放 30 年，中国农村的变化与发展”为主题，将持续 4 年，2008 年调查将特别关注农民收入问题，今后 3 年则将分别以乡镇企业、民工子弟学校、农村医院为主题。上海财经大学的知名学者组成专家指导组，和学生一起设计了针对村主任、村民的调查问卷，村基本情况登记表，村主任、村民访谈提纲等。每份问卷都设计了近百个问题，例如，“目前各级政府对农业和农村发展的投入主要体现在哪些方面”“2004 年开始实行的粮食直接补贴对农民收入的影响是什么”“如何推进以农村税费改革为主的综合改革，进一步减轻农民负担”，等等。

据悉，调查启动前，大学生们都进行了前期准备。《毛泽东农村调查文集》《江村经济——中国农民的生活》《黄河边的中国》等都列入了调研学生的必读书目。千村社会调查项目专门制定了诚信承诺书，每个学生都要承诺：调研期间愿意接受专家委员会询查及监督，调查报告数据来源于实际调研活动，未剽窃、侵犯他人作品。有关负责人告诉记者，学校鼓励学生进行面对面的访谈和问卷，尽可能提供农村家庭发展的访谈个案、家庭账册，了解农民家庭经济收入的发展变迁，而不是简单地从网络上获取资料。

谈起组织这次活动的初衷，上海财经大学学生处处长冯润民说，作为一所“211”高校，对学生的培养更应该着眼高远，引导他们对民生与国情有基本的了解。当代大学生不了解农村，不了解农民，就不算了解中国国情。中国改革开放从农村发端，改革开放改变了“90 后”大学生们父辈的生活，从而也改变了他们的生活，他们是改革开放的受益者。千村调查就是希望他们通过自身的调查与体验，了解改革开放给中国农村带来的变化，这比课堂上的讲解生动得多，也有效得多。曾担任过多年团委书记的冯润民对大学生不仅了解，也很有感情。他深有感触地说，“90后”大学生大多是独生子女，父母对他们的关注超过以往任何时期，因此，对他们的教育，就特别需要掌握他们的特点，抓住他们的兴奋点，针对他们的需要，开展行之有效的教育。千村调查就充分考虑了“90后”大学生对自己成才、成功的渴望，在调查的程序设计与内容安排上，注意将他们所学专业、个人能力培养结合起来。譬如，对参加千村调查的学生给予学分奖励，优秀调查报告给予奖学金加分奖励；组织专家对学生调查进行培训与指导，确保调查的学术含量；一些与农村金融相关的专业，安排了对农村金融方面的调查内容，提高了学生参加调查的积极性。

应该承认，千村调查是一次对“90后”大学生成功的教育。对这种教育，学生与家长都表现出异乎寻常的热情。仅该校公共经济与管理学院就有275名家长写信和打电话表示支持，有的家长甚至愿意自掏腰包支持学生参加调查。报名参加千村调查的学生非常踊跃，由于报名人数过多，学校只好挑选部分学生参加。这些有幸参加千村调查的学生一时成了很多同学羡慕的对象。

该校会计学院2007级学生程茜家在山东，此次参加千村调查去了山东淄博市的一个偏远小山村。她说，参加千村调查主要是想锻炼自己，对于农村，以前在课堂上听老师讲过，但没什么感受，这次参加千村调查，对农村的真实状况有了了解。现在，她对农村更关注了，对贫困的人更关注了，就是一些募捐活动也比以前更积极了。公共经济与管理学院2006级学生莫秋琴家在广西，此次千村调查去了崇明陈桥镇利民村，这是崇明县最富的一个村。这个村的经济发展、社会保障、农村金融等方面的情况，都促使莫秋琴结合自己的家乡去思考农村发展的途径与方式。在调查过程中，她不断萌生一种为建设家乡大施拳脚的冲动。

对于千村调查，冯润民说，这不仅仅是一次活动，更是人才培养的大胆设计。面对“90后”大学生，鉴于他们不同以往的一些特点，我们确实需要多一些这样的设计。这些设计还可以有更多种形式，但不论什么形式，只要这些设计适合他们的特点，使他们乐于接受，我们的教育就能真正发挥作用，“90后”大学生也就可以把他们身上本来就有的责任感表现出来，而那些为人诟病的娇气、脆弱、不独立也会越来越少。

记者手记 “没有落后的学生，只有落后的老师；没有学不好的学生，只有教不好的老师。”对于这句话，我是相信的。这句话也可以这样理解，没有落后的学生，只有落后的教育。“90后”大学生被人们所诟病的诸多弱点，恰恰从某一方面反映出我们教育的软肋。而“90后”在抗震救灾中所表现出来的令人震撼的责任感，则是我们教育的信心所在。面对“90后”这一有别于“70后”“80后”的大学生群体，应该怎样从理念、方法、途径与形式方面进行创新，以切合“90后”大学生的特点，使他们喜闻乐见、真正受益，确实是值得大家深思的问题。上海财经大学千名学生参加千村调查，是高校创新教育的一个典型代表，类似这样的创新在其他高校还有很多。只要我们有一腔对大学生的热爱，对大学生群体有一个正确认识，我们就不愁找不到适合他们特点的教育方法。这样，对“90后”大学生的教育也就不会有问题。

（记者：胡思华）

学子关注农村改革

《文汇报》 2008-10-23

30年前，中国波澜壮阔的改革画卷从农村开始。30年后，农村的改革发展再一次站在新的历史起点上。十七届三中全会的召开如一场喜雨，滋润着农村土地。上海的大学生们尽管身处大都市，但关注“三农”问题的热情并未减弱，他们大步走入农村体验考察，理性思考农村发展举措，并以实际行动投身于农村改革建设事业，为农村新的发展贡献青春、智慧和力量。

我们关注三中全会，我们关心农村改革

“中国有8亿人口在农村，只有农村有了小康、有了和谐，才能使我们的国家真正走向小康、走向和谐。在农村实行深层次的改革，更充分调动8亿农民的积极性，那将会产生多么大的生产力！”在学习十七届三中全会公报后，同济大学电子与信息工程学院的王平同学如是说。

十七届三中全会的召开在上海大学生中引起了热烈反响，大都市和广袤农村之间地域上的距离并没有阻隔他们关注“三农”问题的热情。“历届的三中全会，都要为本届的中央和政府制定出一个‘大题目’，30年前的十一届三中全会，成为党历史上的一次重要转折。30年间，10个‘一号文件’清楚记载了我们党领导农民群众改革实践的历史轨迹。”一名复旦大学学生在体会中这样写道。复旦大学在校内对团员青年开展调研，结果显示，43%的学生将缩小城乡经济差距看作农村改革的首要目标，21%的学生更关注深

化户籍管理和劳动就业制度改革，20% 的学生认为完善农村土地承包关系更加重要，16% 的学生认为应当注重引导城市资本有序进入农村。

走入农村，我们更加了解国情，理解“三农”

2008 年暑期，上海财经大学团委组织 1 100 余名大学生分赴全国 1 000 多个村庄，在专业教师指导下开展社会调查，采撷改革开放 30 年来社会主义新农村建设的成就。他们以农村为课堂，以社会调查为学习方式，以全国东、中、西的地理区划为基础，按照高、中、低三个收入层次进行分层抽样。大学生们亲眼见证了改革事业的探索前行，切身感受了农村的变化发展，形成了《华西村现状及发展调研报告》《幸福村农民消费水平及观念调查分析》《维西县康普乡喇嘛寺村农村医疗情况调查分析》等一批调查报告。

上海大学生身处都市和高校象牙塔，但仍放眼千里之外的农村。他们不满足于“读万卷书”的经纶满腹，更向往“行万里路”的磨炼践行，越来越多的大学生奔赴农村开展社会调查，亲眼见证改革事业探索前行，切身感受农村的变化和发展。2008 年暑期，上海各级团组织支持 30 000 名大学生、1 000 多个实践项目，前往西部和农村地区扶贫支教、送医送药、科技支农、法律援助，开展科技文化卫生“三下乡”、服务社会主义新农村建设等暑期社会实践活动。

思考解决“三农”问题，我们也是主力军

“住房盖多高更合适？厕所建在哪里？污水如何排放更科学……”第十届“挑战杯”全国大学生课外学术科技作品竞赛特等奖获奖作品——同济大学《新农村人居环境建设“村民掌中宝”》项目中，大学生对村民在人居建设中遇到的种种问题给出了科学的解决方法，问题涵盖新农村人居环境建设的 6 个主要方面及 19 个子项目，每个项目都配有“跟图示，步步走”环节，让村民们一目了然。江西泰和县委农村工作部有关负责人表示，在当地新农村建设过程中，规划设计力量薄弱，同济大学学生的这份“村民掌中宝”可

以提供具体指导，“现已分发到各个村子里去了”。

第八届“挑战杯”，复旦大学《农村土地流转：经验、问题与建议》项目组通过大量调查数据，研究了农村土地流转中存在的问题以及产生这些问题的原因，并从经济学视角进行理论分析，为农村土地管理制度的改革创新出谋划策。该项目已引起学术界和政策研究部门的关注。

大学生们在学校的学习中掌握了大量科学文化知识，他们渴望将理论和科学知识应用到实际中，实现自身价值。大学生们将自身所学贡献于农村建设，将科研成果转化为现实生产力，提高农业综合生产能力，将理论研究应用于农村改革创新，推动农村制度建设。

十七届三中全会勾勒出了新一轮农村改革发展的“路径图”，这让大学生们对农村改革发展的未来充满美好期待。上海交通大学学生在“饮水思源”BBS论坛上展开热烈讨论，为农村改革叫好，更有学生表示“农村大有作为”，号召兄弟姐妹们一同投身农村建设，为祖国挥洒青春、添砖加瓦。

走千村，知识实践成功“配对”

——上海财经大学千余名学子实地感受农村变化完成调研报告

《解放日报》 2008-10-28

“从2个中专生到100多个大学生”，上海财经大学财务管理专业学生邱显婷在社会实践报告中，用这样一组数字来展示调研对象——江西省上饶县尊桥乡广家村的巨大变化：20世纪80年代，全村人中学历最高的是2个中专生，“而今，村里大专生超过60人，本科生也有三四十人”。她分析，由于国家普及了九年制义务教育，减免了学生学杂费，对农村教育程度的提高起了很大推动作用。

走遍田间地头，用心感受交流。暑假里，上海财经大学1 100名学子分队奔赴全国1 000多个乡村，亲身感受改革开放30年间中国农村的变化与发展。日前，学生们完成了一份份实践调研报告，字里行间充溢着青年学子沉甸甸的责任感。

感受中国农村的变与不变

到农村调研有什么感受？“震撼”“感动”是学生们使用最频繁的词汇。

家在农村的学生发现自己对土生土长的环境有了新的认识：马路宽阔了，房屋和工厂建起来了，村民们的收入提高了……刘晓同学拜访的是山东省平度市尚家疃村：村委大楼集办公、阅览、游艺、电教、服务为一体；水泥街道干净整洁、四通八达；家家户户用上了内外线电话、有线电视，宽带网络将小小乡村与全世界连接起来；每位年过六旬的老人都能按月领到养老补助金。

在农村变化日新月异的同时，农民们淳朴、善良、好客的品质始终延续着。计算机科学与技术系晏明同学的调研对象大部分是只有初中甚至小学文化水平的村民，他们对问卷中一些问题的意思"不理解"，在小晏逐条解释下，村民们积极配合，认真地花上一两个小时回答一份问卷，让他感动不已。

一些地方种粮人口减少

农村面貌发生了巨大变化，农业发展情况如何？

在江西上饶县广家村，邱显婷调研发现，20 世纪 80 年代初村民人均年收入只有种田带来的七八十元；现在村民一改只种粮食作物的局限，种植杉树、茶树等经济作物，通过多元种植提高收入。但依然有很多年轻劳动力选择外出打工等种地之外的方式赚钱养家。

学生通过调查后知道，尽管国家出台不少惠农政策，但受通货膨胀以及农业生产资料价格上涨带来的生产成本提高等因素影响，单靠种地增收有一定困难。这一情况直接导致当地种粮人口减少，闲散人员增加，农村劳动力外流以及土地荒废、粮食种植面积减少等现象。对此，同学们建议，政府能否加强科学指导和市场信息研判、发布，并通过对农民展开科学技能的培训、加强农业用品价格的调控等手段解决问题。

农村要发展，我们能做什么？

农村要发展，我们能做什么？来自金融、统计、管理等各专业的学生从自己的专业出发总结问题，献计献策。

金融学院宋恩艺同学调查了北京市樊家村。当地农民处理余钱仍习惯以存款为主。小宋提出，要为农民理财提供培训和更多元的渠道。他建议有关方面通过在农村普及金融知识，结合农民收入特点，设计适合农民投资的理财产品的方式，促进农村金融需求。

毕嘉宜同学走访的福建省永安市贡川镇龙大村，凭着美味贡鸡和优质毛竹等招牌产品，该村人年均纯收入在十年内持续增长。对当地经济模式进行考察调研后，小毕认为，资源利用效率低、产品附加值低、对外开放力度不足、农民投资渠道不畅等都成为当地经济继续“高走”的障碍。如何更好地因地制宜、全面发展？她建议：深度开发本地的优势农副产品资源和休闲旅游资源；大力发展农业服务业、乡镇企业和农村工业；兴办村办集体企业，优化农村产业结构等。

这次调查，让学生们将专业理论与实践场所成功“配对”。李兆璇同学感言：“要想用所学到的知识回报社会、回报家乡，还需要我们亲身实践，身处实地地了解情况。实践出真知。”

上海财大学生走千村访万户读中国

《中国教育报》 2009-01-06

蹲在田间作调查、坐在炕边拉家常，为农民的烦心事出谋划策，也为农村的新面貌鼓舞欢欣……上海财经大学的 1 400 多名大学生先后走出大学校园，走进中国农村的千余个自然村寨、万余户寻常农家，亲身感受改革开放 30 年间中国农村的变化与发展。日前，这群“80 后”“90 后”学生运用课堂所学和农村调查所得，撰写完成的百万字调研报告正式结集成册，大学生们说：“中国农村给我们上了人生重要的一课。”

“从 2 个中专生到 100 多个大学生”，上海财经大学财务管理专业学生邱显婷的本子上清晰地记下了她在江西省上饶县尊桥乡广家村了解到的巨变：20 世纪 80 年代，全村学历最高的就是 2 个中专生，而今村里大专生超过 60 人，本科生也有三四十人。“九年制义务教育的普及和学杂费的减免对农村教育程度的提高起了很大的推动作用。”邱显婷分析。

“肯沉下去了解中国，才能读懂中国。”据上海财经大学学生处处长冯润民介绍，千村调查活动自暑期启动，除港澳台外，学生们的足迹覆盖全国各省、自治区、直辖市。他们共发放了万余份调查问卷，样本涉及 365 个行政村、1 000 多个自然村（寨、屯）。

大学生们对于这项活动的热情出乎学校的意料，由于报名人数过多，最后组队出发的学生大多经过了选拔，而那些有幸参加调查的学生一时成了很多同学羡慕的对象。

“不同年龄段的人对爱与责任，有着不同的表达方式，激发‘80 后’‘90 后’的创造潜能、点燃他们的理想与激情，有时需要的只是一个好的载体和助推器。”冯润民说。

据了解，为了使第一课堂与第二课堂相互促进，更好地把学生们所学的专业和个人能力培养结合起来，学校发动百位教师共同参与此次千村调查。这些教师的专业覆盖农村经济、社会学、金融学等各领域，他们和学生一起设计了针对村主任、村民的调查问卷和访谈提纲；带领学生一起踏访农舍；对学生进行培训，并对学生的调研报告进行专业指导。

与此同时，根据调研所得，学校建立了包括农村经济、农民生活、农村教育卫生公共基础建设等农村发展变迁的各类数据库，形成了规范的学术档案，为教师开展学术研究提供了丰富的案例和准确的数据。

为了更好地激发学生的研究热情，学校将活动与学分奖励挂钩。调研成果获得专家审核通过的大学生将被奖励社会实践 3 个学分，最后精选出的 100 篇优秀调查报告，还可获得奖学金科研论文的加分。目前，已形成了《华西村现状及发展调研报告》《幸福村农民消费水平及观念调查分析》等一批调查报告，总计逾百万字。

由于千村调查项目量大面广、设计复杂，学校除了成立问卷设计组、报告撰写组、数据处理组、调研指导组、日常联络组外，还在各院系分别成立了由专业教师、辅导员和学生助管组成的工作小组，确保活动能发挥最大效应。

经过精心设计，知识与实践碰撞出了火花。大学生们在实践中反思最多的是：农村要发展，自己能做什么？

金融学院学生宋恩艺在调查北京市樊家村时发现，当地农民处理余钱仍习惯以存款为主，针对农民特点的理财培训非常缺乏。于是他结合自身专业建议：有关部门能否通过为农民开展更多元的理财进行培训、结合农民收入特点设计适合农民投资的理财产品等方式，促进农村金融需求。

公共经济与管理学院学生莫秋琴家在广西，而此次考察的是上海市崇明县陈桥镇利民村。这个村的经济水平、社会保障、农村金融等方面的情况令她不由自主地想到了家乡，“看到利民村的发展，我有大施拳脚建设家乡的冲动。”莫秋琴说。

“对大学生来说，深入农村、农户，调查农村、农业和农民，将知化行，以行促思，这是任何课堂学习所无法替代的。”负责此项工作的上海财经大学副校长丛树海认为，千村调查是学校创新人才培养的重要抓手，能激发学生的爱国热情和学习动力，增强他们的责任感和使命感，“更为重要的是，大学生们是未来中国农村建设的希望，他们对农村认识、理解和思考的深度将直接影响和改变中国农村乃至整个中国未来的发展。”

据丛副校长介绍，千村调查后，学校还成立了“话改革・明责任”千村调查宣讲团，并在本次调查基础上制定了连续数年调查的新方案。

据悉，作为上海财经大学新一轮创新人才培养计划的组成部分，千村调查将持续4年，今后3年将分别以乡镇企业、民工子弟学校、农村医院为主题，推动大学生走进千村万户，在实践中体察国情、锤炼品格、增长才干。

（记者：计　琳）

“千村调查”：用科研项目育人

——上海财经大学拓展创新人才培养模式

《光明日报》 2009－01－12

改革开放30年，中国农村发生了巨变。如何让“80后”“90后”的大学生们触摸这场巨变，体会这场巨变的伟大意义，为中华民族的伟大复兴而奋发成才？作为一所国家“211工程”重点建设高校，如何将大学生社会实践纳入学校人才培养体系之中，拓展创新人才培养平台？在上海财经大学，一个名为“千村调查”的项目，以这样的探索为目标，将持续4年。

把“千村调查”作为正式科研项目

2008年6月17日，上海财经大学1 400余名大学生分赴全国31个省份的1 000多个村子，采撷改革开放30年来社会主义新农村建设的成就。学校特别举办了出征仪式，表示对活动的重视和寄予的厚望。

其实，重视和厚望不仅表现在仪式上，更浸润在整个活动的设计中。上海财经大学校长谈敏教授告诉记者，从千村调查项目设计之初，上海财经大学就立足长远，将项目设计为持续4年。2008年以“改革开放30年，中国农村的变化与发展”为主题，重点关注农民收入问题，以后3年初步规划为以农村医疗卫生、农村义务制教育、农业产业结构和乡镇企业为主题。

上海财经大学的知名学者组成专家指导组，和学生一起设计针对村主任、村民的调查问卷。每份问卷都设计了近百个问题，如“目前各级政府对农业和农村发展的投入主要体现在哪些方面”“2004年开始实行的粮食直接补贴对农民收入的影响是什么”等；调查样本则以全国东、中、西地理区划为基础，按照高、中、低三个收入层次进行分层抽样。

上海财经大学副校长丛树海教授介绍说：学校把千村调查作为一个科研项目来设计和布置，不仅划拨了专门经费，而且所有的程序和方法也按照正规的科研要求设计。千村调查是让本科生参与到科研体系中的一次全新的尝试，学校希望能够通过这个项目培养学生研究性学习的能力。

用“千村调查”拓展创新人才培养模式

上海财经大学以培养“复合型、外向型、创新性”财经人才为特色，多年来不断拓展社会实践育人功能，探索社会实践、专业学习、创新人才培养合为一体的人才培养模式。

上海财经大学学生处处长冯润民告诉记者，早在 2006 年，学校就将“高层次财经创新人才培养机制和模式”列入学校党建重点研究课题，积极探索实践教育教学的新途径，探索培养财经创新人才的新模式，千村调查是其中一个标志性项目。这不仅仅是一项活动，更是人才培养的大胆设计。这个项目由学生工作部（处）协同教务处、研究生部、科研处、发展规划处、团委等职能部门共同组织实施。在组织实施中又分别成立了专家组、问卷设计组、报告撰写组、数据处理组、调研指导组、日常联络组，这些组织构架有力地保证了社会实践调查的顺利进行。

为鼓励学生积极参与千村社会调查，项目组在教学管理制度上进行新的改革：一是学分奖励，该项目纳入学校学生社会实践活动认定与考核范围，参加千村调查并形成调研成果的同学经项目专家委员会审核通过后，奖励社会实践 3 个学分；二是奖学金加分奖励，千村调查成果汇总后，项目专家委员会将评选 100 篇优秀调查报告（论文），对入选同学可纳入当年奖学金评比科研论文加分，鼓励学生创新。

在组织同学进行项目申报的同时，学校广泛开展学术道德、学术纪律和学术规范的教育，要求同学们遵循学术规律，信守学术诚信，所有报名的同学在递交项目申请书的同时还签了诚信承诺书，为自己的调查研究做出庄严的承诺：调研期间愿意接受专家委员会查问及监督，调查报告数据来源于实际调研活动，未剽窃、侵犯他人作品。

有关专家指出：诚信意识、团队精神、实践能力都是财经人才的重要素质，持续的千村调查项目，对于高素质的财经人才培养很有好处。中国农村是经济学最好的自然实验室，大学生将在这个实验室里去发现问题、解决问题。

让“千村调查”发挥后续效应

学生们怀揣中国农村的变化回来了，怀揣中国农民的生活变迁回来了，千村调查却没有结束。学校成立了“话改革·明责任”千村调查宣讲团，对调查中的研究成果、先进事迹进行巡回宣讲，并将宣讲活动列入新生入学教育议程，让中国农村成为全体学生接受教育的课堂和实践的舞台。

第一位报名参加调研的同学是一位来自湖南农村的研究生，他这样说：“我来自农村，却不了解农村。当我知道这个项目时我毫不犹豫地选择回到家乡！……每次回家总有一股来自心灵深处的触动。”更多的同学感慨：“中国农村给我们上了人生重要的一课，看到中国农村的变化与成就，我从心底里拥护党的改革开放和富民政策。”

学生们此次调查收集到的数据和报告被认真地进行归类，建立了包括农村经济、农民生活、农村教育卫生公共基础建设等农村发展变迁的各类数据库，形成了规范的学术档案，将成为学校开展学术研究的宝贵资料。丛树海教授表示，学生通过这些数据能够发现的问题是有限的，学校并没有把学生的研究深度作为主要的评估指标，事实上调查形成的数据库，对专业研究人员的研究工作带来的帮助更大。社会科学研究是一项长期性的工作，在今后几年中，上海财经大学将会继续开展千村调查活动，并且会将调查主题的范围缩小，落实到农村医疗卫生等具体问题上。

千村调查："村官"眼中的农村改革发展

《光明日报》 2009-06-04

序

当前各地农村正在贯彻落实十七届三中全会《决定》精神，着力推进农村改革发展。村支部书记和村委会主任是推进农村改革发展的具体执行者、组织者，他们对目前农村改革发展的态势怎么看，关注点是什么，对上级党委和政府有哪些期盼和诉求？

带着这些问题，2009 年 2 月 23 日—4 月 3 日，我们在南通市委组织部、南通市委党校主办的全市 9 期村支部书记、村委会主任培训班上作了一次问卷调查。调查依据《决定》精神，设计了 139 个问题，共发放 2 602 份问卷，回收 2 336 份问卷，剔除不合格问卷 58 份（标准为答题不超过 90% 者），有效问卷 2 278 份。涉及全市 6 县（市）3 区的 1 723 个行政村。问卷采取无记名方式，在完全自由、开放的状态下进行。在问卷调查的基础上，我们又开展了个别访谈并参与了他们的几十场讨论，形成了这份调查报告。

一、绝大多数村干部对目前农村改革发展的总体状况感到满意和基本满意，表示已感受到国际金融危机的冲击和影响，同时对我国应对金融危机充满信心

1. 位处最基层的村干部也深深感受到金融危机的压力

调查显示，高达 96.8% 的村干部对目前农村改革发展的现状表示满意

和基本满意。对 2008 年以来持续蔓延的世界金融危机，97.9% 的村干部回答知道或知道一点；32% 的村干部非常关心，64.7% 的村干部比较关心金融危机发生和发展的过程和趋势；96.9% 的村干部表示已感受到金融危机对农村发展的影响和冲击。在列出的金融危机对农村发展影响和冲击的 7 种表现中，排前 3 位的分别是：增加了农民工就业困难，影响了农产品出口贸易，影响了镇村企业发展（见图 1）。对农村发展的这种冲击和影响，村干部中认为迫切需要增加危机意识的占 49.3%，要有一点危机意识的占 44.1%。上述调查结果，一方面说明这场源于美国次贷危机的金融危机影响之深之广，即使是我国最基层的村干部们，也已明显地感受到了压力；另一方面也说明广大村干部高度关注国际金融危机给农村发展带来的挑战，对应对挑战有清醒的头脑和较充分的思想准备。

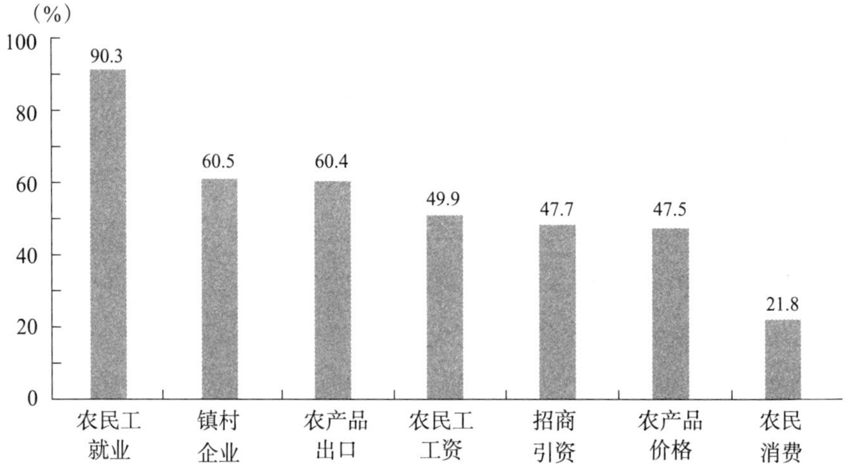

图 1 村干部感受到金融危机对农村发展的影响和冲击

2. 广大村干部对应对国际金融危机充满信心

调查表明，对应对国际金融危机充满信心的占 51.5%，较有信心的占 46.4%，信心不足的占 1.7%。这些数据显示，广大村干部对我国经济快速增长所提供的战胜金融危机物质基础有充分认识，对党和政府驾驭全局、调控国民经济运行各项决策有高度的认可，坚信我国一定能顺利地跨过金融危机这道坎。与此相关，高达 97.3% 的村干部对农村未来发展前景表示很有信心和有信心。访谈中，许多村干部表示，有各级党委和政府对“三农”问题的好方针、好政策、好思路，相信未来农村一定会更美好。

二、农村改革已进入了攻坚阶段，在推进的农村多项改革中，关注度排前3位的是农村社会保障制度改革、农村土地管理制度改革、继续完善联产承包责任制

1. 村干部高度关注涉及农民切身利益的改革

93.4%的村干部认为目前农村的市场经济改革任务艰巨，已进入了改革的攻坚阶段。对于目前农村正在推进的各项改革，问卷调查了10项改革任务，要求按改革的重要性和紧迫性限选其中5项，结果是：社会保障制度改革，占80.6%；农村土地制度改革，占67.3%；城乡一体化体制改革，占61.5%；稳定联产承包责任制，占47.8%；农村社会管理体制改革，占44.7%。上述选择表明，村干部重点关注的改革有以下特点：涉及广大农民切身利益的改革，村干部迫切希望能在体制上提供保障；相对滞后的改革，已成了影响农民生产生活的主要障碍；难度较大的改革，需要花力气攻坚突破。

2. 社会保障制度改革的最大难点在于资金筹集

社会保障制度改革是各级党委和政府正在着力推进的改革重点，也是目前改革的难点。84.9%的村干部认为，目前农村合作医疗改革，关键在于提高筹资标准和财政补助水平。72.1%的村干部认为，加快农村养老保险制度改革，需要攻克的最大难点是解决筹资问题。如何筹集资金？村干部建议加大政府财政投入的，占67.9%；增加集体补助的，占28.1%；提高个人缴费标准的，占3.6%。值得注意的是，大部分村干部把解决问题的最大希望都寄托在政府财政上，这种“等、靠、要”的想法显然不够现实。我国农村地域广、人口多，不少地方财政实力又不强，完全靠政府财政资助是不可能的，还需多渠道筹集资金，多途径化解矛盾。

3. 农村土地制度改革存在诸多亟待解决的难题

村干部把土地管理制度改革列为最重要的改革，这显然是出于近年来土地管理的现实需要。村干部认为目前农村土地管理有以下亟待解决的难题：规范土地流转，占86.2%；推进土地规模经营，占61.4%；有效保护耕地，占58.6%；做好征地补偿，占48.6%；完善宅基地管理，占32.4%。村

干部认为，对土地承包经营权的流转，当下的主要问题是：土地流转机制不健全、流转价格难以确定、政府协调服务工作不够到位、缺少承包大户支持流转等原因（见图 2）。

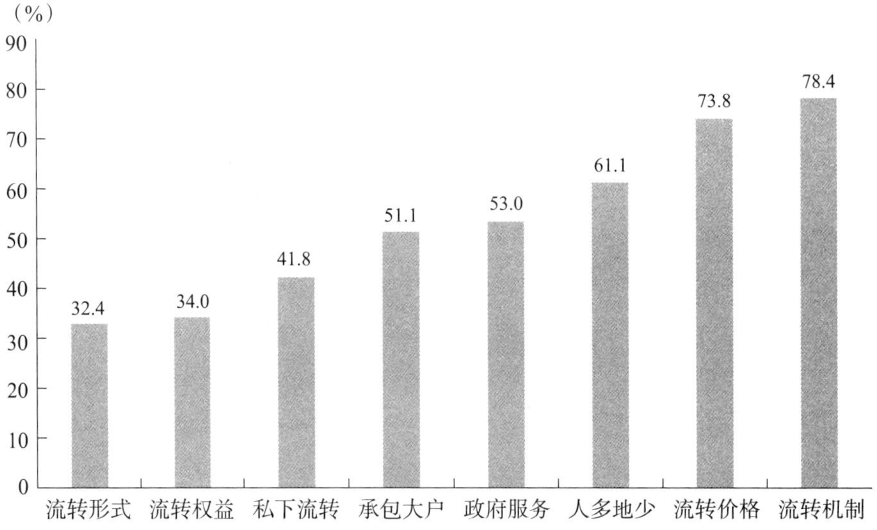

图 2 村干部对目前推进土地承包经营权流转存在问题的认同度

对宅基地管理，存在的主要矛盾是：占用耕地不断增多（58.7%），土地资源浪费问题严重（54.7%），政策不清晰、管理难度大（53.9%）。在座谈讨论中，不少村干部反映，承包土地流转有必要，但要因地制宜，不能一概而论。在人多地少的地方，在农民工外出打工不稳定的态势下，相当多的农民对土地流转积极性不高。因此，要坚持农民自愿原则，不要刻意追求流转率；同时应切实完善土地流转机制，保护农民权益。对宅基地管理问题，目前认识很不一致，管理难度较大，建议政府应尽快出台清晰的、能进行实际操作的政策措施。

4. 迫切希望能在劳动就业制度等方面取得突破

城乡经济社会一体化改革，是村干部十分关注、抱有很高热情、迫切希望加大力度、加快推进速度的一项重大改革。这项改革应在哪些方面实现突破？村干部的回答是：劳动就业制度（81.2%），公共服务制度（81.1%），户籍制度（69.9%），农地制度（66.5%）。村干部把劳动就业制度排首位，这是很有道理的。可以认为，排除城乡劳动就业问题上的体制性障碍，建立城乡统一的劳动力市场，实现城乡劳动者平等竞争就业，城乡一体化中诸多问题就可迎刃而解。

三、现代农业建设面临多重制约，大多数村干部认为，现代农业建设的成效尚属一般，目前留在农村的农民承担不了建设现代农业的任务和责任，发展现代农业亟须提供强有力的社会化服务体系

1. 土地分散是现代农业的主要制约

71.6% 的村干部认为，目前我国正处在传统农业向现代农业发展的过渡阶段。对现代农业建设状况，认为成效显著的占 20.2%，成效一般的占 60.1%。在主要制约因素的调查中，选择农村土地分散、不利于土地规模经营的比例最高，达 85.9%；选择缺乏资金投入占 74.3%；选择缺少发展现代农业基础设施占 58.9%；选择农民文化素质低占 52.3%。调查表明，由于受历史的和现实的多种因素影响，现代农业的建设成效并不理想。对土地分散经营与发展现代农业的矛盾，我们认为村干部认识有误区。应当看到，经营规模的扩大有利于发展现代农业，但是市场取向的小规模经营同样可以承载现代农业。实际工作中要严防借当前发展现代农业搞规模化，违反中央政策，侵犯农民的土地承包权和经营自主权。

2. 农民的素质能力与现代农业发展要求不相适应

推进现代农业建设，农民理应是主体。但是在调查中，选择农民是主体的仅占 28.1%（见图 3）。

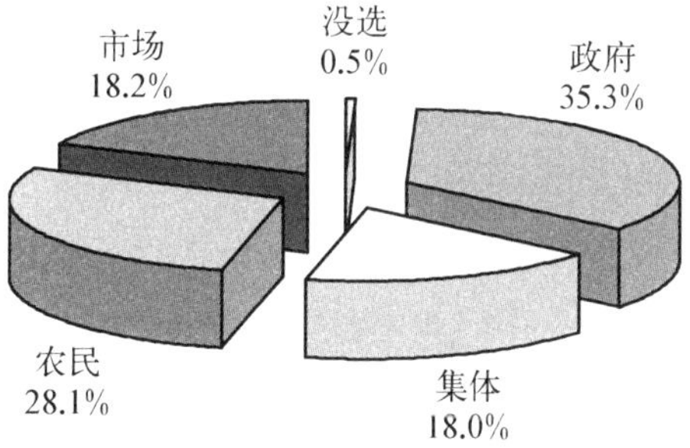

图 3　村干部对建设现代农业主体的选择

这种认识上的偏差，既可能源于村干部对政府、集体的过度依赖心理，也可能来自村干部对目前农村人力资源水平总体还偏低的判断。调查显示，67.8% 的村干部认为农民的科技文化素质和经营能力总体偏低，76.9% 的村干部认为目前留在农村的农民不能承担发展现代农业的任务和责任。如何提高

农民科技文化素质？调查显示，81.0% 的村干部把“加强培训”排在首位。与此相联，对目前农民技能培训工作的评价，67.8% 的村干部认为“领导比较重视，但措施不够扎实，有待进一步加强”。建议各地政府把农民培训工作提上议事日程，做好规划，细化措施，加大投入，增强培训的针对性和有效性。

3. 建设现代农业需要有完善和强有力的社会化服务体系

81.4% 的村干部认为广大农民对农业社会化服务的需求非常强烈或比较强烈。最受农民欢迎的社会化服务，排前 4 位的是：实用农业技术推广（84.2%），提供良种（77%），农产品营销（58.8%），动植物疫病防治（49.2%）。最需要着力推广普及的农业技术，排前 4 位的是：农作物丰产栽培技术（81.8%），病虫害防治技术（77.5%），养殖技术（55.9%），测土配方施肥技术（54.3%）。我们认为，为现代农业发展提供更多、更好的公共产品，是政府的责任。各级政府应充分考虑农民的需要，着力抓好发展现代农业所需要的各种社会化服务，创新服务管理体制，提高服务水平，从而加快现代农业的建设步伐。

四、超半数的村干部把基础设施作为目前农村亟须的公共产品，认为农村基础设施建设的重点是道路、水利设施、垃圾和污水处理工程，基础设施建设的财政投入与现实需求相比仍显不足

1. 农村基础设施建设的供给与需求缺口较大

村干部对近年来农村基础设施建设评价，很满意的占 1.4%、满意的占 15.6%、基本满意的占 58.9%。在义务教育、医疗卫生、基础设施、科技信息服务四大公共产品中，50.9% 的村干部认为农村最亟须的是基础设施，居第一位。这说明前几年农村基础设施建设的成绩得到广大村干部认同，但由于欠账较多，未来农村基础设施建设任务仍然十分繁重，供给与需求缺口较大。对未来农村基础设施建设的重点，我们要求按轻重缓急，限选 3 项，结果是，农村道路建设占 92.5%，农村水利建设占 70%，垃圾污水处理占 67.2%。对农村水利设施，村干部认为需要全面修整的占 38.5%，需要部分修整的占 53.3%。通乡通村公路在南通农村已基本解决，但农民又有了新的需求，水泥路不仅要通到村，还要通到村民小组、农户。中央提出的 4 万亿

投资规划中，重点之一是加强农村道路、水利建设、生态工程建设。我们相信，未来农村基础设施建设面貌一定会有较大改观。

2. 农村生态环境建设不能掉以轻心

村干部对农村生态建设的评价是：较好占 7.1%，一般占 62.2%，较差占 27%，恶化占 3.3%。对农村环境污染的调查，按污染程度排序：化肥、农药以及地膜污染占 73.5%，作物秸秆焚烧或废弃物污染占 69.5%，生活污染占 68.7%，河道污染占 63.9%。对农村改水、改厕、改圈和垃圾处理等工作，认为进展快、效果好、农民满意程度高占 5.5%，比较满意占 56.7%，不够满意占 37.1%。值得高兴的是，对目前农民饮用水安全卫生的评价，78.5% 的人认为安全卫生或比较安全卫生，认为不够安全卫生的只占 21.2%。上述统计表明，农村生态环境已有所改善，但我们不能掉以轻心，农业面源污染的态势仍然十分严峻。我们应立足当前、着眼长远，抓住重点、突破难点，全面加强农村生态环境设施建设，从根本上改善农村生态环境。

3. 希望继续增加对农村基础设施建设的投入

加强农村基础设施和生态环境建设，必须要有大量的资金投入。对此，50.2% 的村干部认为，近年来政府财政对农村基础设施投入有大幅度或较大幅度的增长；但也有 48.9% 的人认为增加不多或没有增加。至于各项基础设施建设配套资金的来源问题，问卷显示，一事一议酬劳筹资占 81.5%，村集体资金占 49%，老板捐助占 48.4%，举债占 38.9%，村民集资占 27.4%。值得关注的是，在关于目前村级债务形成因素的调查中，85.3% 的村干部认为是因基础设施建设造成的，位居所有原因之首。我们认为，作为公共产品或准公共产品的基础设施由于具有投入大、时间长、回收慢等特点，民间资本一般难以涉足，政府必须发挥主导作用，加大农村基础设施投入。

五、多数村干部对农村公共事业建设现状表示满意，认为城乡公共事业建设差距正在逐步缩小，目前农村公共服务的供给面临资金、体制和机制障碍

1. 农村公共事业建设任重道远

在调查中，村干部对农村公共事业建设现状感到非常满意的占 3.9%，

比较满意的占 68.6%。69% 的村干部认为城市与乡村公共事业建设的差距正在逐步缩小，表明农村公共服务的供给状况有了明显的改善；但仍有 25.7% 的人认为城乡公共事业建设差距扩大的趋势仍在继续，这个数字提醒我们，要实现城乡基本公共服务均等化，任重道远。对目前农村公共事业发展不够的原因，调查结果排前 3 位的依次是：资金短缺占 89.8%，政府组织不力占 57.2%，体制障碍占 50.1%。

2. 农村文化建设应从农民最关心、最急需的事做起

推进农村文化事业建设是改善农村公共服务的一个重要方面。对目前农村文化建设中需要解决的主要问题，选择结果依次是：经费投入严重不足占 94%，文化设施明显落后占 78.7%，文化队伍素质偏低占 58.3%，文化资源严重匮乏占 50.7%。与此相适应，在关于农村最需要的文体设施的调查中，答案依次是：健身房（66.7%），文化书屋（61.6%），娱乐室（61.6%）。我们认为，不同地域、不同时期的农村文化建设有不同的需求，未来的农村文化建设应从实际出发，因地、因时制宜，从农民最关心、最急需的事做起，办好每件有利于促进农村文化繁荣的实事。

3. 师资质量是造成城乡教育差距的主要症结

教育是农村最基本的公共服务。调查显示，97.3% 的村干部对农村教育表示满意和基本满意；但对城乡教育发展状况评价，有 69.8% 的村干部认为存在差距，但在不断缩小。对城乡教育差距症结的分析，认为师资队伍质量上的占 84.2%；学校硬件建设上的占 51.9%；城乡文化环境上的占 40.8%；家长重视程度上的占 16.1%。对农村义务教育师资队伍质量的评价，有 65.6% 的村干部认为一般或者较差。由此看来，合理配置城乡教育资源，提高农村教师的素质，支持和鼓励城市优质师资向农村流动，这是缩小城乡教育差距的根本途径。

4. 必须正视合作医疗制度试行中的问题

调查显示，对新型农村合作医疗制度试行中的问题，66.3% 的村干部认为大病住院保障水平低，60.2% 认为报销指标偏低，59.8% 认为财政补贴少，59.2% 认为乡镇医院条件差。对乡镇医院医疗设施评价，认为一般的占 61.1%，较差的占 22.2%，只有 1% 和 15.3% 评价很好和比较好。对如何加强农村医疗卫生事业的发展，村干部的回答依次是：提高筹资标准和财政补助

水平占85%；降低药品价格、提供安全价廉的基本医疗服务占84.7%；整合医疗卫生资源，建立健全县、乡、村三级医疗卫生网络占68.4%；扩大农村免费公共卫生服务和免费免疫范围占62.3%。上述调查揭示了农村医疗卫生事业发展中需要我们正视的问题，同时又充分反映了村干部对发展农村医疗卫生事业的心声和期盼。建议各级政府按照国务院提出的我国医疗卫生体制改革的总体方案要求，深化改革，加快发展，给广大农民群众一个满意的回答。

六、村民自治取得了长足的进展，但村民自治的运作水平仍待提升，绝大部分村干部认为“一村一名大学生计划”是农村发展的长远之计

1. 村民自治运行机制需要进一步完善

村民自治是农村民主政治建设的主要内容，也是基础性内容。对村民自治总体评价，13.3%的村干部认为“非常成功，效果明显”，72%的村干部认为“比较成功，效果逐步显现”，只有13.8%的村干部认为“说不清楚，效果不够明显”。可见，我国农村村民自治已取得了明显的进展。然而，在关于目前村民自治运作情况的调查中，52.7%的村干部觉得运作情况一般，7.6%的村干部认为运作很差，只有39%的村干部认为运作正常。在“四个民主”中，村干部认为做得最好的是民主选举，占47.7%（见图4）。

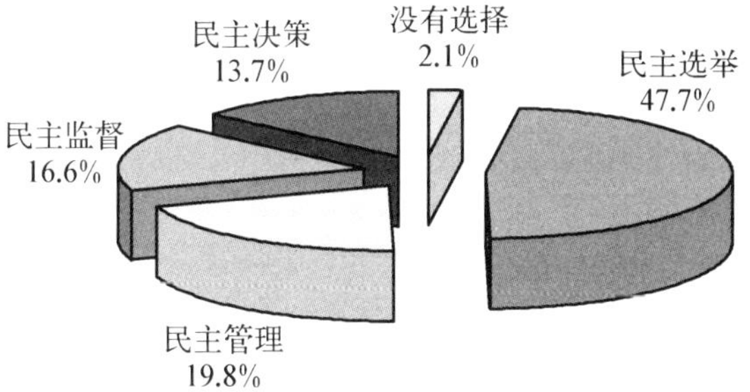

图4 村干部认为“四个民主”的实行情况

2. 逐步认可大学生“村官”工作

选聘大学毕业生到村任职，是党中央加强基层组织建设、加快推进社

会主义新农村建设的一项重大举措。对此，60.9% 的村干部认为中央实施的“一村一名大学生计划”是农村发展的长远之计，37.9% 认为是解决大学生就业的权宜之计。村干部认为广大农民对“一村一名大学生计划”的态度非常支持、拥护的占 17.0%；比较支持、拥护的占 49.1%；认为对农村改革发展作用不大的占 33.23%。对于谁最适合作为村干部后备培养对象，村干部认可的前 3 项为：农村致富能手（77.7%）、退伍军人（62.1%）、大学生（54.4%）。可见，大学生“村官”开始得到广大农民与村干部的认可。在访谈中，村干部反映由于语言、致富技能、扎根农村的意识等原因，大学生“村官”作用的体现与农民直接的现实需求存在差距，这要求我们采取更扎实的举措完善大学生“村官”的选拔、培训、管理机制。

七、村干部的工作实态和心态，直接关系到新农村建设的进展和成效，对他们的心声和期盼，需要引起各级党委和政府的高度关注，努力为其创造良好的工作和生活环境

1. 村干部最高兴、最舒畅的事

8 个选项中排前 5 位的是：党中央、国务院高度关注“三农”问题，占 97.6%；各级党委和政府支农惠农政策力度不断加大，占 86.3%；农村各种民生问题摆到了党和政府工作的重要位置，占 72.3%；对农村投入的各种资金的数量和规模不断扩大，占 71.1%；村干部的工作越来越得到社会各界的理解和支持，占 52%。这充分说明党在农村的各项政策得到了广大村干部的高度认同和支持，并取得了实实在在的效果。

2. 村干部最困难、最棘手的工作

排前 5 位的是：发展村级集体经济，占 72.3%；环境整治，占 66.5%；基础设施建设，占 65.3%；偿还村级债务，占 57.9%；土地管理，占 48.2%。对于发展村级集体经济的困难，认为缺少好的发展项目的占 81.1%；缺少资金推动的占 74.6%；缺少发展的门路和办法的占 67.1%。建议各地政府分清不同情况，区别对待，加大政策支持力度，帮助村基层组织松绑解困。

3. 村干部最头疼、最烦恼的问题

排前3位的是：工作辛苦、报酬低，占79.1%；无钱办事、心有余而力不足，占76.7%；应付各级政府检查评比，占63.1%。资金紧缺、手中无钱，想办的事办不了，这在新农村建设中具有普遍性。对于村干部来说，既要量力而行，又要想方设法、尽力而为；对于政府来说，既要不断加大财政投入，又要引导社会各界参与新农村建设。至于各种达标评比活动，建议市县政府加强管理，下决心规范和减少各种达标评比活动，让村干部全身心投入新农村建设。

4. 对上级党委和政府的最大期盼

排在前4位的是：提高村干部待遇、继续加大对新农村建设的投入、减少各种达标评比活动、帮助化解村级债务（见图5）。这些期盼和诉求事关新农村建设的大局，各级党委和政府应认真思考和研究。分清问题的轻重缓急，及时出台政策措施，让大家看到希望和前景，最大限度地调动村干部工作的积极性、主动性和创造性。

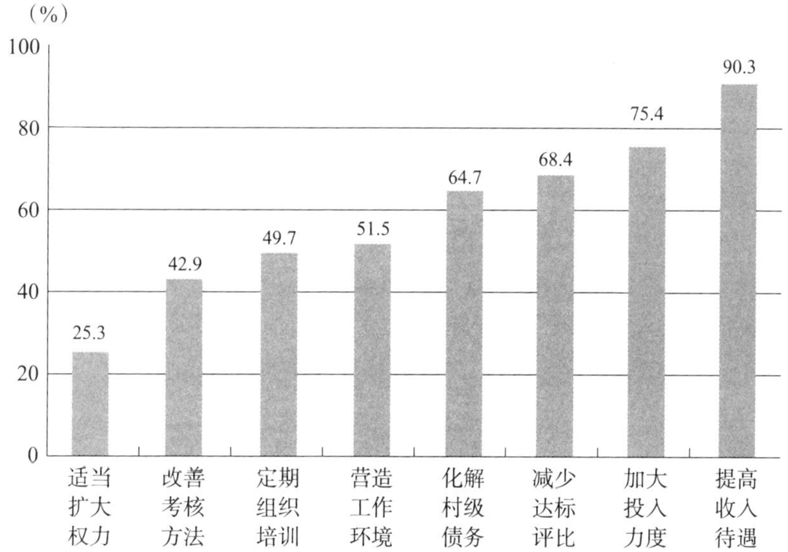

图5　村干部对上级党委和政府的最大期盼

走向社会大课堂　知行思悟相合一

《光明日报》 2010-01-15

“组织大学生深入实践，体察国情民情，受教育、长才干，是培育人才的好形式”——上海财大以“改革开放30年，中国农村的变化与发展”为主题的第一届大学生千村社会调查活动获得了中央领导同志的肯定。2009年暑假，3 106名上海财经大学的学子以更大热忱，踏访了除港澳台之外的31个省、市、自治区的1 400多个村寨，万余户寻常农家，顺利完成了以“农村医疗卫生保障”为主题的第二期千村社会调查，并且交出了1 409篇调研报告。

千村社会调查从一开始就以科研项目的方式组织实施，专家指导、科学选题、统一问卷。本次千村调查的主题确定为“农村医疗卫生保障”，上海财经大学卫生管理与政策研究中心主任、本次项目首席专家俞卫教授介绍说，医疗卫生保障问题已成为世界性难题。而中国的农村人口比例仍然较高，如何为占人口一半以上的农村居民提供与经济发展相适应的医疗卫生保障，是摆在政府和社会各界面前的一件大事和要事。2009年正逢国家深化医药卫生体制改革的意见正式出台，新型农村合作医疗是我国医药体制改革的重要组成部分，因此，本次千村调查确立了以“农村医疗卫生保障”为主题。

用科学严谨的方式组织大学生社会实践

上海财经大学将千村社会调查实践活动明确定位为科研项目。这项以学生为主体的科研项目有专业的科学设计，有明确的主题，还有专家组成的科研指导团队。本次团队由卫生管理与政策研究中心主任俞卫教授领衔，负责设计问卷、指导调研、处理数据、撰写报告以及遴选优秀成果。团队下设3个组，分别由10名校内各专业领域的资深教师担纲，分为医疗保障组、社会调查与农村经济组、数据处理组。

专家们的全程指导，为学生提供了基本调查研究方法的训练，帮助他们开阔视野，启发学术思维，增强创新实践能力。

值得一提的是，在设计问卷过程中，上海财经大学的专家们反复斟酌，专门听取了财政部社保司医疗保障处和卫生部新型农村合作医疗研究中心等业务部门的意见和指导。并在正式调查开始之前，就组建了一支由项目专家组老师、学生处老师、公共经济与管理学院硕士研究生组成的调查组，在江苏省昆山市花桥镇的2个村进行了预调查，以考察被调查者对问卷的理解程度、是否可回答及被调查者是否觉得有调查的意义等，由此修订完善的正式调查问卷更具有科学性和可行性，保障了本次调查活动更加有效。2009年4月1日—5月31日，学校专家委员会就背景调研提纲、问卷调查等对学生进行培训，具体内容包括选题指南、调研目的、论文撰写、学术规范、访谈记录和研究路径等。

由于参加千村调查的同学人数众多，既有本科生也有研究生，学生的学术水平和调研能力参差不齐，因此，在本次调研活动中各院（系、所）积极动员专业教师参与千村调查项目，成立由专业教师、辅导员和学生助管组成的工作小组，鼓励教师和学生互助。各小组在暑假期间正常工作，一方面及时联系专家帮助参加调研的同学解答各类调研问题，另一方面关注并报道全国各地调研情况。例如，经济学院不仅对经济学基地班的每位同学都配有一位导师，而且还要求全体辅导员暑假正常上班；为了方便学生查看，学院在主页的“学生天地”栏目专门开辟千村模块，发布千村调查的各种通知、资料等。信息管理学院也动员了全院40余名专业教师，对学生进行系统的全方位指导。

在周密组织、科学指导下，同学们以自己的青春热情、专业思考投入调查，并在全国各地引起不同的反响。来自会计学院08CGA班的管梦佳同学暑假深入浙江省台州市路桥区方林村调研，通过走访调查，取得了较好的成果，其调研报告在台州市产生了很大影响：《台州商报·今日路桥》在第四版“调查与研究”栏目将调研报告全文刊登；当地卫生主管部门对调查报告给予充分肯定，认为它对继续做好路桥区农村医疗卫生保障工作有着很大的参考作用。不仅如此，调查报告中的有关观点还被第十一届全国人大代表、路桥区人大常委会委员、方林村党委书记方中华引用，并起草了《加大各级财政投入，进一步完善新型农村合作医疗保障制度》的人大代表建议案，带入 2010 年全国人民代表大会会场。

以科学的社会调查方式开拓人才培养新路径

与一般的社会实践不同，上海财经大学千村调查项目旨在探索一种实践与教研相结合的人才培养模式。它的实施有利于学生通过亲身实践来掌握社会科学的社会调查研究方法，为今后的专业学习打下良好的基础。

从千村项目实施的全过程中，我们也可以看出上海财经大学已经在着力将这种大范围的科学调查活动作为人才培养的一种新路径。

整个二期项目的基础是在对农村医疗卫生状况进行整体性调查后，再围绕调查所反映的农村卫生医疗保障现状和暴露的问题，师生合力形成政策报告、专题报告、学生报告及专题数据库，实现教学科研和社会实践相互结合、第一课堂与第二课堂相互促进的调研活动。通过亲自参与实地调查，使同学们更好地掌握观察、实验和调查的方法，树立实证主义的研究精神；通过自主选题、资料选集、框架架构以及调查报告的撰写，使同学们迅速融入调研项目的研究过程，激发他们对科学研究的兴趣。

为了让学生们更大程度地参与整个项目全过程，本次的千村调查项目还加入了教务处、研究生部、科研处等部门，全方位确保活动的顺利进行。

除了部门协作这一“硬件”支持，上海财经大学还在“软件”上对同学们进行辅导，给予学生智力支持。为了让同学们充分利用现代化的电子信息技术来完成千村的调研活动，信息学院韩冬梅教授带领项目数据处理组成员专门设计了调查数据录入系统，不仅实现了调查问卷网上远程录入和数据自动处理，在方便同学数据录入的同时，也提高了数据处理的准确性和有效性。学校还将特色的诚信教育渗透到千村社会调查中，所有报名的同学在递交项目申请书的同时还签好诚信承诺书，为自己的调查研究做出庄严的承诺，保证调查报告数据来源于实际调研活动，未剽窃、侵犯他人作品。

“纸上得来终觉浅，绝知此事须躬行”，参与过千村调查项目的大学生普遍表示，通过这种科学严谨的社会调查活动，他们学到了课堂上、书本上学不到的知识，更重要的是得到了一种科学的思维训练。会计学院的管梦佳同学认为，千村调查活动让自己学会了独立思考，发出自己的声音，形成自己的想法，在调研过程中所运用到的实地考察、问卷调查等方法，对以后写专业论文也有很大帮助。

正是在学校这种专业的指导和训练下，同学们的社会调查不再是走马观花、浅尝辄止，而是处处闪现着思索的火花、专业的理念和勇于求知的探索精神。人文学院的陈禹锡在对江苏省葛家桥村妇幼保健现状进行实地调查中，认识了一个名叫乐乐的患有家族遗传性血友病的小男孩。乐乐的妈妈是该病病毒的携带者，这种病只传男孩不传女孩，所以乐乐属于限制性别生育对象。乐乐的妈妈后悔地说，都是自己的麻痹大意和无知害了孩子，如果接受婚前体检、接受医生给予限制性别生育的提醒，就不会发生这样的悲剧。正是从“乐乐”的例子中，陈禹锡受到启发，以此为切入点，搜集了大量的数据，对强制婚检取消前后，婚检率及疾病检出率情况进行对比，分析了农村准婚人员不婚检的原因，还提出了许多建议。

“整体的医疗体制还是存在问题及漏洞，医疗制度的改进不仅是医疗企事业单位的事，还应该是整个社会、国家政府、每个个人的事。从改善基础生活条件、消除贫困着手，这样我国医疗体制改革的进行才有前提和保障，才能达到最优。”以慢性病为重点，对贵州省水城县勺米乡海坝村进行调研的 2006 级经济学基地班杨镇毓同学这样写道。这也代表了参加这一项目的同学调查后的真切感受。

2008 级金融学院益西格列同学调查的地区是此次活动中距离上海最远的西藏浪卡子县张达村，该村平均海拔 4 500 米，距离县城 200 多公里，乘车需要 4 个多小时，是个名副其实的贫困村。西藏夏季多雨，有些路面更是坍塌了一半。而益西格列同学克服了这些困难，在村主任秘书的翻译下完成了这次的调研任务，还额外调研了当地一家乡办企业的情况，他的调研活动被《西藏日报》报道。

读万卷书，行万里路，知国情民意，掌科学方法——上海财经大学的千村社会调查活动获得了好评。千村调查项目被评为2008年教育部高校校园文化建设优秀成果二等奖。人文学院李基礼同学的基于千村调查活动而完成的调研成果更是在第十一届“挑战杯”全国大学生课外学术科技作品竞赛中获得一等奖。

学校有关领导表示，这种卓越、有成效的人才培养模式将在未来的几年间继续开展。

上海财经大学“千村社会调查”再启程

《东方教育时报》 2010-06-16

2010 年暑假，上海财经大学的 1 717 名学子将围绕“农民收入状况”的主题，深入全国 1 207 个村开展千村社会调查。这是时报记者近日从上海财经大学获得的消息。

学生们将利用返乡的机会，就近就便，通过访谈、查阅资料、开座谈会等途径开展调研。每支调查队伍由 1 ～ 3 人组成。参与调研的学生都要经过预调研、背景调研、提纲辅导和问卷调查培训等环节后，方可从事正式的调研活动。调研历时一个暑假，于 8 月中旬起，完成调研的学生将在专业老师的指导下形成最终的调查报告，并于 9 月初提交调查问卷以及账册、图片等实物材料。

为了指导学生更好地开展调研，学校组建千村调查专家委员会，聘请学校财经研究所博士生导师、现代都市农业经济研究中心主任吴方卫为此次调研的首席专家。同时，项目组还聘请了一批具有不同学科背景的学者担任千村社会调查项目的指导专家，负责调查问卷设计、基本社会调查方法培训、数据处理、专业指导、报告的撰写与指导、优秀报告（论文）评选等事宜。此外，学校给每位学生发放《安全手册》，对参加调研的学生开展安全教育和调查培训，并为参与本次调查的学生统一购买 7—9 月的团体人身意外伤害保险。

千村社会调查自 2008 年启动，至今已是第三期。据上海财经大学学生处教师孔德民介绍，该项目以“改革开放 30 年中国农村的变化与发展”为主题，希望通过这项调查让学生加深对国情的了解，深刻感受和体验改革开放以来社会主义新农村建设所取得的成就，同时推动本科生和研究生科研创新活动的深入开展，促进课堂学习与社会实践相结合。这一调查项目吸引了很多学生参与，据统计，2008 年，共有 1 409 名学生报名参与这项调查；2009 年，上升至 2 520 名。学生的调查报告最终参与校内组织的评选活动，部分调查报告还曾在“挑战杯”全国大学生课外学术科技作品竞赛中获奖。一些有建设性建议和对策的调查报告，通过学校的专家学者递交给政府相关部门，引起了决策部门的重视。

这项调研活动让学生收获颇多。上海财经大学的一份问卷调查显示，超过五成的学生认为自己在千村社会调查中最大的收获是了解了国情，体察了社情民意；近四成学生表示，该项目拓宽了自己的视野、丰富了人生阅历。此外，有七成学生表示如果有机会，还会参加这样的农村调研。

走千村　访万户　读民情

——上海财大持续四年推出千村社会调查项目

《光明日报》2012-04-07

“我的老家在安徽省广德县乡下，那里山清水秀，民风朴实。我出生、读书是在城里，对老家没什么特别深的印象。通过两次参与千村调查活动，不仅让我看到老家那秀美的自然风景，也使我亲身感受到了老家的巨大变化。”

“连续数天的奔波，身体处于极度疲惫的状态，却给了我们沉甸甸的收获。感动于乡民们淳朴与好客，那一张张饱经风霜的脸，教我们知道真正出土地养育出的劳动人民的伟大之处。他们平凡，却有对生活的热情与展望。”

这是上海财经大学的学生根据自己的假期实践经历，自编自演的校园情景剧“千村调查日志”的开场对白。朴实的话语，来自广袤的田野、雄浑的大山，来自一次次心灵的碰撞、情感的交融。

从2008年开始，以感受“改革开放30年变化发展”为契机，上海财经大学推出了千村社会调查项目，引导学生聚焦“三农”问题。4年来，财大学子用满腔热忱走出了一串动人的数字：6 009支队伍、8 745名学生主动报名，经审核后有5 696支队伍、8 038名学生的申请获得立项；学生们的调查足迹遍布31个省、市、自治区的4 577个村庄、45 570家农户，每年共计行程约60万公里，相当于绕地球赤道近16圈。

千村归来，学生们收获的更是一次社会调查的严谨训练，一次研究性学习的深入实践，一次国情民情的细致触摸。如今，千村调查已成为学校的一个品牌项目，成为凝聚校园文化的独特抓手，它的影响在校园中持续发酵、浸润——

一项服务社会的严谨训练

如何让“80后”“90后”的大学生们更多地了解改革开放以来发生的巨变？如何将大学生社会实践更好地纳入学校人才培养体系？上海财经大学给出了这样的答案：引导学生到农村去，到鲜活的生活中去，并将所思所想、所见所闻转化为理论成果，让学生在实践中了解中国、锤炼意志、增长才干，树立正确的世界观、人生观和价值观。

项目设计之初，上海财经大学就将项目设计为4年一期。千村调查不仅定位于一个科研项目，更是人才培养的创新手段。为此，学校每年拨出60万元专项经费，所有程序和方法都严格按照科研要求设计，聘请海内外著名学者专家担任首席专家，确定主题、设计问卷、进行专业指导。

“这也是让本科生参与科研体系的一次全新尝试，学校希望能够通过这个项目培养学生研究性学习的能力，推进第一课堂和第二课堂相互促进，努力构建社会实践、专业学习、创新人才培养为一体的人才培养模式。”上海财经大学领导这样说。

连续4年，学生们利用暑假深入东、中、西部农村，贴近农民，观察、思考、感悟。每年聚焦一个主题——农民发展状况、农村医疗卫生保障、农民收入状况、农村粮食安全。上海财经大学的知名学者为此专门成立专家指导组，和学生一起设计调查问卷。4 年来，共发放调查问卷 5 万余份，形成了 4 443 篇调查报告。

通过对近千个自然村 1 万余份农户调查问卷的分析，人文学院学生李基礼和金融学院的同学合作完成的《农户借贷行为与二元金融联动影响关系的实证研究》，被评为第十一届“挑战杯”全国大学生课外学术科技作品竞赛全国一等奖。另有 3 篇调查报告分别获得“挑战杯”竞赛上海市特等奖、一等奖；5 篇调查报告在全国核心期刊公开发表。

2010 年，项目组撰写的《中国农村医疗卫生保障：成绩、问题与对策——基于全国 30 省 748 县 1 451 村 14 332 户的调查》，被评为年度高校哲学社会科学研究优秀咨询报告并采纳。2012 年刚刚完成的《中国粮食安全问题的隐患及对策建议》调研成果报告，得到中央领导同志的肯定。

一次全员育人的有益探索

在上海财经大学学生处，记者看到厚厚一叠千村调查培训资料：《千村社会调查操作手册》《培训手册》《安全手册》。学生处教师罗山鸿告诉记者，每年对学生的项目申报审核结束后，专家组和工作组会开展预调研，根据调研情况完成问卷的最后修订，随后，培训组对每支队伍进行系统培训，对调查涉及的各种问题逐一解答。

记者了解到，为确保调查有效开展，上海财经大学专门构建了由校党委、校领导直接推动，学生处、发展规划处牵头组织，有关部门配合实施的运作管理机制。千村调查得到了学校各专业领域、不同学科专家的高度关注与热情支持，许多农村经济、社会、金融、卫生等研究领域专家放弃休息，主动指导和参与学生进行千村调查。

学生们连续 4 年调查收集到的数据和报告被认真地归类整理，建立了包括农村经济、农民生活、农村教育、卫生、公共基础建设等农村发展变迁的各类数据库，形成了规范的学术档案。学校还专门成立数据处理组，开发了千村数据录入系统和数据库，通过不同口径对数据进行处理。

“让学生更大程度地参与整个项目全过程，在进行科学研究、服务社会的过程中掌握分析问题、研究问题的能力。在这一过程中，引导他们自我教育、自我管理、自我服务，并逐步重构自我认知，实现思想道德品质的完善和能力的提高，协作意识和科研意识也得到了强化。”在项目组的老师们看来，千村调查的意义已经超过了活动本身。

一个社会实践的优秀样本

“组织大学生深入实践，体察国情民情，受教育、长才干，是培育人才的好形式。”——千村调查得到了中央领导同志的肯定，赢得了社会各界和学生家长的广泛支持和认可，成为上海财经大学创新人才培养模式的品牌项目。

来自会计学院的管梦佳同学暑期深入浙江省台州市路桥区方林村调研。第十一届全国人大代表、方林村党委书记方中华看了她的调查报告后，将报告提出的想法整理补充后，起草了《加大各级财政投入，进一步完善新型农村合作医疗保障制度》的建议，带入了两会议事厅。

上海市金山区张堰镇旧港村的一名村委会干部说：“在旧港村工作了 20 多年，陪同上海财经大学的学生在村里开展千村调查已有 3 年，在和学生的接触中，对现在的年轻人有了更深的了解，他们身上也有吃苦耐劳的精神，作为长辈的我们觉得非常欣慰。大学生是社会未来建设的重要力量，他们关心农民的生活状态，将来一定会为农民多做贡献！”

千村调查持续开展 4 年来，引发了学校上下更深入的思考：“我们会将这项活动持续、深入地开展下去。我们相信，一定能够培养和造就一批又一批既能仰望星空、又肯脚踏实地，既有科学思维、又能担当社会责任的优秀财经人才。”记者了解到，2012 年上海财经大学计划在千村调查的基础上选择一批村庄作为固定观察点，开展更具延续性的长期调查，将这座“田野上的大课堂”继续引向深入。

（记者：曹继军 颜维琦）

搭建大学生社会实践的平台

——访上海财经大学千村调查项目组

《中国社会科学报》2012-08-01

上海财经大学千村调查项目是以大学生为实施主体、以“三农”（农村、农业和农民）问题为研究对象的大型社会实践和社会调查研究项目。“三农”问题始终是中国建设和发展所面临的重大问题。该项目旨在引导大学生走出校园、走出城市、走进农村，亲身体验和感受改革开放30余年来中国“三农”的发展状况。

该项目第三期调查首席专家、上海财经大学现代都市农业经济研究中心主任吴方卫说：“项目最大的宗旨是，让学生读懂中国最基本的现实。”

本报记者就其设计与实施情况，采访了上海财经大学千村调查项目组。

以热点问题作为调研专题

千村调查项目从2008年至2011年已连续开展4期，调查主题分别是：“农村基本状况”（2008年）、“农村医疗保障状况”（2009年）、“农民收入状况”（2010 年）、“粮食安全问题”（2011 年）。2012 年以“农村文化状况”为主题的调查正在开展。到目前为止，项目组正式派出 5 399 支学生队伍开展社会调查，走访了 31 个省、市、自治区的 4 577 个村庄、45 570 家农户。

项目组以关系国计民生、社会发展的热点问题作为调研专题，意在提高学生对这些问题的关注度，更希望调研成果能为政府决策提供扎实依据。

紧扣社会现实是千村调查秉持的重要原则，项目组期望在大量一手调查数据的基础上，结合相关理论，提炼升华出具有重要参考价值的政策咨询报告。2009 年是国家医疗保障发展较快的一年，当时，为提高农民医疗保障水平，新型农村合作医疗政策正逐步覆盖全国。在对“农村医疗保障状况”深入调查基础上，千村调查专家组撰写了多份决策咨询报告。其中，《农村妇幼保健与慢病管理的挑战与应对策略》和《做实卫生室的思路与对策》提交卫生部等相关主管部门后，引起了高度重视；《中国农村医疗卫生保障：成绩、问题与对策——基于全国 30 省 748 县 1 451 村 14 332 户的调查》被教育部社会科学司评为 2010 年度高校哲学社会科学研究优秀咨询报告，并成为当年被采纳的 5 份报告之一。第四期调查首席专家、上海财经大学公共经济与管理学院副院长刘小川告诉记者，“粮食安全问题”的调研成果得到了国务院副总理回良玉同志的高度重视，他做出重要批示，指出“此千村调查反映的情况、论述的观点和建议对我们制定和完善农村政策很有帮助。粮食生产‘八连增’之后，社会上容易产生忽视粮食安全等倾向，要继续强调和适当地引导”。

跨学科、跨部门统一协作

作为第一期调查的首席专家，上海财经大学人文学院副教授余红认为，尽管现在很多高校都有暑期实践活动，但毕竟只有少数学生参与其中，“我们希望通过这样一项大型调查调动起大多数学生走进基层的积极性，这是课堂教学的延伸，是学生重要的第二课堂”。

千村调查项目的很多环节，包括人员组织、问卷设计、预调研、学生调研、数据处理、报告撰写、论文遴选等，参与人数多、工作量大、工作面广，需要跨学科、跨部门统一协作。第一期调查即确立了由专家组负责定选题、问卷设计、指导培训，由学校行政部门负责组织协调的实施模式。第二期调查首席专家俞卫说：“专家组中设有首席专家一职，其主要职责是，保证这项工作的科学化、系统化。”

专家组相当于千村调查的总指挥部，设计问卷是其工作重点之一。以第二期调查为例，专家组在问卷设计时反复斟酌，听取了财政部社保司医疗保障处和卫生部新型农村合作医疗研究中心等业务部门的意见。为保证问卷设计的质量，专门选取几个试点乡村进行预调研，不断研究问卷设计中存在的问题并修正完善；在村庄基本情况的调查方面，则多采用国家统计局的标准问卷，一方面可以和国家统计的情况接轨，另一方面有利于系列调查的前后比较。

参加调查的学生都要接受专家组的前期集中培训，掌握一定的调查方法和技巧后，按籍贯回乡调研。由于我国多数农村使用方言而不是普通话，项目组专家巧妙地运用学生回原籍做调查的方式克服语言障碍，有效“进入现场”，鼓励相邻村庄的学生组成调查小组展开调查，并支持城市学生跟随农村学生返乡。

专家组的另一项重要工作是对学生撰写的报告进行指导、整理、遴选，并从大量一手调研报告中提取关键性问题，结合自身学术专长，撰写总报告和专报告，提出政策性建议。

逐渐形成体系完备的科研项目

一手调查数据对于科学研究而言十分珍贵。据了解，现在项目组已建立调查信息数据库，并将根据每年的调研情况对数据进行整合更新，为今后的科研奠定坚实的基础。

从目前的实施情况看，4 期调研探索出了一种人才培养的新模式，调研成果也引起了被调查地区的重视。这些成绩的取得，坚定了项目组将千村调查项目做下去的信心。

千村调查项目还有一些意外收获。“数量庞大的原始问卷、报告装订成册之后，由学校图书馆收藏，竟成为特色馆藏，因为这种资料是无法比拟和替代的。”余红说。

受经费制约和出于对学生安全的考虑，千村调查项目也有一定局限。利用学生暑期返乡进行调查，一定程度上牺牲了调查样本选取的科学性和相对稳定性，不利于开展长期跟踪研究。为保证项目的可持续性和科学性，项目组正考虑设立若干固定调查点，每年实施重点调查，将某个主题持续做下去，积累具有可比性的连续调查数据，逐渐形成一个体系完备的科研项目。项目组认为，纵向和横向调研相结合，将会对“三农”问题的整体研究有所帮助。

走基层感言

千村调查项目搭建了大学生进行社会实践的平台，探索出培养学生创新精神和实践能力的一种新模式，为深入开展“三农”研究积累了宝贵的一手资料。

（本报记者：李　玉）

上海财大连续五年开展“千村调查”

《光明日报》 2012-10-18

在上海财经大学即将迎来95周年校庆之际，由上海财经大学和本报联合主办的千村调查项目5周年总结暨创新人才培养座谈会今天在沪召开。会上，上海财经大学介绍了千村调查开展5年来的情况。教育部思政司副司长王光彦，上海市教卫党委副书记、市教委副主任高德毅，本报副总编辑李春林等出席会议并讲话。

自2008年开始，上海财经大学连续5年分别围绕“农民发展状况”“农村医疗卫生保障”“农民收入状况”“粮食安全”和“农村文化状况”的主题，组织学生奔赴全国各地实地调研。5年来，累计9 439人次学生参加，足迹遍及31个省、直辖市、自治区的5 178个村庄、56 830家农户，积累了大量的一手资料，形成了一批颇具价值的阶段性成果，青年学子从中收获了知识，收获了成长。

王光彦说，大学生思想政治教育是提高高等教育质量和培养创新人才的重要环节。上海财经大学的千村调查由全校从上到下统筹规划，扎实推进，作为国家教育体制改革试点项目、财经创新人才培养模式的重要内容之一，它的意义早已不单单是大学生社会实践活动，已经成为上海财经大学创新人才培养的重要品牌。

高德毅认为，上海财经大学千村调查活动对培养创新人才，引导大学生了解社会、思考社会，特别是中国广大农村，提供了一个非常好的切入点和突破口。

来自复旦大学、上海交通大学、上海财经大学的学者就千村调查进行了热烈讨论。学者认为，千村调查集社会实践、专业学习、科学研究、创新能力培养为一体，让青年学子在触摸国情中收获真情实感、真知灼见，涵养家国情怀，增强社会责任感和实践能力，是一次着眼长远的探索与实践。参加千村调查项目的学生代表也在会上分享了自己的故事。

（记者：曹继军　颜维琦）

千村调查：发挥实践育人功能

《光明日报》 2012-10-31

“走千村，访万户，读中国”——从2008年至今连续5年间，上海财经大学组织学生开展千村社会调查，探索与实践财经创新人才培养模式与机制，收获了育人实效，引起了社会关注。

千村调查是上海财经大学“十一五”“211工程”三期创新人才培养项目，也是国家教育体制改革试点项目之一——“财经创新人才培养模式”项目的重要内容。它创立之初就被列为科研项目，集社会实践、专业学习、科学研究、创新能力培养为一体；有专门的科研经费，聘请海内外著名学者作为首席专家指导项目运行，组建以本校社会学系专业力量为核心的培训团队，为项目实施提供业务指导与人员培训；从校党委到学校各部门、各学院，都直接参与千村调查，建立了一套规范的管理运行机制。

自2008年开始，千村调查分别围绕“农民发展状况”“农村医疗卫生保障”“农民收入状况”“粮食安全”和“农村文化状况”5个主题组织学生奔赴全国各地实地调研。5年来，9 439人次学生参加，走访了31个省、市、自治区的5 178个村庄、56 830家农户，形成调查报告近3 500篇。调查报告中不乏“挑战杯”全国一等奖、上海市特等奖及一、二等奖作品，以及在全国核心期刊公开发表的文章。

如何评价千村调查？在上海财经大学95周年校庆之际，学校与本报联合召开了“千村调查5周年总结暨创新人才培养座谈会”，专家、学生就此各抒己见——

首席专家如是说

余红：（第一期首席专家）

我们为什么要去农村？在中国，不了解农村其实就是不了解中国，不了解农村也就不知道我们国家有怎样的未来。5 年的千村调查，医疗、粮食、文化等一个个主题的深化，确实让学生在了解农村中培育起家国情怀。

社会调查作为知识传授很简单，但要让它在不同的地方、不同的民族中，让不同的人掏心里话，是需要实践的。千村社会调查项目的培训和实践，切实提高了学生们的能力。

俞卫：（第二期首席专家）

我们的特点是将首席专家带进来，将一个一般的社会调查上升到对中国农村政策的摸底。这样，我们的思考会更深入、更全面。

另外，做社会调查，怎么规范化？目前，这个项目还只是正常教学之外的一项工作，如果这件事成为我们教学环境中很重要的一点，怎么把它完善和融入教学系统中呢？现在每年的新生基本都在参与我们的社会调查，怎样将它规范化，是非常重要的。

吴方卫：（第三期首席专家）

这是最直接、最生动的国情教育。从课堂走向社会，在课堂上我们有思政课，有国情教育课等，这是黑板经济学；学生们走下去以后，通过自己的观察、自己的思考、自己的总结和归纳，来发现改革开放以来中国农村的变化，以及需要同学们去奋斗、去改善的地方。

这是最接近现实的素质教育。通过走千村访万户这样一个过程，让学生在素质上得到了很大的锻炼，包括写作、研究、学习、人与人的交流等方面。

刘小川：（第四期首席专家）

这个活动的效果非常明显，主要特征是全方位培养了学生。学生通过这个活动不仅了解了社会，认识了社会，而且身体力行地参与进了社会方方面面的变化当中，我觉得这对学生起到了很大的提升作用。

从专家组的角度来说，做这样一个项目，前后要用一年半的时间，要倾注很多精力，又没有什么经济效益，也不一定有什么学术上的成就，但是我们愿意这样做，为什么？因为，作为教师，我们的学生如果能有成就，毕业后能对国家和社会做出贡献，就是我们的价值体现。

朱为群：（第五期首席专家）

这是一个很好的平台，让学生去了解当前中国的状况。在调查过程中，学生可以通过理论与现实的反差、城市与乡村的反差、文明和落后的反差、思想和行动的反差，激发他们的意识，包括问题意识——他们会想为什么有这个反差；忧患意识——从落后的地方可以看得到，从而激发他们的责任意识和改革意识。

从学生们调查后提交的论文来看，他们把所学的知识和所观察调查的东西有了很好的结合，但还缺少总结，要再提升论文的水平。

学生代表如是说

曹东勃：

2008 年暑期，我报名参加了第一期千村调查活动，回到家乡的一个自然村进行调查后，撰写了 2 份调查报告。2009 年，在学校大力支持下，我们的研究团队撰写的调查报告先后获得第十一届“挑战杯”全国大学生课外学术科技作品竞赛全国三等奖、上海赛区特等奖。2010 年博士毕业后，我到华东理工大学任教。现在，我继续关注和进行农村研究，可以说千村调查是我个人职业生涯和研究道路的一个重要起点。

基于从学生到教师的这样一种身份转换，回望千村调查，我认为这项活动意义重大。首先，有助于加深大学生对国情复杂性和基层现状的理解和把握。第二，有助于培养大学生的人文关怀与社会责任感。自然科学的研究主要发生在实验室中，兴趣居主导地位；人文社会科学其研究对象是社会本身，只要我们走入社会这个实验室，看到众生疾苦、世间百态，就会受到触动，产生一种责任意识、家国情怀，进而将这种情感冲动和人文关怀理性化地表达出来，化作严谨的学术研究。

对这项活动，我有一些建议：第一，注重统分结合，更多地发挥学生自主探索的积极性和能动性。在科学设计年度调查主题的基础上，鼓励学生自由组合，鼓励以团队形式集体进驻自然村或行政村，在摸清基本情况和完成调查主题的一般性要求之后，有针对性地发现问题并展开深度调研。第二，注重团队合作，鼓励学生之间利用调查平台、基于共同的研究兴趣形成合作团队，把千村调查这一活动对于教学科研的带动力、辐射力向后续延伸。第三，注重区域研究，可考虑适时开展基于长三角的农村专题研究。

管梦佳：

2009—2011 年，我连续 3 年参加千村社会调查活动，撰写了 3 篇专题调查报告和 3 个典型案例，获得了较好的社会反响。主要体会有以下三点：

一是参加千村调查是一个加强学习、拓展知识的良好载体。为了做好 3 个项目的调研，我系统地学习了农民医疗保障、农民收入和粮食安全方面的理论文献、专家观点、政策措施、农村做法等相关知识，尽管还很肤浅，但这些是坐在教室里难以学到的。在每一个暑假里都做一个课题，积少成多，集腋成裘，在自己的人生中也是一次难得的历练，极大地丰富了自己的知识结构。

二是参加千村调查是一项锻炼能力、提高素质的重要措施。每一个调查项目，从立项、审核、通过、实地调查到调研成果的形成，这当中的每一个环节都付出了很大的艰辛和努力。但是，我觉得付出的劳动是十分值得的，因为这不仅使我的学习能力、组织协调能力、与人沟通能力、文字写作能力和科研创新能力等得到了全面的锻炼和提高，也积累了一定的实际工作经验。

三是参加千村调查是一条走近农民、感受农村的有效途径。我们的调查研究工作面向农村、面向农民，进村入户向村干部了解、向农民群众了解，其中包括农民企业家、农民个体户、种粮大户、普通农民、困难家庭等，切身感受在农村的发展变化中、在农民的创业致富中有辉煌的一面，也有困难和问题，从中深受教育、深受启发、深入思考，与此同时，也增强了自己的社会责任感。

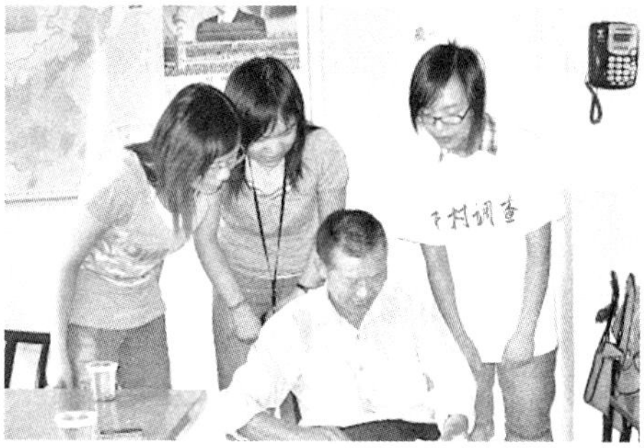

孙世龙：

2012 年 8 月，我与公共经济与管理学院、国际工商管理学院的两位同学一起组队到辽宁省大连普兰店市大刘家镇麦家村进行了首次农村文化领域的千村调查。

首次走出校园，我们第一次了解到实地调研的困难，更被以前不知道的乡情震撼。我们开始关心国情，理解中国。千村调查要求我们同时对村委会和村民进行调研。基于此，我们也就更能够知道政策实行之难、矛盾化解之难。我们看到了管理者的努力和执政方的渐进式改革，这是农村的希望。

上海财经大学启动“千村调查”项目

《东方教育时报》 2013－04－24

上海财经大学2013年度千村调查项目近日启动，2013年的主题为“农村劳动力城乡转移状况”。

千村调查项目是上海财经大学每年组织在校大学生于暑期深入农村开展相关“三农”问题的主题调查研究，调查范围覆盖除港澳台之外的31个省、直辖市、自治区，1 000多个村寨，近万家农户。2013年将采取定点和返乡调查相结合的方式，定点调查将随机抽样30个县（每县调查2个乡，每乡调查3个村）。

据校方介绍，2008年以来，该校已组织完成5期调查，累计9 439人次学生参加，学生足迹到访了31个省、直辖市、自治区的5 178个村庄56 830家农户；共发放问卷84 370份，回收问卷67 614份，有效问卷回收率80%。调查主题分别是“我国农村基本状况”“我国农村医疗保障状况”“我国农民收入状况”“我国粮食安全问题”和“农村文化状况”。

（作者：桑　翔）

我的千村之旅

宁海新闻网　2013-07-26

我是上海财经大学的一名大一学生，千村调查是一个校方组织、引导学生参与的以农村调查为主要内容的社会实践活动。虽然接受了12年的教育，但我的社会阅历基本为零，来自农村却对农村知之甚少。简单生活的背后并不缺少精彩的故事，怎样揭开它的神秘面纱、传达人们的心声、解决现有的问题？在一颗怀着几分期许与忐忑的心的指引下，我踏上了千村之旅。

第　一　天

我们的千村调查定点在长街镇新南村。年轻就是一颗说走就走的心，小城还在一片睡意中的时候，我们迎着朝阳，骑着单车出发了。不怕迷路也不畏大风，拼得小腿发酸也不休息，3个小时后终于到达目的地。看着同伴满脸通红、汗流浃背的样子，我大笑她丑，她也不留情面地回击我，但我们都没喊累、没喊辛苦。

找到村里的小店买水解渴，恰好看到2位妇女在拉家常。我满怀信心地走过去说明了来意，未等我说完一人就打断了我："我不识字，我做不来什么问卷，别来问了。"抱着一不做二不休的做调查就要豁出去的厚脸皮心态，我用蹩脚的方言解释我此行的重要性，试图打动她。虽有施招，却怕接招，她直盯电视不瞧我一眼，敌不过，我只好灰溜溜走开。

走在行人寥寥的大路上，心里直纳闷：怎么家家户户大门紧闭，见不着什么人？我边寻思着，边往绿油油的田地那边走去，看着地里的庄稼，愣是分不出小麦还是大麦，笑自己真是四体不勤五谷不分。抬头望见不远处一位老大爷正在耕作，“阿公——”我甜甜地唤他，大爷转过身来，很是面善。他戴着一顶宽檐大草帽，有着黝黑发亮的皮肤，黄布衫奁拉着几个纽扣，手臂小腿上青筋一条条，身上背了个水箱，好像在给庄稼打农药。

“阿公，怎么村子里看不到什么人啊？”

“出去挣钱了啊，种地又赚不了多少的。”

“村子里没地方能打工啊？”

“没厂子哪，得出去，到镇里去，或者更远点，大城市去。”

……

我们就像脑子里充满十万个为什么的孩子一样，拉着大爷问了许多问题。

到晚上一算，一整天只做了两三份问卷，大部分调查对象都让我们吃了闭门羹。本想靠一己之力完成调查，但村民的戒备之心让我只得托舅舅带去混个脸熟。吃到自家种的西瓜，我好奇地问了句西瓜多少钱一斤，外婆说被台风打过的一元一斤被收了，现在街上买要二元五角一斤，整整差一倍多！想起近日一则新闻——台风过后大片葡萄坏了，种植户亏几千上万的不算少，内心不由十分惋惜。虽说这几年农作物价格上涨，农民收益情况改善，却还是有不可避免的天灾人祸影响着农民的收入。

第　二　天

为完成一份返乡入村问卷，我们一大早先去了新南村社区服务中心。村文书真是百事通，各家大小事都知道些。这一遭走得挺顺利，得知了新南村的概况。当看文书填人均年收入只有 8 690 元的时候，我很诧异每月平均下来连最低工资水平都没有，文书说：“其实算不错了，农民嘛，吃住都是自己的，和县里不一样。”我尴尬地笑了笑，仅仅解决温饱是不足以使百姓安居乐业的，作为一名有幸接受优质教育的大学生，不可以忘记自己的责任，要努力学习努力工作，将来为社会建设贡献一份力！

下午，我又开始了入户调查，向大伯大妈们解释调查内容大致有收支概况、劳动力流向、医疗保险、教育、投资理财、民主选举等，六七成人愿意帮忙。走了十几户人家吧，每一户要花上半个多小时做问卷调查，他们在跟我边聊边答的时候，都以为我们调研所得数据最终会反馈到政府机关，因此还拜托我建议政府加大农民补助的力度。可能大伯大妈们是打趣，不过我感觉得出，农民的幸福感还不够稳定、不够强烈。但值得肯定的是：党带领的新中国在社会主义新农村建设取得了不错的成果，新南村不算富裕，但现在也差不多家家盖了新楼房，村里有一个小公园和活动室，全村早几年就铺起水泥路了，会有家电下乡以旧换新活动，也会对农民进行小额的农业补贴。尤其是新农保政策，问了几位阿公阿婆，都说缴了 6 000 元，2 年多就收回成本，现在每月拿 200 多元，连夸这政策好。

问卷里有涉及各类支出的问题，我问到家庭食品支出的时候，很多人都报了 10 000 元左右的数字。我觉得偏低，舅舅给我的解释是：其实在十几年以前，一家只要有大米，一个月没有一分收入也是可以过日子的，什么瓜果蔬菜都是自己种的，新南村又靠海，抓点小鱼小虾餐餐有海味，柴可以捡，农村人早起早睡，用不了多少电。但是这几年全村已经接了自来水，填了井，土地再分配，很少人家完全靠务农养鱼过活。在问到存借钱方式、投资理财活动的内容时，我又长了一番见识：在我看来，亲兄弟明算账，我们这一代都喜欢“AA 制”，大家共聚一桌，最后自己付自己的，并不奇怪；借钱也是讲明期限，绝不拖延；而农村人同家兄弟姐妹借钱不会写借条，认为这会伤感情，不好意思，借了钱也不会要利息，只要有钱就借。至于理财，不说老人，三十几岁的青年，除了工资打在银行卡里，也没有将余钱存银行的习惯，更别提买金融产品，都是守着自己的那么点血汗钱就够了，不敢冒风险投资。

晚上，海塘吹过来的凉风阵阵，跟大伯大妈们一起借着月光聊聊他们的日子和他们的希望，知道了他们眼里的社会，试着从另一种角度去解读农村，有了新思考：我身为新一代接班人，作为大学生群体的一员，究竟该做什么，如何去做好这些，如何让自己的价值更大化。

（作者：顾昕蓝）

上海财经大学“千村调查”首赴巫山深入了解农村劳动力转移状况

《三峡都市报》 2013－08－07

“这次我们大学千村调查巫山支队全体队员，通过对巫山县官阳镇农村的深入调查，掌握了农村劳动力转移的第一手资料，收获很大。”昨日，上海财经大学千村调查巫山支队副领队龙秋宇告诉记者说。

据了解，千村调查活动是上海财经大学实施的国家教育体制改革试点项目——“财经创新人才培养模式”项目的重要内容。自2008年起，该校以感受“改革开放30年变化发展”为契机，推出了千村调查项目，连续5年分别围绕“农民发展状况”“农村医疗卫生保障”“农民收入状况”“粮食安全”和“农村文化状况”的主题，组织学生奔赴全国各地实地调研，累计有上万名学生参与调查活动。

上海财经大学在2013年的千村调查活动中，经过深入调研，确定了“农村劳动力城乡转移状况”的主题，重点了解农村劳动力向城镇转移的现状，以及这个过程中出现的养老、教育问题，从中找出科学引导我国进行农村劳动力转移、促进农民增收、加速产业结构可持续化调整、统筹城乡发展的对策思路。按照项目规划，调查采取科学抽样方式，最终抽取到全国21个省、市、自治区的30个县120个村进行定点调查。巫山县官阳镇作为重庆代表被抽中。

从7月20日开始，上海财经大学千村调查巫山支队的9名队员在该校人文学院硕士生导师、副教授杨孝鸿的带领下，赶赴巫山县官阳镇。在官阳镇镇政府的密切配合下，深入该镇的八树、芹菜、鸦鹊、三岔等村社，走村入户进行实地调查，掌握第一手资料。

据介绍，上海财经大学千村调查将科学分析各地调查情况，为推动城乡统筹发展提出建议。据悉，在今后的几年内，巫山县将继续成为上海财经大学千村调查的定点调查县。

（记者：侯义祥）

上海财经大学2013年度“千村调查”实录

——青春、激情与梦想：我们在路上

中国招生考试网　2013-08-09

以“劳动力城乡转移状况”为主题的2013年度千村调查正全面展开。自7月19日首个出发的随机抽样定点调查分队重庆巫山队抵达当地开展实地调查以来，陆续已有28支调查分队分赴全国19个省、市、自治区的随机抽样点进行入村入户调查，已按计划完成4 800余份入户问卷、近100份入村问卷。

“我们是上海财经大学千村调查的访员，我们正在进行关于农村劳动力城乡转移状况的调查……”

这个暑假，相信这句话是所有千村调查队员最为熟悉的，也是队员们亲身实践的过程。

“当你觉得累的时候，那就是在走上坡路”。在这个炎热的夏天，上坡路格外显眼。即便再辛苦，在重庆巫山县调研的队员们仍旧大步向前。

千村千模样，很多村的道路都比我们预想中的更长、更难走。除了步行，淳朴善良的农民伯伯用三轮车、摩托车、自行车等农村里常见的交通工具搭载我们千村调查队员们到村里，到农户家。

随着改革的深入，不少农村的面貌焕然一新。广东省普宁县南溪镇的村民现身说法，让队员们得到了不少有价值的数据。

随着千村调查的影响越来越大，社会的关注度也越来越高。《光明日报》的记者随队来到青浦区，跟随我们的队员体验入户调查实情。

拉家常是减少拒访率的重要方式。这不，贵州省册亨县分队的队员在老师吴化斌的带领下，与当地村民拉起家常，聊聊当地少数民族的生活习惯，即刻缩短了与村民的距离，为接下来的问卷调查铺平道路。

随着调查进程不断深入，不少队伍已经陆续完成了调研工作。调研工作，既是现阶段工作暂告段落的标志，也预示着下一步工作的起点。

“中国农村是经济学最好的自然实验室”

——上海财经大学“千村调查”第六年的新变化

《光明日报》 2013-09-23

从2008年开始，以感受“改革开放30年变化发展”为契机，上海财经大学推出千村社会调查项目，引导学生聚焦“三农”问题。连续5年，围绕“农民发展状况”“农村医疗卫生保障”“农民收入状况”“粮食安全”“农村文化状况”组织学生奔赴全国各地实地调研，足迹到访31个省、直辖市、自治区的5 178个村庄、56 830家农户。本报对此进行了跟踪报道。2013年，进入第六年的千村调查又有了新变化——

引入随机抽样定点调查模式

经历了30多年的高速增长，进一步的经济成长面临着人口结构转型等一系列挑战。其中，农村劳动力城乡转移是面临的重要问题之一。2013年的千村调查聚焦这一热点难点问题。

以往的千村调查主要依靠学生返乡调查，调研样本具有随意性。2013年则首次采取随机抽样定点调查和学生返乡调研相结合的方式，由专业老师带队进行定点调查，使得千村调查的调研方式更加科学化，为基于调查数据的后续学术研究提供了保障。

张鸣芳是青浦练塘镇小分队的带队老师，她是上海财经大学统计与管理学院教授，在统计调研方面经验丰富。她告诉记者，2013年学校的千村调查项目组在第六次全国人口普查数据的基础上，从我国25个省、市、自治区科学抽取样本，最终抽取到了21个省、市、自治区的30个县120个村进行定点调查。这21个省、市、自治区的农业户籍人口覆盖全国农业户籍总人口的88.71%，居住在乡村的人口占全国乡村居住总人口的88.72%。“这样的样本分布能够具有普遍代表性。”张鸣芳说。

用最真实的数据反映最真实的农村

在青浦练塘镇，记者仔细翻看了返乡、抽样、入村、入户等4份问卷。以入户问卷为例，20多页的问卷共有6大类149个问题，包括家庭成员基本情况、就业经历、健康和社会保障、子女教育、住户家庭基本情况、2012年家庭收支及资产情况。

农村劳动力城乡转移状况的调查，涉及影响农村劳动力转移的户籍、土地、教育和医疗等热点问题。张鸣芳说，问卷上的每个问题都是经过专家组的多位专家反复研讨和预调研的检验修改而成的，目的只有一个——“用最真实的数据反映最真实的中国农村发展情况”。

她告诉记者，2013年学校共有32位专业老师带队进行定点调研，课题组还集结了全校众多在国内外享有盛誉的专家学者，从各个环节确保调查的科学性。在张鸣芳看来，对每个参与其中的学生来说，这不仅是一次深入基层农村的有益实践，更是一次严谨的学术训练。

千村调查的意义不止于此。经过5年的积淀，千村调查在拓展创新人才培养模式方面的意义正在显现。有专家认为，“中国农村是经济学最好的自然实验室，大学生将在这个实验室里去发现问题、解决问题”。进入第六年的千村调查，已经形成集社会实践、专业学习、科学研究、创新能力培养为一体的财经创新人才培养新模式。

（本报记者：曹继军　颜维琦）

以真实数据反映真实的中国农村发展状况

——上海财经大学连续六年开展“千村调查”

《上海滩》 2013-10-01

千村调查是“十一五”时期上海财经大学依托“211 工程”三期开展的创新人才培养项目，也是国家教育体制改革试点项目之一——“财经类创新人才培养模式改革”项目的重要内容。千村调查集社会实践、专业学习、科学研究、创新能力培养为一体，已经成为上海财经大学创新人才培养的重要品牌之一。

2008 年，以感受“改革开放 30 年变化发展”为契机，上海财经大学对大学生暑期社会实践活动进行凝练推出了千村调查项目，引导学生聚焦“三农”问题。此后 5 年里，该项目分别围绕“我国农村基本状况”“我国农村医疗保障状况”“我国农民收入状况”“我国粮食安全问题”和“农村文化状况”的主题，组织大学生奔赴全国各地实地调研。

与前五期单纯依靠学生返乡调查不同的是，2013 年千村调查首次采取随机抽样定点调查和学生返乡调研相结合、科学调研方法与学生社会实践相结合、专业老师带队进行定点调查的方式。随机抽样定点调查和专业老师的参与，使千村调查的调研方式更加科学化，为基于调查数据的后续学术研究提供了保障，同时很大程度提高了广大教师和研究生尤其是博士研究生的参与度。2013 年，全校共有 894 支队伍、1 228 名学生参加假期返乡调查，30 支队伍、282 名同学参加定点调查，32 名专业教师参加定点调研带队工作。

关注农村劳动力城乡转移状况

2013 年千村调查第六期的调查主题为“农村劳动力城乡转移状况”。经历 30 多年的高速增长，我国经济结构正在发生着深刻的变化，如人口红利、环境红利、全球化红利等不少曾经有利于经济高速增长的内外部因素相继逆转，进一步的经济成长面临着人口结构转型等一系列挑战。其中，农村劳动力城乡转移，是我们面临的重要问题之一，是关系到全面建成小康社会和国民经济现代化能否顺利实现的关键性问题，也是关系到我国社会稳定的全局性问题，更是我国经济社会发展亟待解决的重要问题。

千村调查通过实地问卷调查获得一手数据，以及后期基于科学理论和研究方法的数据分析和研讨，将着力真实反映当前我国农村劳动力转移的特点、趋势及其制约因素和难点，从中找出科学引导我国进行农村劳动力转移、促进农民增收、加速产业结构可持续化调整、统筹城乡发展的对策思路。这对于我国加快社会主义新农村建设、推动城乡一体化发展和新型城镇化建设，具有十分重要的现实意义。

拓展全面发展创新型人才培养模式

上海财经大学多年来深入贯彻“全面发展”的培养理念，坚持“复合型、外向型、创新型”的人才培养规格特色，打造多层级、全方位的综合能力拓展体系，在做好学校教育教学改革的同时，也不断拓展社会实践育人功能，积极探索融社会实践、专业学习、科学研究、创新能力培养于一体的财经创新人才培养模式，以促进学生“知识、能力、人格”全面发展。

为此，学校在组织同学进行项目申报的同时，广泛开展学术道德、学术纪律和学术规范的教育，要求同学们遵循学术规律，恪守学术诚信，所有报名的同学在递交项目申请书的同时签好诚信承诺书，承诺调研期间愿意接受专家委员会查问及监督，调查报告数据来源于实际调研活动，未剽窃、侵犯他人作品。

专家指出，诚信意识、团队精神、实践能力都是财经人才的重要素质，中国农村是经济学最好的自然实验室，大学生将在这个实验室里去发现问题、分析问题、解决问题。通过连年的建设和发展，千村调查已经打造出具有上财特色的大学生创新人才培养模式的品牌，既提升了学生科研创新能力，也让学生在深入农村的过程中产生了一种责任意识、家国情怀。通过“走千村，访万户，读民情”，对大学生了解国情、锤炼意志、增长才干，树立正确的世界观、人生观和价值观影响深远。

引入随机抽样定点调查模式

往年的“千村调查”均为学生返乡调查，所选取的调研样本具有随意性。自古以来，中国人口分布不均衡，充分考虑中国不同地区的社会经济背景差异，2013 年千村调查引入了随机抽样定点调查的模式，采用多阶段系统规模成比例的不等概率抽样方法，赋予每个初级抽样单元与单元农村人口规模成比例的入样概率。

千村调查项目组基于 2010 年第六次人口普查数据，从我国（不含香港、澳门、台湾以及新疆维吾尔自治区、西藏自治区、青海省、内蒙古自治区、宁夏回族自治区、海南省）的 25 个省、市、自治区中进行科学抽取样本。最终抽取到 21 个省、市、自治区的 30 个县 120 个村进行定点调查。

21个省、市、自治区的农业户籍人口覆盖了全国农业户籍总人口的88.71%，居住在乡村的人口占全国乡村居住总人口的88.72%。样本区县的平均农村居民人均纯收入为6 209元，比当年全国平均水平高出4.9个百分点。从30个样本区县2010年的农村居民人均纯收入来看，样本对全国农村的经济发展水平具有较好的代表性。

权威专家指导广大师生齐参与

2013年千村调查课题组集结了众多在国内外享有盛誉的专家学者。其中课题组首席专家为“千人计划”国家特聘专家、上海财经大学经济学院院长、高等研究院院长田国强教授，课题组成员包括美国三一学院经济系终身教授、上海财经大学高等研究院特聘教授文贯中教授，美国密歇根州立大学经济系教授、上海财经大学高等研究院特聘教授赵金华教授，以及拥有较多实际调研经验的上海财经大学经济学院冯帅章教授、上海财经大学财经研究所赖涪林副研究员等。这些专家的积极参与，确保了项目顶层设计和调查过程的科学性。

随机抽样定点调查采取由专业教师带队进行调研的模式，带队教师主要协助负责对参与调查的同学进行调研提纲辅导、调查方式培训，并全程参与入户调研，把关调查进程，检查调研数据。

7月底至8月下旬，30个调研队陆续奔赴全国30个抽样区县的120个农村完成实地问卷调研工作，完成的随机抽样定点调查户数超过6 000户。由于抽样调查方法的科学性和对于调研过程的质量管控，调查所获得的数据具有较好的全国代表性和真实性，大大提升了项目的学术性，为基于调查数据的后续学术研究提供了保障，有助于真实反映当前我国农村劳动力城乡转移的状况，为政府进行科学决策提供理论和实证依据。

在重庆市巫山县官阳镇实地调研

如何让农民工真正“进城”

——由农村劳动力城乡转移状况调查引发的思考

《光明日报》 2014-06-17

十八届三中全会提出，推进农业转移人口市民化，逐步把符合条件的农业转移人口转为城镇居民。市民化的实质是农民职业的非农化、生活方式的城市化和思想观念的现代化。农民工市民化路径必须顺势而为，以尊重劳动力城乡转移趋势为前提。

目前，我国的城镇化率已超过50%，但城镇户籍人口的比重却只有35%左右。提升城镇化的质量，必须大力促进以农民工为主体的外来务工人员市民化，将其中符合条件的农业转移人口逐渐转变成城镇居民。农民工市民化不仅仅是农民工取得城镇户籍，它还要求其在政治权利、劳动就业、社会保障、公共服务等方面享受城镇居民（市民）同等待遇，并在思想观念、社会认同、生活方式等方面逐步融入城市。中国城镇化建设具有自身独特性，在探寻农民工的市民化路径时，必须要以人为本，充分尊重人口转移规律，顺应人口转移特点，真正实现“流得动”并“留得住”。

上海财经大学2013年度的千村调查以“农村劳动力城乡转移状况”为主题，进行了全国范围的随机抽样定点调查。本年度调查由“千人计划”国家特聘专家、上海财经大学经济学院和高等研究院院长田国强教授担任团队负责人，采用多阶段系统规模成比例的不等概率抽样方法，赋予每个初级抽样单元与单元农村人口规模成比例的入样概率，在全国随机抽取了分布在21个省级行政区的30个县级行政区，由30个调查队深入这些行政区的120个行政村，共入户调查了6 203户家庭28 840位家庭成员的具体情况。最终，样本经过检查、复核等一系列严格的数据质量控制程序后产生。三百余名老师和学生在暑假期间不畏酷暑，脚踏实地，北至吉林黑土地，南到粤东南溪镇，西入黔西南山区，深入农村田间地头、门前屋后调查，为“新型城镇化”建设相关的政策提供及时、准确、客观的一手调查数据及实证依据。

一、当前我国农村劳动力转移的基本状况

（一）从驱动因素来看，农村适龄劳动力外出务工主要是为了提高收入

通过课题组实地调研的细分数据来看，农村适龄劳动力中选择外出务工或经商的比例为35.1%，留在家中只从事自营农业活动的比例为33.49%，两者比例相当。然而，调研样本中选择外出务工或经商的适龄劳动力，其年均收入为36 837元；留在家中只从事自营性农业的适龄劳动力，其年均收入只有5 625元，两者相差近31 000元。

课题组通过对调查数据进一步分析发现：在年龄、教育水平相似的情况下，选择外出务工可以显著提高农村劳动力的收入水平，使其年收入平均提高13 809元。因此，对于农村适龄劳动力群体来说，务工比务农收入来得高，外出务工比留在农村务工收入来得高。

根据“千村调查”的数据，有88.41%的农民工表示，经济因素是他们外出务工的主要动因，而子女教育、向往城市生活等因素所占的比例非常低，这与上述收入数据相互印证。在外务工期间，农民工每月平均总收入为2 885元，平均每月总花销为1 287元，可往老家寄641元；如果选择留守家中，平均每月收入仅为786元，这也从侧面反映出经济因素是促成农村适龄劳动力外出务工的主要动力。

（二）从流动方向来看，农村转移劳动力较为集中地流向粤浙苏鲁等沿海省份，呈现就近跨省打工和高流动性特点

从当前外出农村劳动力总体分布来看，全国较为集中的区域有广东、浙江、江苏、山东和河南，分别占总数的28.89%、10.18%、6.35%、5.02%和4.21%，前四位均为沿海省份。

从珠三角、长三角、京津冀三大块经济区数据来看，珠三角农民工主要来源地前三名是广东、湖南、广西，三地分别占珠三角打工人数的36.61%、21.68%、12.26%；长三角农民工主要来源地前三名是江西、安徽、江苏，三地分别占长三角打工人数的21.48%、19.85%、14.43%；京津冀农民工主要来源地前三名是河北、山东、安徽，分别占京津冀打工人数的38.65%、24.47%、11.35%。

可以看出，除本省内就近打工人员以外，跨省就业的农村转移劳动力大部分选择就近省份作为其目的地。这一现象的原因可能是：较多的外出务工群体较难与家人团聚，缺乏归属感，从情感本能与交通费用等经济成本两方面考虑，劳动力更偏向于选择团聚较为方便而收入又不错的地方。

农村转移劳动力还呈现出流动性较高的特点。我们的调查对象中，有外出务工经历的人数为6 900人，其中有4 555人在外出务工期间转换过工作的城市，占66.01%，即将近2/3的外出务工劳动力发生过流动现象，他们平均在每个城市留驻时间为2～3年。

（三）从行业分布来看，农村转移劳动力集中分布于低技能劳动密集型行业

农村转移劳动力群体分布较广的两个行业，一个是以工厂生产为主的制造业，一个是以工地施工为主的建筑业，两者所占比例约为56%。此外，一些就业门槛相对较低、与日常生活有较大联系的行业，如批发零售业、住宿餐饮业，也是外出务工群体较为集中的行业。

我们在调查中发现，农村外出务工群体的劳动强度很大，他们平均每周工作58.54小时，每月平均工作3.92周。当前农村外出务工群体的平均月收入约为3 000元，从细分行业来看，制造业、住宿和餐饮业劳动报酬在平均线以下，约为2 700元。

从就业途径来看，无论农村转移劳动力从事哪个行业，通过自己寻找、亲友熟人介绍找到工作的比例最高，这两种途径合计超过90%，其中通过亲友熟人介绍的接近四成。这显示农村外出劳动力的就业呈现出较明显的“抱团就业”趋势。

（四）从返乡情况来看，农村转移劳动力返乡比例呈波动上升态势，非经济收入因素成返乡主因

在本次调查中，有外出务工经历的人数为 6 900 人，其中有 4 761 人曾经返乡，占总数的 69%。

纵观近十年，农村转移劳动力中长期返乡的人群整体比例随着时间的推移而波动增加。这与国家大力推广惠农政策、农村整体就业发展前景走高有一定关系。

调查显示，外出务工人员返乡原因主要与老家的家庭生活建设相关，如结婚、生孩子、盖房子、配偶团聚、照顾老人等，属非经济收入类因素。当前常住在家的农村适龄劳动力中，有 1 688 人曾经外出务工，返乡半年以上的人占外出务工人数的 74.58% 以上，这些人当中，22.51% 仍以务农为主业。

从长期返乡劳动力群体的原因来看，也有较大一部分人群（约 28.38%）是由于疾病或致残等原因而被动返乡的。

在对数据进一步分类观察后我们发现，从性别、地域来看，返乡因素与总体样本表现无异，结婚、生孩子和照顾老人仍是主要原因，这也就是说，性别、地域因素不是造成返乡的主要原因。

二、农村劳动力转移趋势对推进农民工市民化提出的挑战

（一）城市生活的经济成本与压力，是农村转移劳动力市民化面临的首要问题

调查显示，当前农村外出劳动力中有近七成完成了九年义务教育，其中有近 10% 接受过高等教育，总体受教育程度较留守劳动力高，是农村总体劳动力中技能水平和文化素质都相对较高的群体。但相较于宏观环境下各群体的整体受教育程度，他们所受的教育、技能培训仍然较低，就业层次低，这也在相当程度上决定了他们在城市的收入水平是偏低的。考虑到通胀因素，这都给农民工在城市生活带来了较大的经济成本与压力。如何提升农村转移劳动力就业水平，提高他们的总体收入水平，是当前农村转移劳动力市

民化面临的首要问题。

（二）留守儿童、留守老人等非经济因素，成为农业转移人口市民化重要的后顾之忧

近年来，外出劳动力所面临的非经济类困难已日益凸显。从外出务工群体家庭陪伴情况看，90.77% 的外出务工者与父母不在一起，74.14% 的外出务工者与子女不在一起，39.69% 的外出务工者与配偶不在一起。我们的调查还显示，在各年龄段上，外出务工群体男性劳动力数量均明显多于女性劳动力。这就是人们常说的“386199 部队”，农村大量男性青壮年劳动力外出打工后，形成了庞大的留守妇女、儿童、老人群体，其中尤以留守老人、留守儿童群体数量为巨。

从上述数据可以看出，照顾家人，尤其是照顾老人和孩子，是农村转移劳动力市民化的主要后顾之忧。这种后顾之忧使得农村劳动力在外出务工后，无法真正融入城市，实现“流得动”和“留得住”。

（三）农村劳动力就地城镇化进程缓慢，消化返乡劳动力有限

城镇化的实质是农民职业非农化、生活方式城市化和思想观念现代化。课题组调研数据显示，农村劳动力无论外出务工与否，职业非农化的比例已占半数以上，而随着外出劳动力返乡比例的波动上升，这部分返乡劳动力期望在家乡或者周边地区能够从事非农职业，并且能够获得相对较好的经济收益，享受城市化的生活方式。课题组对当前常住在家的人进行了调研，其中有 1 688 人曾经外出务工过，虽然职业非农化的在家劳动力比例已超过半数，但是返乡后在家从事务农活动的人比例有 22.51%，仍超过了 1/5，同时还有 28.38% 的劳动力不从事任何工作，他们中包括部分赋闲在家的劳动力和部分由于残疾或生病丧失劳动能力的劳动力。

可见，在现有的城镇化进程下，“就地城镇化”的进程还是显得较缓慢，无法满足越来越多返乡劳动力的生活工作需求。拥有城镇生活工作经验的劳动力返乡后“被打回原形”而继续务农，失去了真正城镇化的机会，这形成了我国城镇化道路上的又一挑战：大城市无法消化过多的外来劳动力，而就地就近城镇化进程又受阻，无法有效消化返乡的劳动力。

（四）农业转移人口集中流入沿海和大中城市，给这些地区公共服务、资源环境造成了巨大压力

课题组调研数据显示，在外出农民工总体中，有 56.58% 的人选择了跨省或跨国打工，超过半数；而从所有跨省的目的地来看，广东、浙江、江苏、福建等沿海省份较受欢迎，对于就近跨省务工的农村劳动力来说，他们认为这些省份的平均收入较高、城乡医疗保障制度衔接程度较高，可以较好地覆盖外出成本。数据也显示，决定外出务工群体在城市间转移的最主要原因是经济因素，在就业城市的选择上他们更倾向于沿海地区及大中城市。

而对于就业城市，大批农村转移人口的集中流入，给当地的公共服务、资源环境等造成了巨大的压力，地方财政在医疗服务、义务教育、养老保障、经济适用房征地建造等公共服务方面都承受了较大的压力，因此农村转移人口集中流入地政府在对外来人员的福利保障上可能会无法到位或是满足其要求，地方财政无法负荷巨大的农村劳动力市民化成本。这导致农村劳动力在所在城市无法得到有效的福利保障，仅停留在“半城镇化”阶段，无法真正融入城市生活。

三、关于顺应农村劳动力转移趋势，推进人的城镇化的几点建议

（一）加强就业服务和就业培训，提升农村转移劳动力的职业技能、增强其就业效率

就业是农村转移劳动力在城市稳定和沉淀的关键，而产业结构的转型升级也对劳动力的职业技能提出了更高要求。我们的调查显示，目前农村转移劳动力大多是靠亲友熟人介绍的“抱团就业”，其集中于劳动报酬偏低的低技能劳动密集型行业，普遍缺乏专业技能培训，难以获得足以在城市扎根的经济积累。为此，应建立城乡统一的就业服务平台，加强劳动力资源信息库和劳务需求信息库建设，让就业信息充分流动，有效疏通农村剩余劳动力进城就业渠道，提高劳务输出的组织化程度。同时，应制定农村转移劳动力培训的相关制度和政策，整合农村劳动力转移就业培训资源，适应市场用工需

求对农民工进行培训，提高培训的及时性、针对性和有效性，提升农民工的技术水平和增收本领，使之由谋生转移就业向全面发展型就业转变，更好地适应城市工作和生活的节奏。

（二）推进基本公共服务从户籍人口向常住人口覆盖，消除农村转移劳动力的后顾之忧

真正的市民化，意味着农村转移人口享有与转入城市原居民相同的教育、养老、医疗等基本公共服务。从我们的调查来看，留守儿童、留守老人是促使农民工返乡的重要原因，分别有七成以上和九成以上的农民工没有带着儿女、老人一起外出。究其原因，正是现行城乡二元户籍制度及其背后所享有的权利失衡和福利落差，致使随迁子女的受教育权缺乏保障，而农民工自身亦面临社保便携性不够、转移接续难等难题，更不用说老人的养老问题。未来应以保基本、促公平为原则逐步推进城乡教育、卫生、养老、就业等基本社会公共服务均等化，而这又与户籍制度改革紧密相连。具体而言，应进一步探索打破户籍与福利相捆缚的不合理制度安排，尤其是要从政策和财政维度上保障农民工随迁子女平等接受义务教育的权利，并渐进突破中等职业教育、高等职业教育等初中后教育的瓶颈。同时，应探索建立由镇政府适当补贴、村集体承担日常运转费用、家庭提供生活费用的农村互助养老中心，切实解决留守老人养老问题，并加快解决养老和医疗保险的接续、流转和异地结算等制度问题，制定明晰社保转移接续政策指引和操作指南。

（三）优化中小城市和小城镇功能定位，增强就地就近安置农村剩余劳动力的承载力

在吸纳农业转移人口方面，中小城市和小城镇有着与大城市不尽相同的功能作用，它们是新型城镇化的重要载体。我们的调研显示，返乡农民工中约有一半继续务农或赋闲在家，未能实现就地就近再城镇化。真正落实《国家新型城镇化规划（2014—2020 年）》提出的“加快发展中小城市，有重点地发展小城镇”要求，关键还是要通过产业发展和集聚来解决就业岗位不足、就业质量不高的问题。这就要求中小城市与小城镇总体规划应与产业发展规划结合起来，中小城市与小城镇注重与周边区域中心城市的联动发展，结合自身特色和优势加强产业承接、产业集聚、产业升级、基础设施，吸纳农村剩余劳动力就业和沉淀，并对那些吸纳农业转移人口多、经济综合实力强的镇，赋予同人口和经济规模相适应的管理权。同时，顺应农村转移劳动力返乡趋势，政府应积极引导已积累丰富工作经验和技术的外出务工人员返乡创业，由单纯就业向创业与带动就业转变。

（四）合理引导人口流向，避免外来人口在沿海特定区域大规模聚集

由于规模经济，大城市在创造就业方面更有优势，但是其在人口、土地、水资源、生态环境、基础设施等方面的承载力是有限的。从我们的调查来看，由于跨省农业转移人口的大量涌入，东部沿海区域大城市是目前中国人口最为集聚的地方。这些城市的公共治理和公共服务能级和水平不足以支撑人口的急剧和大规模增加。人口流向与产业布局有关，当务之急是加快培育发展中西部地区城市群，建立中西部地区城市群与东部城市群之间的发展协调机制，创新构建城市群一级的要素市场管理机制，引导和促进产业梯次转移、分工。同时，应重点推进中小城市和小城镇公共服务基础设施建设，以供水普及率、燃气普及率、广电覆盖率、污水处理率、垃圾无害化处理率等为指标，促进居民生活质量和生活环境的改善，通过稳定就业和改善生活双管齐下，从一定程度上来缓解东部地区及其大城市的人口压力。

（上海财经大学"千村调查"课题组
执笔人：陈媛媛　陈旭东　陈莹　李媛
负责人：田国强　林立国　　　　）

“千村调查”研究农村养老

《解放日报》 2014-09-21

昨天，上海财经大学第七期“千村调查”专题暑期调研心得交流及表彰会在上海财经大学人文学院举行。参加调查的200多名大学生走入乡野，对全国21个省、31个县的62个行政村的7 445名60岁以上的农村老人，进行了面对面的访谈。加上返乡非定点调查，本期调研受访和问卷调查对象共计17 480人。

（记者：王　珍）

上海财经大学千名大学生从教室走向田野

上海教育新闻网　2014-09-22

刚刚过去的这个暑假，上海财经大学的 1 000 多名大学生走进全国 21 个省、自治区、直辖市的 31 个县的 62 个村入户访问、调查，完成“中国农村养老现状及对策”专题调研。

据了解，上海财经大学 2014 年 6 月启动了“中国农村养老现状及对策”专题调研。课题组组织了 1 069 名学生、29 位中青年教师，组成 31 个定点调研小组、669 个学生返乡非定点调研组，赴全国农村进行大规模进村入户访问和问卷调查。参加定点调查组学生，来自全校 14 个院（系、所）、60 多个专业共计 216 名同学，其中本科生 174 人，硕士生、博士生 42 人；由人文学院和马克思主义理论教学科研部选派 29 名中青年教师，担任定点调研小组领队。对全国 21 个省、自治区、直辖市的 31 个县的 62 个村，共 7 445 位 60 岁以上农村老人，进行面对面访谈和调查。

参与返乡调查共有 853 名来自农村的学生，组成 669 支非定点调研组，携带 669 份入村问卷、10 035 份入户问卷，开展养老现状调查。本期调研内容涉及农村老人家庭基本状况、身心健康状况、收支状况、生活态度等诸多方面，重点关涉养老方式构成、养老观的代际差异、基本医疗和重病保障及国家、社会和家庭养老支持度、养老价值观的嬗变、现有养老政策执行效果，以及特殊人群（家庭）养老等诸多问题，体现了一定的深度与广度。

通过历时 3 个月的调研实践，参与调查的师生对农村养老状况，达成初步共识：第一，认为农村宽松自在的养老环境，有利于老人在可能条件下，自主选择养老形式、养老地点及安排养老内容。第二，国家出台的一系列惠农政策，不断释放出养老“红利”，显示中国农村正向“老有所养”的目标逐步迈进。第三，农民养老状况近30年来达到史无前例地改善：反映在基本生活保障方面，居住条件越来越好；反映在农业作业方式方面，农业劳动越来越轻松、高效；反映在交通通信方面，村村通公路、家家通电视、户户通电话。第四，国家推行农村社会保障制度，尤其是给60岁以上老人发放养老金，有助于保障农村老人的基本生活。第五，农村老人宽容、吃苦耐劳、关爱后代的传统美德值得青年一代珍视和弘扬。多数老人因子女不在身边，不同程度存在孤独感，但他们内心向着下一代，希望子孙日子过得更好。为此，他们义无反顾地承担起抚养孙辈、守护家园的责任。从总体上来说，农村老人对党和国家的现行农村政策，普遍感到比较满意。

同时，参与调查的师生发现农村养老正在出现新变化和新问题：一是传统农村养老家庭保障功能出现不同程度的缺位。如今由于青壮年子女大多外出打工，因空间隔离，导致无法完成传统的子女固守家庭，确保老人颐养天年的亲情体验型养老。二是传统农村社会保障功能有所弱化，货币化社会养老渐趋扩展。传统养老是无回报型依靠族人、邻居、亲友的实物接济和精神安慰，如今有向货币化资助形式过渡趋势。但地方政府限于经济实力，总体资助力度不高，而且资助也未必能够转换成高质量养老服务。三是受区域经济发展和产业结构变动影响，土地在传统养老模式中的经济保障功能有“虚化”倾向，作用有所降低。四是老人及年青一代养老观念和衍生的价值观，有待合理引导。例如，绝大部分农村老人不愿选择去养老院，主要是顾及“面子”，认为那是没有子女或子女不孝的老人最后的选择。上述问题的出现，与农村人口流动、农民财富积累、人际关系结构改变，尤其是青年人对养老概念的理解变化等密切相关。这些问题显示，一方面，中国传统的家庭为主承担养老职责的居家养老模式仍在延续，另一方面，有待于创新新型养老制度，完善养老政策，更新农村养老模式，以有效应对当前和今后农村养老所需。

目前，调查的调研实践阶段，已顺利完成前期论证、预调研、动员培训、启动实施、总结交流五个步骤，正转入调研成果研发孵化阶段。按照专家组建议，计划分以下步骤推进：第一步，尽快完成定点调查数据和资料的筛选、清洗、整理和统计等工作，并汇聚调研队员的心得体会，以原汁原味的形式，争取年底结集出版；第二步，全面深入地对数据进行科学分析，厘清数据之间的相关关系和因果关系，尽快推出中国农村养老专题系列研究报告；第三步，举办主题为“中国梦视阈下的农村养老：国情问题对策”的高质量、高规格学术研讨会，将共识性结论报送上级相关决策机构，让调研成果的作用得到深化和升华。

上海财大开展“中国农村养老现状”千村调查

上海热线　2014-09-24

随着中国现代农村生产、生活的结构变化及农村人口加速老龄化，农村养老问题成为我国重要的社会问题之一。为了能深度解读农村养老模式密码，2014 年上海财经大学第七期千村调查自 6 月启动了于暑假期间正式实施的“中国农村养老现状及对策”专题调研，并于 9 月 20 日召开了暑期“千村调查”思想交流会。

交流会上，参加本期定点调查的 200 多名本科生、硕士生和博士生欢聚一堂，畅谈心得体会，共话行走在共和国田野上的所思所感。人文学院党总支副书记杨乐主持表彰会，人文学院院长、第七期“千村调查”首席专家张雄教授与会致辞，并为优秀调研员颁奖。

交流会分为两阶段进行。上午是小组交流阶段，同学们围绕所见所闻、所思所感畅所欲言，一致认为本次暑期调研收获颇丰，对于个人开阔视野、历练品格、增长知识、提升素质、积累经验、培养团队意识和合作精神等方面意义重大，多数同学表示，此次调研对他们精神心灵触动很深，是他们至真至纯大学生涯中弥足珍贵的一段经历。下午是大会交流阶段，各小组代表在大会上做了精彩发言。同学们围绕如何克服交流困难、获取一手信息资料、科学分析原始数据、机敏应对突发事件、撰写高质量调研报告等介绍了经验。他们体会到调研切实有助于培育动手能力、端正学术态度、触摸真实国情、增强国家认同、感受社会变迁、强化忧患意识、提升责任意识。专家组成员范宝舟主任、郝云副院长、社会学系副主任刘长喜博士、陆绯云副教授等组织了小组交流会。

2014年度千村调查调研的主题为“当代老人的中国梦：中国农村养老现状及对策”。该项目课题组组织包括1 069名学生和29位中青年教师参与的700支队伍，赴全国31个省、自治区、直辖市的731个行政村进行大规模入户访问和问卷调查。其中定点调查队伍31支，成员由来自全校14个院所、60多个专业共计216名同学构成，其中本科生174人，硕士生、博士生42人。定点调查队员对全国21个省、31个县的62个行政村的7 445位60岁以上农村老人进行了面对面访谈和调查。

此外，由853名同学组成的669支返乡调查队伍调研了669个行政村，入户访问和问卷调查了10 035名老人。本期总计受访和问卷调查对象达17 480人。本期调查内容涉及农村老人家庭基本状况、身心健康状况、收支状况、生活态度等诸多方面，重点关涉养老方式构成、养老观的代际差异、基本医疗和重病保障、国家、社会和家庭养老支持度、养老价值观的嬗变、现有养老政策执行效果以及特殊人群（家庭）养老等诸多问题，体现了一定的深度与广度。

基于调研实践和思想交流，队员们对农村养老状况达成一些初步共识：

第一，农民经营自主性、迁徙自由度增大，农民的生产积极性和追求幸福生活的热忱持续上升，农村宽松自在的养老环境，客观上有利于老人在可能条件下自主选择养老形式、养老地点、安排养老内容。

第二，国家出台的一系列惠农政策不断释放出养老“红利”。例如，从联产承包责任制上缴提留杂费，到取消农业税，再到现在农业补贴、新品种引进和开发补贴等各类激励政策，乃至土地流转政策，都为农村老人不同程度地带来实惠，显示出中国农村正向“老有所养”的目标逐步迈进。

第三，农民养老状况近30年来得到史无前例的改善。反映在基本生活保障方面，如农民住房从土房窑洞，过渡到砖瓦房，再到现在的楼房，居住条件越来越好。反映在农业作业方式方面，从以前的人耕、牛耕，发展到现在的机器耕种收获，农业生产向着机械化智能化方向发展，农业劳动越来越轻松、高效。反映在交通通信方面，村村通公路、家家通电视、户户通电话。尤其是直接针对60岁以上老人发放的养老金，有助于保障农村老人的基本生活。老人们一致认为，中国农村变化巨大，老人生活一年比一年好。

第四，农村老人宽容、吃苦耐劳、关爱后代的传统美德值得青年一代珍视和弘扬。多数老人因子女不在身边，不同程度存在孤独感，但他们内心永远向着下一代，希望子孙日子过得更好，为此，他们义无反顾地承担起抚养孙辈、守护家园的责任，最大的心愿和期待是春节家人团聚。总体上，农村老人对党和国家的现行农村政策普遍感到比较满意。

队员们在调研实践中也发现农村养老正呈现出一些新变化和新问题：

其一，传统农村养老家庭保障功能出现不同程度的缺位。传统的农村养老模式表现为，子女固守家庭当中，早晚守候老人身边，确保老人颐养天年。如今由于青壮年子女大多背井离乡，空间隔离导致无法完成这种传统的亲情体验型养老，家庭保障功能出现不同程度缺位。

其二，传统农村社会保障功能有所弱化，货币化社会养老渐趋扩展。传统农村社会养老更多依靠族人、邻居、亲友的资助，多属道义上的实物接济和精神安慰，而且属于无偿回报型，如今有向货币化资助形式过渡的趋势。社会救助不再以粮油、衣物、被服等形式为主，而更多体现为货币补贴形式。但限于地方经济实力，总体资助力度不高，而且货币化的补贴形式未必一定能够兑换成相应的高质量养老服务。

其三，受区域经济发展和产业结构变动影响，土地在传统养老模式中的经济保障功能有“虚化”倾向，土地收入在供养老人生活方面作用有所降低。

其四，老人及年青一代养老观念及其衍生的价值观有待合理引导。例如，绝大部分农村老人不愿选择去养老院，不是担心那里享受不到更好的服务，而主要是顾及“面子”，认为那是没有子女或子女不孝的老人最后的选择。

上述问题的出现与农村人口流动、农民财富积累、人际关系结构改变，尤其是青年人对养老概念的理解变化等密切相关。这些问题显示，一方面，中国传统的家庭为主承担养老职责的居家养老模式仍在延续，另一方面，有待于创新新型养老制度，完善养老政策，更新农村养老模式，以有效应对当前和今后农村养老所需。

农村养老状况的复杂性和多样性激发了调查队员的深层思考。针对当下农村中出现的社会养老对传统居家养老的冲击，在场亲情体验型养老向缺场货币供给型养老的转变所带来的情感关怀缺失，以及农村社会养老中投资不足、规模不大、服务质量不高等问题，同学们积极献计献策。有同学指出，应当充分发挥资本市场在推动农村社会化养老和货币化养老中的积极作用等；还有同学就如何实现从物质保障型养老向生态综合型模式转变给出了建议。

据介绍，千村调查项目是上海财经大学致力实现培养商界精英和业界领袖人才目标的品牌建设项目，也是集国情调研、创新能力培养、社会实践、科学研究功能于一体的综合项目。该项目由学校党委书记丛树海教授、校长樊丽明教授亲自主抓，学校的宣传部、规划办、科研处、教务处、研究生院、学生处（学工部）、团委等职能部门和各院系所积极配合实施，每年组织千名以上在校大学生，利用暑期深入全国各省、自治区、直辖市的 1 000 多个村寨和近万家农户，围绕农民发展状况、农村医疗保障、农民收入、粮食安全、村社文化、劳动力转移等专题，渐进有序开展的大型系列调研。作为肇始于国家教育体制改革财经人才创新培养试点项目，千村调查自 2008 年开启至今，已无间断举办六期，项目研究成果多次获得中央和地方领导同志的高度评价，对我国农村政策的制定提供了有价值的决策参考。

张雄教授在总结发言中感谢全体师生为顺利完成调研任务付出的辛劳，并充分肯定此次调研取得的成效。基于前期的项目设计、论证、预调研开展以及督导实践，张雄教授就如何做好人文研究着重指出以下几点：第一，负责任的人文学术研究必须带有强烈的现实关切和问题诊断意识，不能在象牙塔里搞“清议”，不能在故纸堆里玩思辨，必须以解决问题尤其是解决中国当下的重大问题为取向和目标。十八届三中全会以来，中国人口老龄化趋势越发明显，养老问题尤其是农村养老问题成为进入改革深水区的中国将面临的攻坚难题之一，如何制订出科学的行之有效的政策措施，需要我们对农村的养老现状有全面深刻的认识。为此，我们应当义不避责，有所作为。第二，负责任的人文研究必须秉持严谨的科学态度，遵循科学的研究程序。人文社会科学虽然研究对象不同于自然科学，但对研究样本的统计分析、因果链条的辨析贯通等方面，其学理中包含的科学性丝毫不弱于自然科学。人文社会科学研究的结论能否站得住脚，除了要看其研究的逻辑预设是否合理，关键还要看其从社会实验室中选取“样本”的准确性和研究程序的科学性如何。离弃了科学的研究方法，人文社会科学研究的结论就可能变成可左可右、经不起实践检验的“象鼻子”。为此，我们在后期研发中当不避繁难，客观求是。第三，负责任的人文社会科学研究应当不断推陈出新，追求卓越。上海财经大学往届调研关涉的中国“三农”系列专题，已经积累了不少有益成果，而且作为财大的品牌项目，还将继续下去。作为拥有全国经济哲学研究会、上海市社会科学创新研究基地（民族复兴中国梦）、经济社会学系等一流学术资源平台的人文学院，我们应当充分整合优势资源，发挥团队协作合力，攻坚克难，进一步拓展、深化和升华在国内颇具影响的养老专题研究和科学发展观研究既有成果，在学术殿堂上再迈一个新台阶。为此，我们应当超越自我，继往开来，再续辉煌。

上海财经大学：暑期社会实践关注农村养老问题

中国教育新闻网　2014-09-24

近日，上海财经大学举行第七期千村调查暑期调研交流表彰会，围绕2014年的暑期社会实践主题“中国农村养老现状及对策”分享心得，扩展调研收获。

上海财经大学2014年度千村调查的主题为“当代老人的中国梦：中国农村养老现状及对策”。该项目课题组包括1 069名学生和29位中青年教师参与的700支队伍，赴全国31个省、自治区、直辖市的731个行政村进行大规模入户访问和问卷调查，总计受访和问卷调查对象达17 480人。调查内容涉及农村老人家庭基本状况、身心健康状况、收支状况、生活态度等，重点关注养老方式构成、养老观的代际差异、基本医疗和重病保障、养老价值观的嬗变、现有养老政策执行效果以及特殊人群养老等问题，体现了一定的深度与广度。

调研团队发现，农村养老正呈现出一些新变化和新问题。第一，传统农村养老家庭保障功能出现不同程度的缺位。由于青壮年子女大多背井离乡，空间隔离导致无法完成传统的亲情体验型养老。第二，传统农村社会保障功能有所弱化，货币化社会养老渐趋扩展。社会救助不再以粮油、衣物、被服等形式为主，而更多体现为货币补贴形式，但限于地方经济实力，总体资助力度不高，而且货币化的补贴形式未必能够兑换成相应的高质量养老服务。第三，受区域经济发展和产业结构变动影响，土地在传统养老模式中的经济保障功能有“虚化”倾向，土地收入在供养老人生活方面作用有所降低。第四，老人及年青一代养老观念及其衍生的价值观有待合理引导，如绝大部分农村老人碍于面子不愿选择去养老院。

农村养老状况的复杂性和多样性激发了上海财经大学调查队员的深层思考，同学们建议，应当充分发挥资本市场在推动农村社会化养老和货币化养老中的积极作用，并使农村养老实现从物质保障型向生态综合型模式的转变。

从教室走向田野：千名大学生与万名农村老人的对话

中国社会科学网　2014-09-28

随着中国现代农村生产、生活的结构变化及农村人口加速老龄化，农村养老问题成为我国重要的社会问题之一。为了能深度解读农村养老模式密码，2014 年上海财经大学第七期千村调查自 6 月至 9 月实施“中国农村养老现状及对策”专题调研，组织 1 069 名学生、29 位中青年教师，组成 31 个定点调研小组、669 个学生返乡非定点调研组，赴全国农村进行大规模进村入户访问和问卷调查。

近 700 个调研组开展调查

第七期千村调查的调研内容涉及农村老人家庭基本状况、身心健康状况、收支状况、生活态度等诸多方面，重点关涉养老方式构成，养老观的代际差异，基本医疗和重病保障，国家、社会和家庭养老支持度，养老价值观的嬗变，现有养老政策执行效果，以及特殊人群（家庭）养老等诸多问题，体现了一定的深度与广度。

参加定点调查组学生来自上海财经大学的 14 个院（系、所）、60 多个专业共计 216 名同学，其中本科生 174 人，硕士生、博士生 42 人；由上海财经大学人文学院和马克思主义理论教学科研部选派 29 名中青年教师，担任定点调研小组领队。对全国 21 个省、自治区、直辖市的 31 个县的 62 个村共 7 445 位 60 岁以上农村老人进行面对面访谈和调查。参与返乡调查共有 853 名来自农村的学生，组成 669 个非定点调研组，携带 669 份入村问卷、10 035 份入户问卷，开展养老现状调查。

目前，第七期千村调查的调研实践阶段已顺利完成前期论证、预调研、动员培训、启动实施、总结交流五个步骤，正转入调研成果研发孵化阶段。按照专家组建议，计划分以下步骤推进：第一步，尽快完成定点调查数据和资料的筛选、清洗、整理和统计等工作，并汇聚调研队员的心得体会，以原汁原味的形式，争取年底结集出版；第二步，全面深入地对数据进行科学分析，厘清数据之间的相关关系和因果关系，尽快推出中国农村养老专题系列研究报告；第三步，举办主题为“中国梦视阈下的农村养老：国情·问题·对策”学术研讨会，将共识性结论报送上级相关决策机构，让调研成果的作用得到深化和升华。

调查发现：农村养老制度待创新

通过历时 3 个月的调研实践，参与调查的师生对农村养老状况达成初步共识。首先，农村宽松自在的养老环境，有利于老人在可能条件下，自主选择养老形式、养老地点及安排养老内容。其次，国家出台的一系列惠农政策，不断释放出养老“红利”，显示中国农村正向“老有所养”的目标逐步迈进。再次，农民养老状况近 30 年来得到史无前例的改善。反映在基本生活保障方面，居住条件越来越好；反映在农业作业方式方面，农业劳动越来越轻松、高效；反映在交通通信方面，村村通公路、家家通电视、户户通电话。第四，国家推行农村社会保障制度，尤其是给 60 岁以上老人发放养老金，有助于保障农村老人的基本生活。第五，农村老人宽容、吃苦耐劳、关爱后代的传统美德值得青年一代珍视和弘扬。多数老人因子女不在身边，不同程度存在孤独感，但他们内心向着下一代，希望子孙日子过得更好。为此，他们义无反顾地承担起抚养孙辈、守护家园的责任。从总体上来说，农村老人对党和国家的现行农村政策，普遍感到比较满意。

同时，参与调查的师生发现农村养老正在出现新变化和新问题。一是传统农村养老家庭保障功能出现不同程度的缺位。如今由于青壮年子女大多外出打工，因空间隔离，导致无法完成传统的子女固守家庭，确保老人颐养天年的亲情体验型养老。二是传统农村社会保障功能有所弱化，货币化社会养老渐趋扩展。传统养老是无回报型依靠族人、邻居、亲友的实物接济和精神安慰，如今有向货币化资助形式过渡的趋势。但地方政府限于经济实力，总体资助力度不高，而且资助也未必能够转换成高质量养老服务。三是受区域经济发展和产业结构变动影响，土地在传统养老模式中的经济保障功能有“虚化”倾向，作用有所降低。四是老人及年轻一代养老观念和衍生的价值观有待合理引导。例如，绝大部分农村老人不愿选择去养老院，这主要是顾及“面子”，认为那是没有子女或子女不孝的老人最后的选择。上述问题的出现，与农村人口流动、农民财富积累、人际关系结构改变，尤其是青年人对养老概念的理解变化等密切相关。

这些问题显示，一方面，中国传统的家庭为主承担养老职责的居家养老模式仍在延续，另一方面，有待于创新新型养老制度，完善养老政策，更新农村养老模式，以有效应对当前和今后农村养老所需。

项目专家组保障调查有序实施

上海财经大学第七期千村调查得到最真实的数据调查，反映最真实的中国农村发展情况，由上海财经大学各行政部门和学院的专家学者组成的项目专家组在问卷设计、调研选址、队伍遴选、预调研开展、经费投入、调研保障、数据采集、档案录存等各环节，反复论证、严格把关，帮助调研小组快速梳通定点调查关涉的地方县、镇及乡村的行政管理及接待关系，帮助调研小组针对当地县情、镇情、村情，快速部署开展各项调研工作，并做周密计划和安排，帮助调研小组快速熟悉周边生活环境，制定潜在不安全因素防范措施，及时回答和处理调研队提出的疑难问题，回应相关的意见、建议。这样确保调研过程顺利，保证了调研数据真实、调研结论客观。

值得一提的是，项目专家组在本期千村调查的实践阶段，对调研活动的组织管理具有鲜明的创新特色：一是发挥专家组督导作用。项目正式实施前，进行了预调研和培训，有利于修订完善调查问卷，掌握调查程序和方法。项目实施期间，专家组通过电话、短信、微信、电子邮件等多种渠道，对所有定点调研小组进行全面指导；并深入偏远地区调查点，指导调研工作。二是发挥中青年教师作用。本期千村调查从上海财经大学人文学院和马克思主义理论教研部选派29名中青年教师，担任31个定点调研小组领队，较好地带领和指导学生完成调研和数据收集，同时也促进教师参与社会调研活动。三是调查人员采用混合编组。参加本期调查工作的学生，来自全校14个院（系、所）。编组中将不同院（系、所）、不同专业、不同培养层次的学生混合编组，有利于学生间相互交流，知识和经验互补。四是强化安全意识，实行“天天报平安”制度。由于定点调查覆盖范围广且多为偏远山区，专家组通过多种方式加强师生安全教育，密切关注调查地天气变化和灾害情况，同时做好安全应急预案，确保了调查期间无安全事故发生。

参与本次千村调查，对青年学生来说是一次重要的经历，很多同学认为这次经历已成为自己成长过程中收获的精神财富。通过这次活动不仅了解了农村养老现状，是一次难得的深入基层、了解中国农村、亲身感受农村生活的实践机会，而且学会了调研的方法与技巧，在如何克服交流困难、获取一手信息资料、科学分析原始数据、撰写高质量调研报告等方面，增长知识，取得了经验，同时培养了团队意识和合作精神。并且，艰苦的环境、艰苦的生活，有利于历练品格。此外，通过触摸真实国情、感受社会变迁，增强了国家认同感，强化了忧患意识，提升了责任意识。

（作者：李　玉）

上海财大学生“千村调查”实录：生活再艰难也要很开朗

《文汇报》 2015-01-09

在上海读大学，又受财经类专业的熏陶，和有如此专业背景的大学生谈论中国的“三农”问题，他们会不会很隔膜，甚至无感？

上海财经大学已连续实施7年的“千村调查”，让很多“90后”大学生对“三农”问题的重要性有了刻骨铭心的体察。

普通老农脸上的皱纹，他们的开怀大笑、不经意间的叹气，甚至是受访时谈到伤心事的落泪……最近一次“千村调查”，上海财经大学的一支学生团队来到了甘肃陇西县的两个村落，就农村养老问题开展专项调研。除了完成颇具学术含金量的调研报告，很多学生回到学校后以日志、手记等形式，记录下了他们对于中国“三农”问题的观察与思考。

“百善孝为先”，知易行难

我是土生土长的甘肃省定西市居民，虽然也曾到过陇西县，但此次调研却是第一次从一个旁观者的角度认真观察陇西，不得不说感触良多。

我们的调研地点位于陇西县巩昌镇的五一村和二渠村。西部向来缺水，但没想到我们到达调研地点的第一天，便遇上了全镇停水。细细观察我们所在的镇子，湛蓝的天空下是纷飞的尘土，漫天沙尘，坑洼的街道，低矮的房屋以及路边的“垃圾场”，这便是西部的贫困县之一。相信当时所有和我同行的同学们都在为西部的落后感到痛心，而这种感觉在我心中，尤为强烈。

我们的问卷很是冗长，但整个过程村民们都积极配合，没有半分不耐烦。几天的调研活动也让我们对村里老人的养老现状有了一个大致了解。

俗话说，“百善孝为先”。当问及当地老人，儿女对他们是否孝顺时，大多数老人的回答都是肯定的。儿女们的孝顺及对生活现状的满意让他们看上去红光满面。然而，也不乏例外。在我调研时遇到一位老奶奶。她的身形十分瘦小，岁月在她脸上刻下了深深浅浅的沟壑，她穿着一件碎花的上衣，皑皑的白发上顶着一顶黄色的草帽，眼睛中盛满了愁苦。大概是孤独太久，一见到我，便像见到亲人一样，边抹眼泪边拉着我的手对我讲她正在遭受的一切：老伴去世早，虽然和儿子共居一院，但是她的活动范围仅有大院的偏僻一隅——一间小小的土坯房。儿子儿媳不仅在生活上不照顾她，就连经济上也从未给过任何帮助。有时儿子心感不忍，想要接济老母，却会招来儿媳的冷言嘲讽。可怜一位风烛残年的老人，只能靠着一点微薄的养老金，一个人忍气吞声地在巴掌大的小房子里过活。就连最疼爱的孙子，也因为怕引来儿媳不满而不敢靠近她。世上最伟大的莫过于孕育了生命的母亲。然而，身为一位母亲，这位老人却在自己儿子面前如此卑微。也许这只是个例外，但，仅此一例，也足够让人震惊。

调研时也感受到很多正能量。有一户人家，老爷爷近九十高龄，瘫痪在床。他的儿子告诉我们，老爷爷年轻时当过兵，受了太多苦，临老便疾病缠身，瘫痪在床。老爷爷和儿子同住，儿子儿媳都十分孝顺。尽管老人吃喝拉撒均在床上，但是儿子儿媳没有半分怨言，事无巨细、勤勤恳恳地照料老人的生活起居。年轻时曾为军人的老爷爷固然让人敬佩，但是他的儿子儿媳更加值得我们尊敬。“孝”只有一个字，可说来容易做来难。真真正正能将“孝”字的意思领悟、将“孝”做好的人，能有几个呢？这也给了我们启发：“树欲静而风不止，子欲养而亲不待。”永远不要给自己留下无法弥补的遗憾，不要在以后想起，才追悔莫及。

（作者：陈　欣

上海财经大学会计学院 12 会计学班学生）

和农民谈养生？那真有点“奢侈”

作为自小生活在农村的我来说，对于农村中所存在的问题，再明白不过。在我的家乡，农村老人的养老基本靠子女解决。由于当地较重视教育，子女的生活条件较好，有一部分老人在家乡生活，家里有耕地，加上子女的照顾，养老基本无虞。有的老人后来跟随子女一起背井离乡，在城市生活、养老，帮着子女带孩子、料理家务。

相比之下，陇西这个地方就不一样了。当地村民只有宅基地，没有耕地，所以留守老人收入只有靠子女接济和政府补贴。而这里对教育的重视程度一般，30 岁左右的劳动力大部分都进城务工，其收入也只够供给自己家庭生活。因此，这里老人们的收入来源相对单一，即政府补贴占了大部分。

来到这里虽然是调研养老现状，但我们都不约而同地意识到解决好农民工问题的重要性。这个问题如果处理得好，不仅新一代的生活会更好，而且农村老人的养老问题也会随之化解。

在陇西巩昌镇，除了宅基地，其他土地被征收。以往自给自足的生活被打破，村民在饮食方面的支出大增。从统计的数据看出，他们在饮食方面的支出占到了一半甚至更多。每年每位老人的饮食支出约为 2 500 元，但即使这样在农村也只能维持吃饱，谈不上吃好，更不用说有营养和合理饮食。

在入户调研的过程中，我们来到一位老奶奶家中，她告诉我们，要是手里稍微宽裕一点，就会去镇上买点菜，吃得好一点，若是那几天没有收入，就将就着随便吃一点。听到这里，我们不禁感到一阵心酸，再想想自己平时吃吃喝喝，花钱根本没有节制，真是过着天差地别的生活。

农村老人的闲暇时间也值得关注。陇西二渠村老人们闲暇时最多的活动就是串门聊天，遛弯散步，而健身保健活动则很少。对于养生保健，这里的老人们并不关心。我们在调研的时候发现，村里其实都设有老年人活动中心之类的活动室。但是令人不解的是，这些房间的大门上都挂着一把大锁，透过窗户向里看，桌子上落着厚厚的一层尘土。我想到了一位老大爷嘴上时常挂的一句话：“上面政策是好的，下面的实施就不怎么样了。”

类似的情况在农村还不少。在我家乡，村里有农家书屋，但是从设立到现在没有开过一次门，真心让人无奈。看来加强政府工作监督是迫在眉睫的大事。

（作者：赵毓鸿
上海财经大学法学院13经济法2班学生）

“常回家看看”，每个人都该如此

虽然一开始就有预想过农村的生活条件会不如城市，但陇西作为一个西部的县城，它的情况比我们预想的或许还要糟糕。出发前就有新闻说附近地区出现了鼠疫，到达的第一天我们得知由于连日干热天气，陇西已经几乎全县停水。那个时候我们便知道，这次调研注定不会是一趟轻松的旅程。

我和我搭档的第一位问卷对象是一位年近六旬的老奶奶。老奶奶说话带着当地的口音，第一次听这种方言，我们如坠云里雾里。虽然问卷的题目略多，但老奶奶一直耐着性子一道道回答。由于语言沟通不顺畅、老人听力不好等问题，我们的第一份问卷花了近40分钟才完成。虽然后来问卷调查越来越顺利，但我们的调研之路却出现了波折：由于村里的路不好走，有一名队友在行走的过程中负了伤，她的大腿被划开了好大一个口子，无奈之下只得去医院缝针。我们的队员都是年轻的大学生，一个不留神都会发生意外，都会受伤，那么老人呢？万一晚上天黑看不清脚下的路，万一一不小心也遇到和我们一样的危险，那就一定不仅仅是缝针这么简单的事情了。从这个角度来说，道路问题是一个非常严峻、亟待解决的问题。就像俗语说的：“要想富，先修路。”不管富不富，为让老人们能拥有一个更好、更安全的生活环境，修路也是一项很基本、很重要的大事情。

除了生活环境的问题，家庭环境是另一项头等大事。居住在村里的许多老人都很孤独，他们的儿女们或外出打工或远嫁他乡，只是逢年过节回家探望一次，平时孩子总不在身边。许多老人的生活来源主要来自新农保。而且老年人总有各种各样的病痛，大多数老人每天都要吃各种各样的药。这样的现状，确实很需要一些真真正正能落到实处的养老政策来改善。虽然问题存在于方方面面，老人们却也生活得很开朗。他们大多数依旧爽朗地大笑着，在家侍弄着各种花花草草，在狗吠声和孙辈们的玩闹嬉笑声中度过每天的日子。我想这就是我们比不上他们的地方吧：这样积极乐观的生活态度。如果在这样的生活里，能把那些不尽如人意的地方都加以改善，那么老人的晚年，一定会更幸福。

我想说，通过这次调研，我们收获了太多的东西。除了看到了老人们生活中所欠缺的，我们也意识到了我们所拥有的、我们应该给予父母的。不久的将来，我们的父母也会成为别人口中的“老人家”，我们也可能会因工作等原因无法给予父母更多的陪伴。那时候我们该怎样做，才能不让我们的父母变成关爱缺失的老人？他们为我们的成长操劳了一辈子，我们应当给予他们一个安详的晚年。甚至在更远的将来，我们自己也会成为老人。设身处地，我们就能明白很多。

养老是每个人都会遇到的社会问题。这次的调研不仅给了我们一个机会了解当下中国农村养老模式的现状，让我们为改善农村的养老情况尽一份力，也让我们更多地思考了与自己相关的许多问题，从中感悟生活，一点点成长。

（作者：康雪婷

上海财经大学金融学院12保险精算班学生）

失去耕地后，他们守着房子和菜园

我们调研的定西市陇西县位于甘肃省的东南角，属于甘肃省较为富裕的村落，然而即便在当地相对较为富有，我们依然可以发现一些生活保障以及经济支出等方方面面的问题。

甘肃省普遍缺水，造成当地“水比油贵”。老百姓的家里，几乎都有十几个脸盆或者水桶摆在屋檐下用来接雨水，据说，这是为了防备时有时无的全市断水情况。全市停水时，老百姓都是用自己平时积累的雨水做饭洗衣，由于条件艰苦以及水资源的缺乏，许多家庭的老人在冬天这种几乎不下雨的季节里，都选择不洗澡。

在调研中，当地人告诉我们，国家早在几年前就征收了他们的土地，这些土地现在全部被开发商用来兴建商品房，而村民尤其是老人，大多都集中住在自家的小院里度过晚年。他们身边可能会留有几个孙辈，而由于没有田地耕种，年轻人大多选择去了发达城市打工维持生计，有时一年都回不来一次。

对于祖上几代都是农民、以耕田为生的村民来说，失去了祖祖辈辈守护的田地，他们的心中难免有些空落落。也正是因为这样，村民们，尤其是留守老人，将自己全部的积蓄都投到了建设自己的房子上。

从经济收入来源看，大部分村里的老人都不富裕，每年有政府的救济金，有子女们不定期的汇款（自身最大的经济来源），再有老人自己的积蓄。从总数来看，老人每年的花销大约为 5 000～8 000 元，其中最主要的是伙食和看病，可见即便是在医保体系比较完善的状况下，看病仍然是农村老人一项头疼的经济问题。

另外，不清楚当地老人们是真的比较贫穷还是坚持财不外露，在调查中所有的老人都表示在银行没有任何存款。那祖上留下的半亩不到的宅基地便是这群农民唯一的寄托。

当二渠村的村民们被问及未来有没有想要进入养老院和觉得养老院有什么优点等问题时，无论是老人还是他们的儿女都给出了明确的否定答案。在他们看来，即便养老院是一个现代化的舒适的养老场所，他们仍然觉得倘若老人进了养老院，儿女会觉得自己没有尽到孝道，老人会担心自己的儿女在外被人说三道四。这些老人只想守着自家的地安度晚年，不求生活上有多享受。老人们也表示即便未来自己的儿孙们发达了，想要接他们去城里住楼房他们也不会去，这个村子已经成了他们的根，他们不想晚年离开这里。

这次千村调查让我接触到了一种不一样的生活方式、生活条件和生活态度，或许这种才是生活的真味。

（作者：高天鹏

上海财经大学经济学院 13 数理经济班学生）

“千村”大课，城里孩子不容错过

《文汇报》 2015-01-16

为国家培养未来的社会精英，历来是大学的使命。可国之精英该如何养成，大学又能为其做什么？

在上海财经大学，千村调查成为破题之举——该校老师每逢暑假分别组队，带领大学生们一起走千村、访万户、读中国，采集和“三农”问题相关的一手数据。

像上海财经大学这样的高校，多数毕业生未来将进入金融、财会等行业领域，就年轻人的成长轨迹来推算，如果大学教育没有补上“三农”这堂课，恐怕很多年轻学生一辈子也没有机会走进真正的中国农村，对国情缺乏真正的体察。

中央“一号文件”已经连续 11 年聚焦“三农”问题。而上海财经大学举全校之力连续 7 年实施的千村调查，也有更深的考量：为当今的大学生“补”上人生重要一课。该校师生过去 7 年的调查足迹已覆盖全国 31 个省、自治区、直辖市的 6 638 个村庄，实地走访 80 000 余家农户，派出学生超过 12 000 名。几乎每个上海财经大学的学生在读期间，都有机会参加一次千村调查。

行走田间地头　充分了解“村庄”

因为参加千村调查，2014 年夏天，上海财经大学金融学院二年级本科生范深远一行 10 余人，来到云南红河州元阳县。初到时，秀美的元阳梯田让这群年轻人眼前一亮——这可是哈尼族人世代辛勤耕耘留下的奇景。随后几天，范深远做入户调查，一位老人的眼泪却让他意识到，农村养老这个调查课题的沉重。

“有位老人拿了一张医药费单子逐条讲给我听。他病痛缠身，儿女不在身边，孤零零地守着一个破宅子。”老人一边哭一边接受范深远的访问。农民对大病的恐惧、对养老的忧虑，大学生们对此第一次有了切身感受。

在这趟调查行程后，学生们开始很认真地和老师讨论一个经济学问题：元阳梯田给当地带来了可观的旅游收入，但每天辛勤劳作、保持梯田良好风貌的农民，却没有获得多少好处，这样的收益分配模式是否该改一改？

在上海财经大学，很多老师都把千村调查视为课堂“黑板经济学”之外的有益补充。除了体察国情、民情，行走在田间地头，学生们会经受各种磨炼——这是如今的大学教育很难给学生提供的经历。

上海财经大学人文学院二年级博士生王程 2014 年带队去甘肃陇西时，队里有个女生在翻越田埂时不慎被划伤，送去当地卫生院，小腿缝了 12 针，队员们劝她回上海，但她却坚持留在当地，说可以帮助录入数据。

上海财经大学党委书记丛树海教授说，千村调查的实施让同学们充分了解“村庄”这个最基本的社会单位的现实，有助于增强大学生服务国家和人民的社会责任感、勇于探索的创新精神、善于解决问题的实践能力，进而有的放矢地推动社会主义核心价值观在学校落地生根。

课题实行“首席专家负责制”

从 2008 年上海财经大学首次组织实施千村调查开始，这一项目的定位就和普通的大学生暑期社会实践很不同。上海财经大学发展规划处处长应望江介绍，千村调查是以科研项目的方式来组织的，从每年的调查课题立项，到调查问卷设计，再到后期的数据处理，整个课题实行“首席专家负责制”，由学校各相关学科的领头人来领衔、把关，负责该调查的科学性。

有一个场景让学生们难忘：一些没有被列入随机抽样调查范围的老农会找上门主动要求做问卷，一问才知是奔着发给受访对象的 10 元钱津贴而来。因为千村调查是一项经济学普查，随机抽样的科学性必须得到坚持，无法多发问卷。为了安抚“找上门”的老农，有的学生最后自己掏了钱。上海财经大学经济学院副教授林立国说：“对一个从小成长在城市的孩子来说，他们肯定会重新认识10元钱的价值。”

发现反差　激发学生问题意识

如今，上海财经大学的千村调查已成为学校的“头号科研课题”，经调查形成的各类“三农”问题报告3 500多篇；参与调查的教师在核心期刊发表学术论文17篇，学生发文5篇；有多份和“三农”问题相关的决策咨询报告获国家相关部门批示。2014年，融国情教育与科研训练于一体的基于千村调查的财经类创新人才培养模式探索项目，获得了国家级教学成果二等奖。

比起这些“看得见”的成果，王程觉得，对一大批今后从事金融财会专业的大学生来说，千村调查有着不寻常的意义。

“为什么我国很多由经济学家建言而形成的政策，实施后时常效果打折，甚至遭到一片骂声。照理说，经济学家都是受过严格学术训练、最深谙理论的，他们的建言在成为政府决策前，也是最符合经济学规律和公式的。”深入乡村的调查让王程找到了些许答案：和“三农”相关的政策要真正“落地”，政策制定者和决策咨询者必须“接地气”。

“在调查过程中，学生们会发现很多理论与现实的反差、城市与乡村的反差、思想与行动的反差。”担任过千村调查首席专家的上海财经大学公共经济与管理学院教授朱为群说，这些反差会激发学生们的问题意识，继而促使他们形成学以致用的理念。

（首席记者：樊丽萍）

上财“千村调查”聚焦“三农”大学生亲访近两万老农

上海教育新闻网　2015-02-05

如何让当代大学生走出围墙，进山村、下田地，更真实地了解我国农村发展，关注“三农”问题，对此高校往往进退维谷，拿捏不好分寸。

日前，上海财经大学推出了关注农民工市民化、农村金融服务、农村留守儿童等问题的三份专题报告。值得注意的是，推动报告发布的是一个学生假期社会实践活动千村调查。

2014 年暑假，上海财经大学由 1 069 名学生、29 位教师组成 700 支队伍，奔赴全国 31 个省、自治区、直辖市的 731 个村庄对“农村养老问题现状”进行深入调研。其中 31 支定点调查队伍对 62 个行政村 7 445 位 60 岁以上农村老人进行了面对面的访谈，还有 600 多支返乡调查队伍走访超过 10 000 名老人。

走过七年　七大主题硕果累累

走千村，访万户，读民情。为了让当代大学生更全面地了解中国农村现状，千村调查项目自 2008 年成立起便旨在引导学生聚焦“三农”问题。北往甘肃，南至云南，这场旷日持久的学生社会实践活动着眼于全国，深入最基层，深入农村生活的方方面面。

如今已成为上海财经大学学生假期社会实践活动的品牌项目，千村调查正步入第八个年头。7 年来，“千村调查”项目分别围绕“我国农村基本状况”“我国农村医疗保障状况”“我国农民收入状况”“我国粮食安全问题”“农村文化状况”“农村劳动力城乡转移状况”和“农村养老问题现状”七个主题。

2014年度千村调查项目的主题为“当代老人的中国梦：中国农村养老现状及对策”，总计受访和问卷调查对象达17 480人。调查内容涉及农村老人家庭基本状况、身心健康状况、收支状况、生活态度等诸多方面，重点关涉养老方式构成，养老观的代际差异，基本医疗和重病保障，国家、社会和家庭养老支持度，养老价值观的嬗变，现有养老政策执行效果，以及特殊人群（家庭）养老等诸多问题。大学生们拿着详尽的调查问卷，挨家挨户走进老乡的家里、生活里，把这些写到纸上，看在眼里，记在心里。

专家领衔　学生实践体现学术性

人们原以为这只是学校活动翻出的新花样，而几年下来这“花样”越来越“像那么回事儿”。

2013年度的千村调查迎来几位重量级人物的加盟。“千人计划”国家特聘专家、上海财经大学经济学院院长、高等研究院院长田国强教授首先站出来亲自牵头，主持2013年度主题为“农村劳动力城乡转移状况”的千村调查项目，美国三一学院经济系终身教授、上海财经大学高等研究院特聘教授文贯中教授，美国密歇根州立大学经济系教授、上海财经大学高等研究院特聘教授赵金华教授，以及拥有较多实际调研经验的上海财经大学经济学院冯帅章教授、上海财经大学财经研究所赖涪林副研究员等纷纷“加盟”。

另外，往年的千村调查均为学生返乡调查，所选取的调研样本具有随意性，体现的仅仅是宏观上的全国农村状况。2013年的千村调研首次采取了随机抽样定点调查和学生返乡调研相结合、科学调研方法与学生社会实践相结合、专业老师带队进行定点调查的方式，力将调研成果体现“微观农村”，真正将一场学生社会实践活动导入专业调研的轨道。

“我们会在假期前对所有参与调研的同学进行培训。”据上海财经大学经济学院陈媛媛老师介绍，学生们将会接受提问技巧、数据处理、归类、判断等方面的培训，“就好像问卷上写着‘职业’一栏，老乡可回答不出‘职业’

是什么，他们会说‘我是开车的’‘我是种地的’”。

实践中成长 “潜力无限！”

陈媛媛曾在2013年带队前往奉贤的一个村做预调研，随行的8名学生来自不同的学院。“学生的潜力，真的是无穷大。”旁观着学生和老农的接触，陈媛媛感到惊喜。在原始的调查问卷中有一项调查农村燃料使用情况，学生们估摸着上前问老乡每天使用的燃料：“天然气？煤气？煤？”，老乡回答：“柴火”。随后，学生们绞尽脑汁，问了木柴又问桔梗，用一套复杂的换算方法估算出数字的结果。

如今发表的部分数据报告都是根据当地政府或机关提交的统计数据，层层上报难免疏漏，陈媛媛感叹：“我们的学生是真的用心在做。”平日端坐于象牙塔的大学生蜷着腿坐在小板凳上，正和江西老农在院子里交谈，汗湿的裤子黏在大腿上。

据悉，上海财经大学于2014年7月完成《中国农村劳动力城乡转移状况（2013年报告）》总报告的撰写工作，现已上报3份成果专报，其余6份将陆续递出。

（作者：金寒草）

千村调查聚焦农村养老

《东方教育时报》 2015-04-22

4月21日，上海财经大学正式发布其第七次千村调查项目研究成果《2014中国农村养老现状国情报告》，共计10万字。本次调研组织1 069名学生、31位中青年教师，组成31个定点调研小组、669个学生返乡非定点调研组，于2014年暑假奔赴全国31个省、自治区、直辖市（不含香港、澳门、台湾）的731个村庄，对农村养老问题及现状进行深入调研。

据了解，本次调研过程中，实地调研周期历时2个月，共收集到有效入户问卷10 421份，村级问卷537份，调查样本所在地区的农业户籍人口覆盖了全国农业户籍总人口的88.71%。

报告显示，超过四成农村老人倾向于"与子女居住"，另有近四成老人希望"子女居住在附近"，相比较而言，现状是近四成老人"身边无子女居家养老"。据此报告认为，尽管农村老人现代生活观念趋强，但从情感上仍旧追求"儿孙满堂"，特别是中西部农村留守老人对养老状况满意度偏低。

在健康状况方面，报告认为农村老人医疗护理有待进一步改善。调查显示，近四成农村老人患高血压，两成患颈椎病、腰椎病，另有1/3老人需求护理，1/2处于服药状态。此外，与以往的调查结果不同的是，45.3%的老人表示患病时倾向于服用西药，仅8.1%的老人选择中药。

在经济状况方面，本次调研发现农村老人收入渠道多样，经济基础却不稳固。报告分析，主要原因在于农村土地流转不充分，农村老人理财观念贫弱。

值得注意的是，本次调查发现农村老人对于人生态度大多积极正面，有22.1%的被访者认为对目前生活状况“非常满意”，“比较满意”为59.2%，仅有4.4%的老人回答“不太满意”和“非常不满意”。

据悉，千村调查系上海财经大学学生社会实践的品牌活动，每年组织在校生于暑假深入农村开展相关“三农”问题的主题研究，旨在强化当代大学生国情教育及实践教育，在调研过程中培养学生的科学精神、科学意识以及对科学方法的掌握，此前已完成六期。

（作者：金寒草）

上海财大《2014中国农村养老现状国情报告》披露近七成老人主要靠子女资助

《文汇报》 2015-04-22

“子孙满堂，老有所养”“与子女同住”是大多数中国农村老人最喜欢的养老方式，但现实却是，农村空巢老人数量却在增多。昨天，上海财经大学第七次千村调查项目发布的《2014中国农村养老现状国情报告》（以下简称《报告》）披露，超过68.4%的中国农村老人养老的经济来源主要依靠子女资助，近四成老人“身边无子女居家养老。”

聚焦中国的农村养老问题，《报告》就农村老人的健康、经济生活、家庭关系、生活质量、养老意愿、社会支持等方面做了科学调查，项目组的调查样本覆盖全国31个省、自治区、直辖市的731个村，入户有效问卷10 421份。

“虽然人人希望长寿，但当人真的老了以后，社会对于老年生活的制度安排还是不充分的。比起城市的老龄化，农村的养老问题更加严重。”项目首席专家、上海财经大学人文学院院长张雄教授介绍，生活水平提高后，农村老人在医疗护理方面的条件需要进一步改善。调查显示，目前1/3的农村老人需要护理，1/2的农村老人处在服药状态。

《报告》指出，农村老人近四成患高血压，两成患颈椎病、腰椎病。不过，老人们的体检意识普遍增强，农村看病就医的便利性也有所改善。同时，农村老人的休闲生活单一，仅三成老人积极参加公共活动，健康养生观念尚待普及。

在收入方面，农村老人收入偏低的主要原因是资产性收入获取机会偏少，普遍缺乏现代理财意识。目前，54.6% 的农村老人还在从事职业性劳作，几乎所有的老人都在从事一定程度的家庭劳作。从收入来源分析，超过 68.4% 的老人主要靠子女资助生活，其次是新农保和土地收入。也就是说，依靠子女居家养老的比例在农村养老中占了绝大多数。

《报告》呼吁，农村空巢老人比例增加，急需关注其家庭关系和心理状况。张雄介绍，传统社会不同辈分的老人都在一个大家庭中生活着，不同辈分的老人之间既不明晰护老助老的责任，又存在着相互帮助相互支持的习俗。妯娌之间、叔伯之间、子孙之间没有明晰的老人助老人的责任关系，但家庭亲戚伦理道德的关爱关系是十分深厚的。

本次调研数据显示，此种情况有了新的变化。如今，儿女们与老人分散居住，农村老人不仅不能享受天伦之乐，反而在年老体衰的状态下继续承担照顾整个大家庭的责任，给予整体上的牵挂、担忧及担当。预期的破灭，以及由此而产生的失落感，给老人心理带来了巨大冲击。

《报告》提出，建设农村养老社会支持体系刻不容缓。农村老人社会支持有所改善，乡镇养老措施有所保证。但农村养老形式单一，缺乏政策落实的监督机制。国家及地方政府提出的养老政策，与农村老人之间存在信息不对称。

（记者：樊丽萍　实习生：储舒婷）

上海财经大学“千村调查”发布

《新闻晨报》 2015-04-28

日前，上海财经大学召开千村调查项目研究成果新闻发布会。此次调查以“我国农村养老现状”为主题，对全国 731 个村庄进行调查，收集问卷万余份，基本掌握了农村老人的经济、养老及医疗方面的信息。在经济状况方面，本次调研发现农村老人收入渠道多样，经济基础却不稳固。报告分析，主要原因在于农村土地流转不充分，农村老人理财观念贫弱。

调研成果为社会相关部门提供了可靠的政策依据与保证。

上海财经大学：“千村调查”创新实践育人模式

《中国教育报》 2015-05-25

“我问老奶奶家里有什么电器，她诙谐地伸出一根指头摇晃着说：‘啥也没有，只有一个灯泡。’在调查中我深深地体会到了城乡差距，也被乡村那种不受羁绊的幸福感所感染。”上海财经大学学生王宁，难以忘记自己在安徽省利辛县五里村调查时感受到的那份辛酸和达观。

从2008年起，上海财经大学开展千村调查活动，大学生走进田野基层与农民对话，走千村、访万户、读中国。2014年，以“农村养老问题现状”为主题的第七期千村调查活动，不仅取得丰硕科研成果，还成为加强大学生思想政治教育和人文素质培养的新路径、新模式。

集全校之力开展“三农”问题千村调查

上海财经大学的千村调查既是学生广泛参与的社会活动，也是设计严谨的科学研究项目，集科研、教学、人才培养于一体。每年暑假，学生到农村展开主题调查，得到问卷结果，研究者依托数据库分析得到关于中国“三农”问题的科研成果。

“农村老人面临着看病、赡养、亲情陪伴等诸多难题，所以我们选择农村养老问题作为第七期千村调查的主题。”上海财经大学人文学院院长、本期千村调查首席专家张雄教授说。

项目组确定从农村老人的基本状况、经济状况、亲情状况、养老模式、医疗状况、组织保障六个方面展开调查，编制了有100多个问题的调研问卷。项目于2014年4月启动，5月赴江西九江和上海金山开展预调研，检验调研问卷的合理性。与此同时，接受学生自由组队、网上报名，经学院和校学生处审核，筛选确定参加队伍，6月底召开培训大会。

上海财经大学举全校之力开展千村调查，人文学院牵头，各院系和职能部门密切配合。如前期的学生报名和后期的数据处理都依托“千村调查数据库”进行，由上海财经大学信息管理与工程学院开发维护。信息学院副院长韩冬梅教授介绍，数据库与学生学籍管理系统绑定，可确保用户身份真实可靠；学生调查得来的问卷信息、心得体会、照片等都存在数据库中，为后续研究提供有力的平台支撑。

2014年7月和8月，千村调查全面展开，1 069名学生、31位中青年教师组成31个定点调研小组，以及669个学生返乡非定点调研组，分赴全国31个省、自治区、直辖市的731个村庄开展田野调查。

“不仅是学术探寻，更是对内心世界的冲击”

来到甘肃省陇西县调研，让家在同省天水市的学生邵琬琪受到强烈触动。她从小生活在城市，因为调研才第一次看到真正的黄土、土山、土房，还有像黄土一样淳朴的村民们。由于连日干旱，陇西全县停水，调研多了一层曲折。

从2014年8月初开始，邵琬琪与其他6名队员在陇西五一村、二渠村进行了为期5天的调查。炎热的夏天里，他们分组走村入户，与60岁乃至更大年龄的老人交谈，倾听老人们的心声。由于语言沟通不畅、老人听力不好等原因，他们要用40多分钟才能完成一份问卷。

“独立完成第一份问卷的感觉让我们欣喜不已。”学生康雪婷说。带着一种完成科研任务、为农村老人排忧解困的使命感，队员们马不停蹄敲开下一家的门。

康雪婷说，相对于个人的丰厚收获而言，几天的付出并不算什么，萦绕在她心头的问题是：“村里的环境是如此恶劣，可想而知，要让当地老人舒心度过晚年，还有多远的路要走。”

同组成员张洋溢也感触至深："这次调研不仅是一次学术上的探寻，更是对我内心世界的冲击。我在千村之旅中看到不曾接触的事物，这次成长之旅让我无比感激！"

强化实践教育、培育科学精神的新型模式

本次千村调查共完成对10 421名老人的入户调查，大学生成为田野调查的主力军。这些问卷经过信息化处理，纳入"千村调查数据库"；带队老师、队员等分别撰写调研心得，调查的后续效应得以持续扩大。

近日，千村调查专家组发布《2014中国农村养老现状国情报告》，同时发布《探索我国农村互助和城乡互助养老新模式》等7份专题报告。截至目前，相关研究成果已通过"养老保险制度可持续性研究专家研讨会"、《中国社会科学内部文稿》等渠道公开发表，产生积极的社会反响。

与此同时，多达514页的《2014上海财经大学千村调查日志与心得汇编》也已编辑印行，详细收录了31个定点调研小组在21省31县的调查日志。张雄说："大学生走村入户调查收集的资料，为开展农村养老研究立下了汗马功劳。他们的调查日志感情真挚、语言朴实，是20年后了解当今中国'三农'问题的鲜活素材，也是开展社会学研究的宝贵资料。"

上海财经大学依托千村调查开展的农村养老问题征文比赛，收到学生来稿710篇，平均每篇10 000字。在最终的一等奖名单里，张洋溢的《甘肃省农村养老现状分析及对策研究》名列其中。

上海财经大学党委副书记刘永章说："千村调查是一种在共和国田野上进行国情教育的新型育人模式，强化实践教育，培育科学精神。学生在调研中增强了问题意识、诊断意识和建构意识，也激活了思政课堂上的理想信念。"

冰点特稿：农村独居老人谈生活状况含泪说满意

《中国青年报》 2015-07-01

一个炎热的夏日，75 岁的刘桂花（化名）像往常一样，站在一栋白色二层楼的门前乘凉。这是她花毕生积蓄盖起来的，可她现在只享有乘凉的权利。

楼房归儿子居住，她则被“赶”到楼房不远处一个锈迹斑斑的铁皮房中。每到夏日，这个 10 多平方米大小的铁皮房就像烤箱一样。刘桂花或许将在此度过余生。

在中国东部某省的这个“新农村建设示范村”里，老宅基地被收回，经统一规划后，重新分配。但只有儿子们拥有入住新居的资格，他们的父母，要么搬到统一规划的“老人之家”社区，要么跟随儿子一起住。

刘桂花无力在“老人之家”盖房，儿子又不许她同住，只得住进儿子买给她的铁皮房。

这只是一个普通得不能再普通的农村养老案例。

2014 年年中，上海财经大学组织力量，对河南、甘肃、安徽、广东等 21 个省份 537 个村的养老状况进行调研。在分析上万个样本后，新近发布的《2014 中国农村养老现状国情报告》（简称《报告》）显示，在一半以上的农村家庭出现空巢化、三成老人生活上需要得到照料的背景之下，仍有将近八成农村老人对自己目前的生活状况表示满意。

而根据调研人员观察，像刘桂花这样为儿女盖新居、自己住在破旧屋子的现象并不少见。

“这是农村老人在内心经过无数冲突、调适之后的无可奈何，这种满意还不如不满意！”项目首席专家、上海财经大学人文学院院长张雄说。他皱着眉，重重地拍了一下沙发扶手。

就像耗尽了最后一滴燃料的火箭助推器，无论老人自己或是年轻人，都把老人的牺牲视为“天经地义”

刘桂花一提起儿子就哭。好心的老人告诉她，回答调研学生的问题，会得到20元钱，这名瘦小的老人就守在比较醒目的儿子家门口，等着工作人员来找她做问卷。

在河南鹿邑，摘一天烟草花能赚10元钱的老人把前来调研的学生团团围住，争着要做问卷，有的还与村干部产生了冲突。“真想给他们每人发20元。”课题组成员、带队调研的刘长喜说。

《报告》显示，只有40%的中国农村老人有存款，从东部到西部，有存款的比例下降，均值是35 741元。这意味着，农村有60%的老人没有存款。而在报告中，农村老人一年的支出均值为11 303元，其中人情往来的支出已位列当下我国农村老人支出第三位，成为较大的经济负担。

河北无极县的一对老夫妇，仅靠种地维持生计，年收入不足2 000元，人情往来开销比收入高出一倍。为了邻里乡亲关系和谐，老两口得病不敢吃药，只能硬撑。

本为“防老”的儿子，现也成为负担。

“现在农村结婚讲究‘万紫（5元）千红（100元）一片绿（50元）’，这就是十几万，还得买车呢！”河南农家出身的刘长喜告诉《中国青年报》记者，由于农村男女比例失衡，比起小伙子，农村姑娘更容易在城里成家，农村老年人背负了沉重的竞争压力。为了儿子娶媳妇盖房子、准备尽可能丰厚的彩礼，成了他们避无可避的一道坎儿。

刘桂花所在村的工作人员为前来调研的带队老师算了一笔账，当地人均年收入6 000元，儿子结婚彩礼加酒席100 000元，盖房子300 000元，儿子成了家，老年人的储蓄也基本掏空了。

“我给儿子盖完房子，孙子有时候还来看看我。”坐在用绳子围成的院墙里，一名老人满脸轻松地说起自己的最大成就。不过调研的学生却看出了悲哀。

“婆媳关系怎样？”有调研的学生问住在“老人之家”的一名老人。

“好！”老人回答。

“为什么不一起住？”

“自己自由一点。”老人说完，移开了目光。

事实上，这个村子的很多老人和刘桂花一样，安顿好儿子后，他们多数已无力再为自己盖房了。“老人之家”土地归集体所有，以自己小家庭为中心的儿子们也不愿在老人住房上投入过多。这些倾尽所有的老人如同耗尽了最后一滴燃料的火箭助推器，默默地隐没在“老人之家”黑漆漆的小屋里。

“年轻人住现代化小区，老年人住破砖瓦房，简直就是两个世界。”前来调研的学生叹息不已，当地的老人和年轻人却并不觉得有何不妥。有年轻人告诉带队老师，将来自己老了，也会把现在的二层楼重新装修留给儿子，自己去住“老人之家”。

“付出与回报在两代人之间并不对称，但在传统的大家庭里代代贯通。”张雄将其归因为传统文化的延续，在物质条件匮乏的时候，一代代人选择牺牲自己，为年轻一代提供比上一代更好的环境。

一对老夫妻幸运地住进了孩子们的新村区。儿子外出打工，他们来帮儿媳照料孙子、耕种一家四口的土地。老太太高兴地获得了 20 元奖励的访谈机会，每回答一个问题都要偷眼看看旁边儿媳的脸色。59 岁的老伴浇完儿子的地回到家，冲冲脚上的泥走进来，儿媳连头也没抬。

当现代和传统、企盼和现实冲突时，
这些质朴的老农民只能把上一代的道理拿来用，
自己消化，获得宽容，最终满意

追随着房子和企业，大批大批的年轻人挤入城市，留下抛荒的土地和年迈的父母。空巢老人比例已经超过半数，达到 55%。专家们认为，这并不新鲜的话题无疑是养老问题的重中之重。

在调研过程中，常有学生为老人们的“乐观”“知足”感慨不已，有每

月领取 60 元劳保的老人感慨“从没想过能过上这么好的日子”。

38 岁的刘长喜理解老人对温饱生活的感恩戴德，经历过战争、动乱、饥荒等灾难，这些吃上了“好面馍”的老人认为不交租、不冷、不饿就是幸福，能吃、能喝就是健康。

然而，同样从苦难年代走过来、62 岁的张雄却对空巢老人的心理状况担忧。这名全国经济哲学研究会会长表示，社会转型的总能量必定会分解到每个社会成员中，困扰城里人的紧张、焦虑、孤独和无助也会以各种各样的方式渗透农村老年人的生活。

“城里人是在现代化文化的浸润中慢慢变化，农村老人却要在巨大的变化中进行自我调适。”张雄推断说，当现代和传统、企盼和现实冲突时，这些质朴的老农民只能把上一代的道理拿来用，自己消化，获得宽容，最终满意。

据此，下面的场景就不那么令人吃惊了。有的老人语言不通，却希望学生能留下来多聊几句；有的被问到“是否孤单”就流眼泪；有的不知从哪扒出个月饼塞到学生手里。

参加调研的同学们注意到，有的老人嘴上说“满意”，但“脸是苦的”；有的笑着说“满意！”但又加上一句“不满意还能怎么样呢？”广东一位老人为给孙子腾房子搬到村委会看门，无奈地笑说“想回家”；即便是住铁皮房的刘桂花，也没有大倒苦水，只是用“不好”来回答“子女是否孝顺”的询问。

另一组数据似乎也能说明农村老人的这种矛盾心理。尽管有七成农村老人希望能与子女同住或住在子女附近，仍有 86.5% 的老人对与子女间的关系现状表示满意。

“这种‘满意’比‘不满意’更加悲哀。”张雄叹息道，背后是老人们对自我诉求的放弃。就如同让子女住新房、自己住旧屋一样，老人们把自己的梦也完全移植到了下一代身上。

但更多的时候，张雄眼中的光芒暗淡下来：“他们只能靠宽容，不把自己一直放在冲突里。”

2014 年，他在湖南山区某村预调研时见到一名老人。这名老人自己砍树、刨木板，在几个亲戚的帮助下，费了老劲在山腰上建成一幢二层小楼。

山脚下的旧房子楼梯断了，结满蛛网，他要建一幢装修得像城里一样好的新房子，只为让儿子过年回来时多住几天。这个场景，令张雄心酸。

通过调研发现，过年那几天，走出土地的孩子们“像天兵天将一样回来了，一个村的生命力在爆竹中得到闪现，老人一年的心酸孤独在节点上得到平衡”。在每家必备的圆桌边，失去传统家长地位的老人们在颇具仪式感的相聚中，寻找着自我尊重的感觉。

于是，电话就成为必备之物。无论在西边的大山中，还是在东部的海边，尽管电冰箱、洗衣机等电器的拥有量仍有很大差别，但拥有手机、电话的农村老人比例均占到了 3/4 以上。

很多老人一再请求“一定要把我们的情况向上反映给领导”“帮帮我们”

刘桂花的儿子不管她，好在嫁到邻村去的女儿“很孝顺”，常来给她送点吃的。即使住在冬如冰窖、夏如烤箱的铁皮房中，这名老人也不愿走进养老院。

调查显示，有儿女的老人，即便出现儿女不孝等各种原因，六成老人还是选择居家养老。他们多数人对养老院有抵触情绪。

“我有儿有女，不去养老院！”广东普宁市一个富裕村子里戴金手镯的老人说。

当然，还有一部分人则表示“没钱”。调查发现，超过半数的老人不接受养老院，多数认为那是孤寡老人去的地方，经济不能承受、不自由、不光彩、去了怕子女被指责也是重要原因。

据调查，一半以上的乡镇拥有养老院，近 3/5 的乡镇拥有老人活动室。

“摆设！”张雄拍着沙发扶手大声说，“有摆设比没有摆设好，因为是进步。”他认为，那些挂着铁锁的活动室至少说明了一点，仅有场地还不够，还需要进行组织。

和“摆设”相比，广东普宁市一个集体经济发达村子的状况就相对可观很多。村里修建了农村公园，可以游泳的水渠围绕着假山。村里在广场上举办过老人投篮比赛，聘请专业教练教授过太极拳。老人们可以在村里的宗祠喝工夫茶，出自该村的企业家还向村联防队捐赠了巡逻用的摩托车。

“其实很多问题都是用钱可以解决的。”刘长喜说，他认为农村养老的根本出路是以地养老，归根结底就是让从土地中获取的收益更多地转移到农民手中。

然而调查发现，尽管半数以上的农村老人依然如“老黄牛”般在土地上耕种，只会让土地长庄稼的他们却已经难以收获财富和地位了。更多的地方政府从农民手中拿过土地，“种”出了楼房和企业。

问卷以外，刘桂花以为学生是政府派下来了解情况、解决问题的，为此激动不已。她并不是个例，很多老人搞不清楚学生和政府工作人员的区别，一再请求“一定要把我们的情况向上反映给领导”“帮帮我们”。

这些农村老人，有的建议公办养老院由政府出资，老人免费入住；有的老兽医拿出自己手写的诊断家禽疾病的方法，希望学生带到城市拿给专家看看；有的老人自力更生，希望自己的养猪场越办越大，以后改建成养老院，这是他的“梦想”。

在张雄看来，这些守在土地上的老年人是中国最后的农民、最后的传统意义上的中国人，他们忍辱负重、逆来顺受，习惯被剥夺、不知如何表达。他们“用自己的忍耐来维护家庭、家族以及村里的荣誉”，“把村支书、村主任的意识作为自己的意识，关于自己的理解是微不足道的”。

“中国农村传统的土地制度、劳作方式、大一统血缘关系正在被打碎，未富先老的中国农民正经受着巨大的心理紧张和焦灼。”张雄说，他们在意自己是否“中用”，担心家里的荒地和城里的儿孙，他们没有“满意”的衡量标准。但对最切身的养老问题，他们却并不十分在意，“就像太阳升起、月亮落下一样自然”。

（本报记者：陈　墨）

农村养老不能仅靠“养儿”

《中国青年报》 2015-07-03

时下最热的似乎是股市，从微博到微信，从QQ群到朋友圈，几乎人人都在谈股论金——追涨杀跌，快牛慢熊，几起几伏，俨然人人都是股评家。但是，在这显性刺激的股海沉浮的震荡之外，还有一个更大的市场，初看波澜不惊，实则暗流汹涌，这就是农村养老。

有几个时间节点，我们会周期性地将关注焦点从娱乐偶像、八卦绯闻上短暂抽离，投入到“农村空心化”和空巢老人的问题上。一个节点是以春节等传统假期为标志的外出务工返乡潮。网上也不乏段子手们的调侃，比如“各类KTV、夜总会、星级酒店，无论你是叫Lisa、Lucy，还是琳达、安迪、托尼等各类霸气洋名……这里都友情提醒一下，你老家的麦子熟了”。此前，大众舆论似乎忙得忘了农村的老人，这时才恍然惊觉，哦，家中还有倚门而望的年迈双亲。

还有一个关注节点，就是关于农村空巢、老龄化等问题的专题学术研究成果或类似成果公布之时。比如，2015年年初湖北博士生春节返乡笔记刷爆网络，引起一轮不小的议论。再早些，大概是2014年，《中国青年报》“冰点周刊”一篇《农村老人自杀的平静与惨烈》的报道，披露了“6年来，武大社会学讲师、国家社科基金项目《农村老年人自杀的社会学研究》项目主持人刘燕舞走进鄂、鲁、晋、豫等11个省40多个村”后做出的调查报告，显示农村老人自杀现象“已严重到触目惊心的地步”，当时引起过一阵关注。

似乎可看作姊妹篇，一周年后的几乎同一时间，“冰点周刊”的农民养老现状调查《流着眼泪说满意》也刊发了。其大背景是，上海财经大学对豫、皖、粤等21个省537个村的养老状况进行调研，分析上万样本后，发布的《2014中国农村养老现状国情报告》显示，“在一半以上的农村家庭出现空巢化、三成老人生活上需要得到照料的背景之下，仍有将近八成农村老人对自己目前的生活状况表示满意。”同日相关新闻还有，“农村结婚彩礼起价10万元，男方条件差需加价”（《新文化报》7月1日），以及“东北人口危机调查：老龄化加剧，经济振兴受制”（《每日经济新闻》7月1日）。

这些同一天的农村同题报道，都可置于上述报告的大背景下解读。比如彩礼竞价成农民压力，不光是在东北，在河南也是如此：“现在农村结婚讲究‘万紫（5元）千红（100元）一片绿（50元）’，这就是十几万，还得买车呢！”因为农村男女比例失衡，本为“防老”的儿子，也成为农民家庭的负担。

有新闻标题用“花毕生积蓄为儿女盖房，自己住破屋”来体现农村养老困境，但调查中老人自身把自己的牺牲视为天经地义。这时，你很难将养老之惑简单归结为儿女不孝的道德范畴。住着烤箱一样的铁皮屋，“脸是苦的”却含泪说“满意”，这才是最令人心酸的。每月几十元的社保对农村老人养老来说远远不够，但很多老人从不抱怨养老政策，他们认为养儿防老或自己养老，也是天经地义。

城市以房养老效果如何虽还需时间来检验，但在农村是否可以考虑“以地养老”？让土地收益更多惠及那些辛劳一辈子的老农——养老不能总“含泪”，“满意”必须实打实。当养儿不能防老时，当有国家政策来保障。

（作者：李晓亮）

上海财经大学1 418名学生组成840支队伍“千村调查”读懂农村金融

《解放日报》 2015-08-20

走出象牙塔，直面中国农村真实生活现状，会给大学生们带来怎样的触动与思考？2015年暑假，上海财经大学的1 418名学生组成840支队伍，奔赴全国各地的村落。记者日前跟随前往山西省长治市襄垣县的队伍，一同进行“农村基础金融服务的覆盖与使用”专题调查，聆听青年学子的专业梳理与人文体悟。

学会调研：观察、对话、思考

2015年是上海财经大学千村调查项目开展的第八年，也是金融学院副院长刘莉亚作为带队导师投身调研的第八年。10名来自7个院系的2014级学生，在尚未接受专业训练的状态下，利用暑期时间给自己“加课”，先于课堂一步对财经金融知识进行学习。

千村调查项目长期以我国“三农”问题为研究对象，数据报告除了供相关部门决策参考外，也为上海财经大学的数据库建设提供了充分的独家资源。经过历时数月的反复开会及研讨，刘莉亚与同学们确认了本次的入户问卷题目，共涉及六大板块87题。

如何在调研时用尽量短的时间与农户们进行沟通？10位同学自主进行了两两分组，在出发前夕模拟起调研对话场景。来自财政学专业的肖淄涵与经济新闻专业的冯康田成为搭档：一人负责与被访者沟通，用尽量通俗的语言解释问题；一人负责整理转换回答，做好翔实记录。他们在完成了每日规定数量的问卷后，还对自己提出了更高要求：哪些数据可能是不真实的？为此，他们又走了更远的路，临时寻找更多被访者收集新样本。

农村体验：这么近，那么远

千村调查项目从开设以来一贯遵循就近原则，2015 年度 840 支队伍中，包括 810 支返乡调查队伍。参与长治市襄垣县调查小分队的同学中有 3 名来自河北，其余都是土生土长的山西孩子。这一原则规避了语言、风俗及饮食习惯等诸多可能发生的水土不服问题，有效提高了调研效率。然而，来自城市的同学也体会到了不一样的农村生活。

整个调研过程中，学生们走访了 4 个村子，其中条件较差的南邯村深深触动了大家。宋岱璁说道，“由于处于山区，交通并不便利，最基础的金融服务也覆盖不到，甚至存取款都得去附近镇上的银行。”与一位 70 多岁受访者的对话也让他感受到村民们对金融普及的渴望，“老爷爷说去一次银行需要 2 小时，我想如果以后能为像他这样的人群提供更方便的服务，或者教会他们使用网络银行，农村金融状况才会有真正的飞跃。”

张念一对同村落农户间的悬殊差距印象最为深刻。“富有的家庭有不止一辆轿车，而贫困的家庭里唯一的电器只有一台电视机；富有的家庭给孩子的聘礼有 20 余万元，而贫困的家庭需要四处借债。不同情况的家庭对金融的理解和需求都差异很大，这也让我对农村金融有了切实的认识。”

金融服务：潜力亟待挖掘

千村调查项目以实地调研为基础、以问卷数据为依托，应调研主题要求，同学们应尽量选择年轻的或有过小本经营经历的业主，至少要与金融机构打过交道或使用过金融服务的对象。但在调研过程中，大家还是遇到了意料之外的困难。

调查中，同学们普遍发现，村民们对金融的理解与使用情况尚较为保守，仍习惯向亲朋好友借钱而非银行贷款，也全都没有立字据、打借条的习惯。李叶薇在调研报告中做出总结，“靠近乡镇及公路的村子较为富裕，如侯堡村与夏店村，年轻人大多在附近工厂上班或自己开店，视角也较普通村民更为开阔；而离开乡镇距离较远的南邯村与高家岩村情况不容乐观，留守人群大多为45岁以上的中老年人，对于网络金融都几乎不了解。”同时她也重点提到了保险认知与使用情况，“与我最初所想不同的是，大多数村民对于保险持乐观接受的态度，尤其是像村委会或政府主动推行的农村养老保险以及合作医疗保险发展得很好，村民也收益良多。”同学们建议，银行及信用社能推出更多形式的商业保险，提供更便民利民的金融服务。

（见习记者：黄杨子）

上海财经大学2015年"千村调查"项目显示：农村金融普及率有待提高

新华社　2015-08-27

27日，上海财经大学召开第八期千村调查项目发布会。调研团队认为，我国农村金融渗透率还有待提高，金融普惠工作有待继续加强。

千村调查第八期首席专家、上海财经大学金融学院常务副院长刘莉亚介绍，本年度千村调查由金融学院牵头，主题为"农村基础金融服务的覆盖与使用"，以农村居民在生产生活中对金融服务需求及是否得到满足的视角展开调研。

"从2013年开始，上海财经大学每年千村调查对应的市县逐渐固定下来，每个县（市）对应2个镇4个村，均涵盖相对富裕及相对贫困的村镇，使得样本更为稳定，涵盖多样的收入情况。"刘莉亚介绍。2015年7月起，由30位带队老师、1 418名学生组成的840支调查团队陆续出发，奔赴全国各地的村落进行了农村金融问卷调查。调查内容涉及农村金融机构的服务覆盖，农民对传统金融服务、新兴金融服务以及保险的使用情况等热点问题，采用随机抽样定点调查和学生返乡调查相结合的方法对各个乡镇进行调研。

总体而言，国内不同地区的村镇农村金融渗透率截然不同；而在大部分村镇，农村金融、普惠金融工作还有待进一步加强。

通过对贵州册亨县的调研，带队老师、上海财经大学金融学院副教授谈儒勇介绍，村镇对贷款的需求比较明显，也就是说，尽管这些村镇农村居民存款并不高，但贷款率很高。另外，交通基础设施的便利、旅游业的发展、提升村镇居民受教育程度及兴办企业，成为册亨县脱贫的关键。

通过对重庆巫山县的调研，带队老师、上海财经大学金融学院副教授粟芳介绍，通过问卷调查及访谈，当地农村金融渗透度偏低、农民的金融意识、保险意识比较薄弱，金融普惠工作有待继续加强。另外，收入来源单一的家庭以及有家庭成员患有大病，是导致农村居民贫困的最主要的两个原因。

通过浙江桐乡市的调研，带队老师、上海财经大学金融学院教授朱小能介绍，在桐乡多个村镇由于农村居民收入普遍较高、城镇化率也较高，金融的渗透率很高。农村金融创新甚至让师生们“惊呆了”：金融创新向农村居民切身利益看齐，例如针对农村居民的作息习惯早开门营业，设立继融通、税融通、联络员与农村居民建立情感纽带，通过成立担保公司解决信息不对称的问题，完善监管机制，此外，资产证券化率也较高。朱小能认为，对于这类村镇，在金融创新的同时应加强风险管控意识。

上海财经大学金融学院党委书记柳永明介绍，本期千村调查的另一个特色是结合中国人民抗日战争暨世界反法西斯战争胜利70周年的背景，在师生调研多个村镇的同时，也走访了抗战遗迹及纪念场馆。对于已经收集到的数据集问卷，调研组将进一步统计分析，并推出一系列调研报告。

上海财经大学发展规划处处长应望江介绍，上海财经大学千村调查项目是以“三农”问题为研究对象的大型社会实践和社会调查研究项目，也是国家教育体制改革试点项目之一“财经创新人才培养模式”项目的重要内容。此前，上海财经大学各学院分别以“我国农村基本状况”“我国农村医疗保障状况”“我国农民收入状况”等为主题，组织完成了7期千村调查，不但积累了庞大的数据资料，而且形成了3 500多篇调查报告，发表了一批高质量研究论文，获得了多个重要奖项，成为知名社会调查品牌。

（记者：陈爱平）

上海“95后”大学生暑期调研农村金融体验国情

中国新闻网　2015-08-27

“信用社是甘肃农村金融服务主力军，互联网金融和保险这两方面在甘肃农村是一个很大空缺”“农民对贷款、保险似乎并不能接受”……27日，上海财经大学2015年度千村调查项目学生教师与代表在上海汇聚一堂，畅谈感受。

这个暑期，上海财经大学1 418名学生组成840支队伍，奔赴全国各地村落进行农村金融问卷调查。这批“95后”大学生们不仅会啃着书本，盯着屏幕上的一条条“K线”，更希望直面中国农村真实生活现状，读懂农村金融。

上海财经大学金融学院学生张念一对自己成为千村调查的一员，感到“终生难忘”。他说在调查过程中，深入村民家里，与农户进行交流后，对农户的主观印象有了改变，“有些农户的现代化和开放程度让我惊叹，同时有一些也让我感到心酸，即使生活在相隔不远的同一个村子中，农户们的差距也是显而易见的”。

张念一认为，农户们的现实情况，不论是家里微薄的积蓄，或是对于保险的固有成见，还是对于互联网的消极排斥，抑或是对于村里行政情况的意见，以及留守儿童、孤寡老人的种种现象，都将成为进一步研究、总结的宝贵基础信息。他也深深感到，给予农户们获得最先进的信息的机会，为他们拓宽与外界联系的通道，尤其重要，“这也正是我这次行动的价值所在”。

带队教师粟芳告诉记者，这次调研让她感受最深的莫过于农民的两面性，农民致穷的原因大致因为收入单一和生病，村民的金融使用度普遍偏低，村民对村务活动参与较低，而村干部的影响力很大。

千村调查项目长期以中国“三农”问题为研究对象，数据报告除了供相关部门决策参考外，也为上海财经大学的数据库建设提供了充分的独家资源。同时，千村调查是国家教育体制改革试点项目之一“财经创新人才培养模式”项目的重要内容；是集社会实践、专业学习、科学研究、创新能力培养为一体的人才培养模式探索，也是一种在共和国田野上进行国情教育的新型育人模式。

2015 年，千村调查已经走过了第八个年头，本年度千村调查的主题是“农村基础金融服务的覆盖与使用”，调查内容涉及农村金融机构的服务覆盖，农民对传统金融服务、新兴金融服务以及保险的使用情况等热点问题。

2015 年也是上海财经大学金融学院副院长刘莉亚作为带队导师投身调研的第八年。她特别提到 2015 年正值世界反法西斯战争胜利 70 周年，深入乡村，不仅帮助年轻的大学生们树立良好的人生观、价值观，使他们能够用正确的立场、观点和方法去了解中国、建设祖国；同时，也让那些生活在海外多年的海归教师们，重新深入了解中国现状，以主人翁的态度去自觉维护社会主义、热爱中国。

（记者：许　婧）

中国农村探索“以地养老”新模式

新华网络电视　2015-08-30

“子孙满堂，老有所养”“与子女同住”是大多数中国农村老人最喜欢的养老方式，当城市化加速了传统农村社会的解体，当那些进城打拼的儿女们有意或无力地放弃了孝道，“养儿防老”成了留守老人们的奢望。

夏格庄镇位于中国山东半岛城市群，人口约 3 万，70 岁以上的老人约占总人口的 10%，这些老人基本丧失劳动能力，其中一半左右的老人月生活费不足 300 元。79 岁的王春娥老人是夏格庄镇一村的村民，每天她都会到村中心广场转转，看看村里的养老院什么时候建成。已经独自生活 2 年的王春娥，是第一个报名要求入住养老院的老人。

“79 岁了，身体也不好，也不愿意做饭，一个人吃不大一点儿东西，不值得做，我特愿意去养老院。”

像王春娥这样的留守老人在中国农村很多。上海财经大学调查并发布的《2014 中国农村养老现状国情报告》显示，近四成老人“身边无子女居家养老”。王春娥患糖尿病多年，不愿拖累生活拮据的子女，早上做一顿饭凑合吃一整天，晚上常枯坐着盼天明，幸福的老年生活对她来说是个奢望。

“儿子闺女都上班，谁来家伺候我？”

“(那您还有地吗？)”

“有地，二亩地，交出去，给黄杜维，种个菜，打粮，养个羊，养个猪，好给咱老人吃。”

王春娥老人所说的“把地交出去”，其实是将土地流转到企业家黄杜维投资组建的养老合作社，合作社用土地流转产生的效益，供养村里 60 岁以上的老人入住养老院。

夏格庄镇一村村民企业家黄杜维说：

“现在农民的确难，有的老人是孤寡老人，自己在家，吃的、去哪，都是问题，所以必须要走这一步了。城里老人以房养老、有保障、有工资，农民什么也没有，就这点土地，所以得流转，走合作社这条路。

黄杜维是土生土长的夏格庄镇村民，年轻时外出打工闯荡，赚到钱后想为家乡做点贡献。王春娥等老人将要入住的养老院就是黄杜维投资的，养老院共 3 层有 60 个床位，两人一间房，每个房间 30 平方米，配有卫生间和淋浴设施，马上装修完成。

黄杜维介绍，夏格庄镇人均土地只有 2 亩，他与老人及其子女签约，将老人的耕地交给村里，养老合作社兑换的是村里的机动地，再将机动地连片用于盖大棚、搞养殖等经营，所有的收入用于补偿养老院的开销。

正如王春娥老人说的：“我种那干什么？我又吃不了，我又不能干，我就给他行了。”

《2014 中国农村养老现状国情报告》显示，超过 68.4% 的中国农村老人养老的经济来源主要依靠子女资助，其次是新农保和土地收入。而一旦老人失去耕种能力，子女供养又缺乏稳定性时，以地养老方式是一种新的探索。据介绍，夏格庄镇养老院目前正在进行登记和签约阶段，老人将在 10 月份正式入住。

（新华社记者：胡晓梦　李逾男　张　颖　陈　灏　张　文）

互联网金融大大改变农民生活

《文汇报》 2015-08-31

互联网使中国农村的面貌正在发生深刻变化，互联网金融的飞速发展也在大大改变着农民的生活。

日前，上海财经大学举行千村调查大型社会实践和调查研究项目阶段性成果发布会。2015 年暑假，该校共派出 30 名教师、1 418 名学生组成 840 支调查团队，深入全国各地的村落开展农村基础金融服务的覆盖和使用调查。

在广袤的中西部欠发达地区，有的农户因为家里走出了大学生而接触到了互联网金融，开始通过网上转账支付学费；但也有稍年长的农民从未听说过支付宝，至今不知股票、基金、债券为何物……在走千村、访万户的社会调查中所排摸到的很多经济学现象，让一些具有深厚专业背景的海归学者也不得不感慨："我和我的小伙伴们真是惊呆了！"

农村金融创新激发研究兴趣

过去 2 个月，参加千村调查项目的上海财经大学千余名师生活跃在山头、田野，带着厚厚的调查问卷走访农户家庭，用专业的眼光审视农村信用合作社等在农村承担主力军作用的金融服务机构的运作。

"根据我们的调研，互联网设施目前已基本覆盖到了乡镇一级地区，即使在一些国家级贫困县，有的也连通了网络。很多农民的生活因此发生了改变，他们的收入不再只依靠单一的农业收入，而是趋于多元化，当地的产业升级正在加快。”上海财经大学金融学院党委书记柳永明介绍，当前的中国农村面貌正在因为互联网而发生深刻变化，互联网金融未来在农村具有巨大的发展潜力。

由于各支千村调查团队走访的地区不同，师生们敏锐地感到，问卷调查直接反映着各地农村金融发展的差异。上海财经大学金融学院教师朱小能带着 12 名学生走访了浙江省桐乡市乌镇，直接感受到异常活跃的农村金融创新。

一个让人很有感触的细节是：考虑到农民喜欢赶早出门办事，桐乡市农村信用合作联社也提早了开门受理业务的时间。除了打感情牌，这家农村信用社还用 5 年时间走访了当地 13 000 家农户，形成了资料翔实的农村金融数据库，并有针对性地推出“税融通”等业务破解当地农户的融资难。

身为一名海归，朱小能在调研过程中抓住了一个让他非常感兴趣的学术问题：在这个代表长三角发达农村的典型地区，资产证券化力度之大超乎想象。从应收账款证券化、信贷资产证券化到未来收益证券化，“这一方面是农村金融发展的体现，另一方面也意味着需要做好风险控制”。

但也有调查团队发现，一些基层的金融服务机构职责还不够明晰，服务能力有待提高。例如，在走访重庆某县的金融办时，一位带队老师进门就发现，这个机构门口不仅没有挂牌子，而且从业人员一共只有 2 位，管着一大堆办事章，显然人力吃紧。

大学生亲手教农民使用网银

迄今已连续八年开展的上海财经大学千村调查项目有一个基本传统：以中国的“三农”问题为研究对象开展专业的社会调查，建立针对“三农”的基本数据资料库并形成专题调查研究报告和决策咨询报告。

上海财经大学金融学院常务副院长刘莉亚介绍，2015 年参加这一项目的在校生大多为“95 后”。对他们来说，这既是结合专业知识的科研项目，同时也是最好的国情教育。

在走访农户时，有一件小事让上海财经大学学生廖文强印象深刻：一位农户想养殖黄羊增收，但不懂技术，其实在当地的政府网站上，就列有很多科学养殖黄羊的信息，但苦于该村未通网络，农户无法获取信息。来自政府的服务信息如何更好地“落地”，这个问题引起了他和小伙伴们的关注。

掏出手机教农民使用支付宝，耐心地向农民讲解理财的概念和理财产品的购买方式……在做问卷调查的间隙，不少“95后”大学生耐心地当起了老师，很多人都有难忘的经历。

上海财经大学统计与管理学院学生王栋慧介绍，在对一位开便利店的店主做问卷调查时，组员们主动建议他可以通过阿里巴巴进行商品批发，这样既便宜又便利。店主起初一口拒绝，生怕钱被骗走。而后，组员们耐心地为他做了讲解，并帮助他开通了网银，最后还批发了3箱可口可乐。看到网上的快递跟踪，摊主欣慰地笑了。

“教科书对农业和农民的描写与现实已经有点脱节了，而分散在媒体或网络的信息，都不能完全反映中国农村正在发生的真实情况。”一位参加2015年千村调查的学生感言，只有行走在田野里，才能更好地读懂农村人的金融现状。

（首席记者：樊丽萍）

上海财大师生“千村调研”：贫富差距悬殊，网络金融正在发芽

澎湃新闻　2015-09-06

“我想通过这个活动来看看真实的中国农村。”近日，刚从农村调查归来，上海财经大学2014级学生程骁这样对澎湃新闻说。

2015年夏天，程骁参加了上海财经大学的千村调查项目，这是一个以“三农”问题为研究对象的大型社会实践和社会调查研究项目，也是一种在农村进行国情教育的新型育人模式。

2013年起，上海财经大学在30个县开展定点调查，从中，他们看到了悬殊的贫富差距：在浙江省桐乡市，部分村家庭年收入超过100 000元；而贵州省册亨县，平均家庭年收入只有约3 000元。

此外，在农村的基层金融机构从业人员，工资收入低，工作压力大，没有保障，“与我们想象中金融机构‘高大上’的面貌是完全不一样的。”上海财经大学金融学院常务副院长刘莉亚教授说。

“这次调查回来后，我以前很多‘愤青’的想法都没了，感觉自己之前的一些批评很幼稚。”一位带队老师感慨道。

同一镇的两个村经济差距悬殊

至今为止，上海财经大学千村调查项目已经走过了第八个年头，2015年的主题是“农村基础金融服务的覆盖与使用”，由30位老师带领学生在全国30个县定点调查，还有810支学生队伍回到自己家乡进行调研。

定点调查是从2013年开始的，学校按照地域分布、人口集中度等指标确定了30个调查县，每个县选2个镇，每个镇再选2个村，一个村经济条件较好，一个村相对较弱，基本可以代表全国农村的整体情况。为保持样本的延续性，之后2年，调查仍在这些地点展开。从这样的样本里，上海财经大学师生看到了中国大地上悬殊的贫富差距。

金融学院保险系副教授粟芳老师带队前往了重庆市巫山县，“从全国范围来看，巫山的经济水平应该属于中等上下”，值得注意的是，在相对贫困的人家中，因病致贫的比例不在少数。

在巫山县，一位老伯曾对公共经济与管理学院的肖淄涵同学说：“我们农民最怕生病，生不起大病啊，一旦生病就是等死。”

在浙江嘉兴的县级市桐乡市，上海财经大学师生调查了4个村，有3个村的家庭年收入超过了100 000元。收入方式呈现多样化，包括农副产品、加工服装、出租房屋等。带队老师、金融学院证券期货系教授朱小能说：“其实来之前我们已经有心理准备，但还是很震惊。”

目前，桐乡市的城镇化率可达80%，“我们下去后看到，村里干净、整洁、交通发达，ATM机随处可见，而且在4个村里都可以打到滴滴快车。”朱小能说。

而贵州省的册亨县城里，只有2条主干路，为数不多的商铺和3家银行。册亨县是贵州省经济发展水平倒数第二的县城。家庭年均收入只有3 000元。而据国务院发展研究中心公开的数据显示，2010年农村居民人均年纯收入就已达到5 919元。当地村民大多只有小学学历，上过中学的人寥寥无几。交通不发达，坐大巴进入当地需要7～8小时。

即使同一个镇内，村与村之间的发展水平也大相径庭。

在甘肃省武威市古浪县裴家营镇北滩村，会计学院的胡雅慧调查时经过一户人家，大约40平方米的土坯房住着3口人，没有几亩土地，一家人主要靠每个月的低保费维持生活。而在同一镇的裴家营村，村民家中电视机、电脑等现代设施基本都有。这样的景象让她感到心酸，“一些农民每天辛苦劳作，依然还是入不敷出”。

刘莉亚教授早在2013年就参加过定点调查，当时的数据显示，一个村内户与户之间的贫富差距，远远高于村庄之间的差距，前者高于后者5～6倍。在她所调查的河北省保定市的一个村庄内，收入最高的人家年入几十万元，而收入最低的只能靠低保度日。

为何会如此悬殊？上海财经大学的师生会就收集的数据进一步作研究，并于11月左右出结论与报告。

信任在经济发展前受到危机

经济的发展提高了桐乡市的生活质量，朱小能却从中感受到了些许问题：在大部分村中进展较为顺利的调查，在这里遇到了阻碍。

由于人手不足，一些同学在没有村干部陪同的情况下，独自前往村民家中调查，受到了村民的强烈质疑，出示身份证、学生证都没能让其完全打消顾虑，“信任在经济发展的面前遭受到了危机”。

而册亨人的热情让当地的带队老师、金融学院国际金融系副教授谈儒勇印象深刻。在前期与当地政府的联系时，每天都会有相关人员发信息告知进展，一直持续了近一个月。在调查期间，县里还派出了仅有的一辆中巴车，将同学们送至各个村庄。

但有一个小插曲让谈儒勇有所思考：在册亨县的一个村庄里调查时，一位同学的手机掉在了三轮车上，同学焦急地打电话过去，第一次无人接听，第二次直接关机，手机最后不知所终。

事后，同学们碰巧在回程途中捡到一部手机，主动联系失主还了回去。“任何事情都不是单一面的，教育还是很重要。”谈儒勇说。

然而，更多同学感受到了当地人民的淳朴热情。金融学院的郑天昊同学说：“推拒 20 元调查报酬的叔叔阿姨、热情沏茶捧瓜的一家之主、天真烂漫的孩童，在他们真挚的眼神与质朴的话语中，我们读出他们的坦诚和对我们的信任。”

金融创新正在农村萌发

刘莉亚教授是本次项目的首席专家，她所带领的队伍前往了山西省长治市襄垣县。在那里她感受到基层金融机构从业人员的不易，“工资收入低，工作压力大，没有保障，管理受束缚程度高，与我们想象中金融机构‘高大上’的面貌是完全不一样的”。

而在政府机关内，金融办大多“不受重视”。重庆市巫山县金融办只有 2 位办公人员，1 名主任，1 名职工，职责也不甚明确。

普遍来讲，金融产品在农村地区的渗透率较低，农户们的金融意识薄弱。粟芳在巫山县调查时，发现多数农民并不知道 ATM 机，其中 1 个镇只有 1 个邮政储蓄所，而且不提供贷款业务。农户们也没有享受到政策性保险。

但刘莉亚发现，很多农户对金融产品是有需求的，比如贷款、保险等，但他们却很难得到这样的服务。一些年轻人对互联网金融产品也很熟悉，十多年后，当这些人成为当地的主体力量，那么农村地区的金融市场将会非常广阔。

现在一些县已经在努力拓宽金融市场。在经济水平落后的册亨县，每户都有信用等级，由贵州省联合信用社根据挨家挨户调查得来的家庭情况评出，不同等级可以享受不同的贷款额度，而且不需要抵押。

在经济发达的桐乡市，ATM 机随处可见，网上购物使用频率极高，资产证券化的力度也很大，当地的农村信用联社还在积极进行金融创新。

“愿每一个人都能平等地享有权利”

刘莉亚认为，乡村调查不仅对学生，对教师而言也是一次很好的国情教育。一位带队教师曾说：“这次调查，看到真正的现实后，对很多政策有了更深刻的认识，感觉自己之前的一些批评很幼稚，单纯坐在书屋里想象是不够的。”

公共经济与管理学院的赵一凡同学说：“这一次，我们接触到了社会最基层、最朴素，也是最真实的一部分，见到了与我们平时完全不同的经济理念，整天面对的从生硬呆板的文字材料变成了活生生的人，这种变化对我们的思想、情感的影响是巨大而深刻的。”

会计学院的李叶薇同学表示，“一位老人热切想要参与网络金融的想法，让我看到了村民心中的希望，也激励了我未来参与农村金融建设的决心，愿每一位生活在这片土地上的人，都能平等地享有权利。”

刘莉亚表示，千村调查不仅让她了解了中国，还打破了她之前对“95后”学生的认识，“调查时我们早上6点就要起床，晚上10点才能回来，还要接着录入问卷，吃住条件都不是很好，但同学们都没有抱怨过”。

开始进行调研时，是由当地的村委会工作人员带领着去的，后来同学们觉得这样不利于问到真实的信息，主动提出不要工作人员的带领，自己独自去找农户，用更客观的方式来获取信息。“这让我很惊讶，也很开心。”刘莉亚说。

上海财经大学“千村调查”结果显示：农村基础金融服务还需加强

《经济日报》 2015-09-14

千村调查是上海财经大学坚持8年的以“三农”问题为研究对象的大型社会实践和社会调查研究项目，2015年的主题是“农村基础金融服务的覆盖与使用”。8月27日，记者从项目发布会上获悉，调查显示我国农村金融渗透度与经济发展水平密切相关，经济不发达地区金融普惠工作亟待加强。

据千村调查第八期首席专家、上海财经大学金融学院常务副院长刘莉亚介绍，本期千村调查内容涉及农村金融机构的服务覆盖、农民对传统金融服务、新兴金融服务以及保险的使用情况等热点问题，采用随机抽样定点调查和学生返乡调查相结合的方法对各个乡镇进行调研。

刘莉亚说，从2013年开始，千村调查实行定点调查，每个县（市）对应2个镇4个村，均涵盖相对富裕及相对贫困的村镇，使得样本更为稳定，涵盖多样的收入情况。2015年7月起，由30位带队老师、1 418名学生组成的840支调查团队陆续出发，奔赴全国各地的村落进行农村金融问卷调查。8月初所有队伍已全部安全返回，目前正在进行数据后期处理，以及报告撰写工作。

金融学院副教授谈儒勇率领学生对贵州省册亨县进行的调研显示，2个布依族乡镇农信社的存贷比大于监管红线75%，“三农”对资金的渴求强烈，当地农信社并没有成为农村资金的“抽水机”。谈儒勇对当地经济发展提出的建议是利用秀丽风景、民族风情开发旅游资源，发展当地企业等。

金融学院副教授粟芳率领学生对重庆市巫山县的调研显示，当地农村金融渗透度偏低，农民的金融意识和保险意识比较薄弱、保险参与度偏低，政策性农业保险的渗透度也很低，金融普惠工作有待继续加强。收入来源单一和家庭成员患有大病，是导致当地农民贫困的两大原因。

金融学院教授朱小能率领学生对浙江省桐乡市的调研显示，该市城镇化率、农民总体收入水平、城乡一体化程度都很高，农村金融以及增信方面的创新令人印象深刻，但农村地区在发展个体加工业时所表现出的安全意识淡薄和县级资产证券化程度过高等问题，是经济健康发展的隐患。

上海财经大学金融学院党委书记柳永明说，千村调查是大学生认识中国国情的重要方式，中国农村地域辽阔差异很大，正在发生深刻变化，千村调查对于学生近距离接触农村、认识农民有着重要作用，学生要完成调查，需要克服各种困难，进行调查的过程也是增长知识的过程，深入农村才能够真正了解“三农”问题，理解国家各项惠农政策的意义。

据上海财经大学发展规划处处长应望江介绍，千村调查旨在通过专业的社会调查获得我国“三农”问题的数据资料，形成调查研究报告和决策咨询报告，供国家相关部门决策参考。千村调查也是国家教育体制改革试点项目之一“财经创新人才培养模式”项目的重要内容。此前，上海财经大学各学院分别以“我国农村基本状况”“我国农村医疗保障状况”“我国农民收入状况”等为主题，组织完成了 7 期千村调查，不但积累了庞大的数据资料，而且形成了 3 500 多篇调查报告，发表了一批高质量研究论文，获得多个重要奖项，成为知名社会调查品牌。

（记者：沈则瑾）

上海财大连续第八年实施“千村调查”项目显示：农村金融普及率有待继续提高

《青年报》 2015-09-22

上海财经大学千余师生在刚刚过去的暑假里再度行走在祖国广袤的田野上，这是学校连续第八年实施千村调查。本次项目调研团队发现，互联网金融的飞速发展大大改变着农民的生活，但我国农村金融渗透率还有待提高，金融普惠工作有待继续加强。

2015 年暑假，该校共派出 30 名教师、1 418 名学生组成 840 支调查团队，深入全国各地的村落开展农村基础金融服务的覆盖和使用调查。同学们发现，中西部欠发达地区，有的农户因为家里走出了大学生而接触到了互联网金融，开始通过网上转账支付学费，但也有稍年长的农民从未听说过支付宝，至今不知股票、基金、债券是什么。上海财经大学统计与管理学院学生王栋慧介绍，在对一位开便利店的店主做问卷调查时，组员们主动建议他通过阿里巴巴进行商品批发，这样既便宜又便利。店主最初一口拒绝了，生怕钱被骗走。而后，组员们耐心地为他做了讲解，并帮助他开通了网银，最后还批发了 3 箱可口可乐。看到网上的快递跟踪，店主欣慰地笑了。

其实，互联网设施目前已基本覆盖到了乡镇一级地区，即使在一些国家级贫困县，有的也连通了网络。很多农民的收入将不再只依靠单一的农业收入，而是趋于多元化，当地的产业升级正在加快，可以说，互联网金融未来在农村具有巨大的发展潜力。

（记者：刘昕璐）

上海财大千村调查显示：农村总体都需要加强物理网点建设

中国证券网　2016-04-17

“十三五”期间，中国经济社会发展的一项重要任务是发展普惠金融。当前，农村普惠金融发展是否与国家战略部署匹配，不同地区发展有哪些差异？

4月17日，上海财经大学金融学院发布的最新一期千村调查成果报告（2015年度），正是以“农村普惠金融体系建设”为主题，就中国农村基础金融服务的覆盖与使用进行了全面调查。报告显示，目前中国农村普惠金融发展参差不齐，西部地区在保险深度、不良贷款率、每百人拥有的存款账户数等指标上优于东、中部；经济欠发达地区在全部金融机构资产总额/GDP、保险深度、不良贷款率等指标上优于发达地区。

其中，在金融机构家数、金融保险业增加值/GDP、每万人金融从业人数、每万人拥有的金融机构网点数等指标上，西部地区明显落后于东部地区。而欠发达地区也明显落后于发达地区。西部地区在机构入驻方面的吸引力远不如东、中部，而中部与东部的差距不大。

从金融的普惠性看，西部的金融机构在贷款账户数、存贷比、贷款利率、涉农贷款比重和贷款申请被拒的比例等指标上明显好于中、东部；而东部的金融机构只在存款账户数、不良贷款率两项指标上明显好于西部。

其中，在贷款账户数、存贷比、农户贷款利率上浮比例、涉农贷款比重、贷款申请被拒等指标上，西部的金融机构表现均明显优于中、东部。西部的机构以最低的成本（只在基准利率基础上上浮33.7%）为数量最多的主体（2 173 户）提供贷款，而且这些贷款以最高比例（93.2%）流向“三农”。从信贷可得性看，贷款申请被拒的比例是西部最低。从存贷比指标看，西部机构最高。

调查报告还显示，在存款账户数上，西部机构明显处于下风。在不良率上东部机构表现最佳，同时考虑到其发放的贷款利率最高，说明他们商业化最彻底。相比而言，西部机构此种倾向并不严重。他们正是普惠金融建设的主力军。同时，给穷人提供信贷服务并不意味着不良率的上升，西部的不良率低于总体平均水平（4.41%）。

报告指出，一个值得警惕的现象是，在三个区域中，中部的不良率和被拒率最高，说明中部农村的信用风险最高。

根据调查报告，农村居民对传统金融服务的依赖度较高，尽管使用便利性有待加强。农村总体对以互联网金融为代表的新型金融业态以及商业保险的认可度严重低下，但这种认可随着家庭收入及学历的提高而改善。农村的私人借贷行为存在较严重的“不写借条”“欠钱不还”等现象。

报告建议，农村总体都需要加强物理网点建设，而西部更显迫切，可考虑通过流动网点为村民定期提供服务；建议利用手机银行、代理银行和金融电子机具，实现对网点的有效替代；为互联网金融进入农村创造便利条件；推行全民小额保险，提高农村居民的保险意识和保险覆盖率，设立国家普惠金融发展基金并颁布《普惠金融法》。

据介绍，此次调查是上海财经大学第八期千村调查。本次调查采用随机抽样定点调查和返乡调查相结合的方法，调查对象涉及25个省、自治区、直辖市的30个县城。其中，定点调查由上海财经大学21位老师带队，309名同学共同参与。返乡调查则由上海财经大学1 109名同学完成。

（记者：宋薇萍）

上海财大千村调查显示：农村家庭使用网银占比仅 25.7%

经济网　2016-04-18

农村普惠金融发展与国家战略部署是否匹配？不同地区存在哪些差异？以互联网金融为代表的新型金融业态在农村地区的发展情况如何？如何在农村地区从金融角度实施精准扶贫？4 月 17 日，上海财经大学 2015 年度千村调查研究成果正式发布，对以上问题做出了回答。

报告显示，在金融机构家数、金融保险业增加值 / GDP、每万人金融从业人数、每万人拥有的金融机构网点数等指标上，我国西部地区明显落后于东部地区；而欠发达地区也明显落后于发达地区。西部地区在机构入驻方面的吸引力远不如东、中部，而中部与东部的差距不大。经济一般组拥有的金融机构家数竟然高于发达组。尽管经济一般组拥有最多的金融机构家数，却拥有最少的机构网点数，说明在这些县域，机构进来的动力强、开设新网点的动力却不强。

在金融机构资产 / GDP、不良贷款率、存款账户数、保险深度四项指标上，东部县域都弱于西部，经济发达地区都弱于欠发达地区（存款账户数除外）。东部拥有最多的机构家数，却在资产规模 / GDP 指标上垫底，说明单体的规模尚有提升空间。欠发达县域虽在机构资产 / GDP 指标上遥遥领先，但在增加值 / GDP 指标上却被其他两组甩得很远。东部的不良贷款率最高。从存款账户数看，西部银行业机构的业务覆盖甚至胜过中、东部。东部地区的保险深度明显低于中、西部；发达地区的保险深度明显低于其他两个地区。

普惠金融，也称包容金融，是联合国在被确定为“小额信贷年”的2005年倡导的“在金融服务的获取上，人人生而平等”理念。从金融的普惠性看，西部的金融机构在贷款账户数、存贷比、贷款利率、涉农贷款比重和贷款申请被拒的比例等指标上明显好于中、东部；而东部的金融机构只在存款账户数、不良贷款率两项指标上明显好于西部。

课题组发现，在有限的农村互联网金融市场发展中，传统金融机构凭借先天业务优势，仍占据主要市场份额，新兴互联网金融以商贸带动金融服务模式，仍处于探索和投入发展阶段。农村互联网金融的应用尚未闯出一条良性发展的新路。有25.7%的家庭使用网络银行服务。网络银行在农村的普及率很低。此外，随着家庭年收入和家庭成员学历的提高，使用网银的比例越来越高。特别是，高中以上学历的家庭有44.3%使用网银，而初中以上学历的家庭这一比例仅为17.2%，差距甚大。有36.4%的家庭使用第三方支付。

报告显示，我国扶贫工作任务重：到2020年，按2 300元的贫困线计算，需要7 017万人脱贫，年均减贫1 400万人。彻底消灭农村贫困仍是一项十分艰巨的任务。

报告建议，农村总体都需要加强物理网点建设，而西部更显迫切，可考虑通过流动网点为村民定期提供服务；建议利用手机银行、代理银行和金融电子机具，实现对网点的有效替代；为互联网金融进入农村创造便利条件；推行全民小额保险，提高农村居民的保险意识和保险覆盖率，设立国家普惠金融发展基金并颁布《普惠金融法》。

2008年以来，上海财经大学以千村调查项目为载体，每年一次组织学生“走千村，访万户，读中国”，探索出了一条融国情教育、科研训练、创新实践三位一体的人才培养路径，取得了良好的育人效果和社会效果，受到了社会的广泛关注。

2015年7月13日，首支定点调查队伍正式出发；2015年8月25日，最后一支队伍顺利返回。经过2个月的数据录入和处理，最终共回收有效县域问卷30份、有效机构问卷60份、有效行政村问卷743份、有效农户问卷15 387份，收到学生提交的各类调研报告共852篇。根据一手调研数据，课题组分为农村普惠金融、农村信用体系、农村互联网金融、农村保险以及农村扶贫五大主题进行专题研究，每个专题由一名该领域专家主导，目前各项成果正在陆续产出中。

据悉，2015年度千村调查项目主题为“农村基础金融服务的覆盖与使用”，项目组首席专家为上海财经大学金融学院常务副院长刘莉亚教授。本次活动通过对县域金融办、农村金融机构、行政村以及农户的调研，全方位还原农村地区在存、贷、汇、保险及互联网金融等基础金融服务方面的使用情况，进而提出对未来农村经济金融发展走向及发展模式的思考，为监管部门的政策决策提供参考和依据。

（记者：宋　杰）

上海财经大学发布2015年度“千村调查”研究成果

中国社会科学网　2016-04-18

农村金融是现代农村经济的核心，如何建立功能健全、服务完善、运行安全的农村金融发展模式，以及为农民服务、使农民受益的农村金融体系，成了中国农村经济发展的热点问题。4月17日，上海财经大学就2015年度千村调查研究成果召开发布会，该年度千村调查的主题是“农村基础金融服务的覆盖与使用”。

此次千村调查通过对县域金融办、农村金融机构、行政村以及农户的调研，全方位还原农村地区在存、贷、汇、保险及互联网金融等基础金融服务方面的使用情况，进而提出对未来农村经济金融发展走向及发展模式的思考，为监管部门的政策决策提供参考和依据。

据介绍，此次千村调查由上海财经大学金融学院牵头，各院系和职能部门密切配合。2015年4月项目正式启动之后，组建了由6位各金融领域专家组成的专家小组，在吸收了历年问卷精华的基础上，结合2015年度特色，对年度问卷进行了设计和修订。2015年5月，专家组成员亲自带队，前往上海市青浦区练塘镇、河北省保定市竞秀区以及安徽省六安市霍山县3个极具代表性的县域进行了预调研工作，其间走访了8个行政村，力求用实践成果检验问卷的可行性。2015年6—7月，组织完成了309名定点调查员和30位带队教师的招募和培训工作。

2015年7—8月，采用随机抽样定点调查和学生返乡调查相结合的方法对各乡镇进行了调研。其中，定点调查组由来自上海财经大学各院系的309

名同学和来自金融学院、国际工商管理学院、人文学院的21位专业带队教师组成30支队伍，走访了全国20个省、自治区、直辖市的30个县域。每支定点调查队伍完成县域金融办问卷1份，挑选具有一定贫富差距的2个乡镇、4个行政村和200家农户，完成乡镇金融机构问卷2份、行政村问卷4份、农户问卷200份。返乡调查组由1 109名同学组成810支队伍，利用返乡机会就近、就便开展调研，其间共走访全国31个省、自治区、直辖市的490个县域。

2015年7月13日，首支定点调查队伍正式出发；2015年8月25日，最后一支队伍顺利返回。经过2个月的数据录入和处理，最终共回收有效县域问卷30份、有效机构问卷60份、有效行政村问卷743份、有效农户问卷15 387份，收到学生提交的各类调研报告共852篇。根据一手调研数据，课题组分为农村普惠金融、农村信用体系、农村互联网金融、农村保险以及农村扶贫五大主题进行专题研究，每个专题由一名该领域专家主导，目前各项成果正在陆续产出中。

据悉，由上海财经大学统筹设计和组织实施的大型社会实践活动千村调查项目自2008年启动以来，以增强学生服务国家服务人民的社会责任感、勇于探索的创新精神、善于解决问题的实践能力为宗旨，以问题导向和项目导向的社会调查为主要方法，每年组织在校大学生和教师于暑期深入农村开展相关“三农”问题的主题调查研究，范围覆盖除港澳台外的31个省、自治区、直辖市的千余村庄。项目组走访了7 381个村庄的97 986家农户，发放问卷13.7万余份，围绕农村发展、农村医疗卫生保障、农民收入、粮食安全 、农村文化、农村劳动力城乡转移、农村养老等年度主题，形成7 000余篇调查报告（论文）。相关成果引起了财政部、教育部、卫生部、农业部等部门的高度重视。

（记者：李　玉　查建国）

上财发布 2015“千村调查”：近七成受访农民拒绝互联网金融

上海教育新闻网　2016-04-19

农村金融发展情况如何？农民是否使用互联网金融？农村的信用体系构建情况如何？农村普惠金融发展与国家战略部署是否匹配？4 月 17 日，上海财经大学正式发布 2015 年度千村调查研究成果，对上述问题做出了回答。这份通过“行走在田野”得出的报告显示，国内不同地区的村镇农村金融渗透率截然不同，农村居民对传统金融服务依赖度较高，农村总体都需要加强物理网点建设。

仅有 25.7% 的家庭使用网银服务

据“千村调查”第八期首席专家、上海财经大学金融学院常务副院长刘莉亚介绍，本年度千村调查由金融学院牵头，主题为“农村基础金融服务的覆盖与使用”，以农村居民在生产生活中对金融服务需求及是否得到满足的视角展开调研。根据一手调研数据，课题组分为农村普惠金融、农村信用体系、农村互联网金融、农村保险以及农村扶贫五大主题进行专题研究，旨在进而提出对未来农村经济金融发展走向及发展模式的思考，为监管部门的政策决策提供参考和依据。

上海财经大学金融学院副教授谈儒勇透露，课题组在调查中发现，在有限的农村互联网金融市场发展中，传统金融机构凭借先天业务优势，仍占据主要市场份额，新兴互联网金融以商贸带动金融服务模式，仍处于探索和投入发展阶段。农村互联网金融的应用尚未闯出一条良性发展的新路。

网络银行在农村的普及率很低，仅有25.7%的家庭使用网络银行服务。谈儒勇表示，“近七成受访农民对互联网金融这种新事物不愿意接受，却愿意在路上行走半小时以上、排队一刻钟以上去网点现场办理业务”。不过，随着家庭年收入和家庭成员学历的提高，使用网银的比例越来越高。特别是，高中以上学历的家庭有44.3%使用网银，而初中以上学历的家庭这一比例仅为17.2%，差距甚大。此外，有36.4%的家庭使用第三方支付。

农村总体均需加强物理网点建设

在受访者中，有16.6%的人表示在最近一年未曾去过银行。按家庭收入从高到低，不去银行的占比呈递增态势，表明收入越高的人越需要银行服务。他们一年平均去银行9.97次，收入越高的人去银行的次数越多。有13.9%的家庭从银行获取过贷款。收入越高的家庭获取贷款的比例越高：年收入在10万元以上的家庭有22.2%获取过贷款；年收入在5 000元以下的家庭只有10.6%获取过贷款。从申请贷款到成功获得款项，一般需要18个工作日。

农村居民对传统金融服务的依赖度较高，尽管使用便利性有待加强。农村总体对以互联网金融为代表的新型金融业态以及商业保险的认可度严重低下，但这种认可随着家庭收入及学历的提高而改善。此外，农村的私人借贷行为存在较严重的“不写借条”“欠钱不还”等现象。

报告显示，目前中国农村普惠金融发展参差不齐，西部地区在保险深度、不良贷款率、每百人拥有的存款账户数等指标上优于东、中部；经济欠发达地区在全部金融机构资产总额 / GDP、保险深度、不良贷款率等指标上优于发达地区。

报告还显示，我国扶贫工作任务重：到2020年，按2 300元的贫困线计算，需要7 017万人脱贫，年均减贫1 400万人。彻底消灭农村贫困仍是一项十分艰巨的任务。课题组认为，精准扶贫应加快改善农村基础教育。

报告建议，农村总体都需要加强物理网点建设，而西部更显迫切，可考虑通过流动网点为村民定期提供服务；建议利用手机银行、代理银行和金融电子机具，实现对网点的有效替代；为互联网金融进入农村创造便利条件；推行全民小额保险，提高农村居民的保险意识和保险覆盖率，设立国家普惠金融发展基金并颁布《普惠金融法》。

【相关链接】

2008年以来，上海财经大学以千村调查项目为载体，每年一次组织学生“走千村，访万户，读中国”，探索出了一条融国情教育、科研训练、创新实践三位一体的人才培养路径，取得了良好的育人效果和社会效果，受到了社会的广泛关注。

2015年7—8月，采用随机抽样定点调查和学生返乡调查相结合的方法对各乡镇进行了调研。其中，定点调查组由来自各院系的309名同学和来自金融学院、国际工商管理学院、人文学院的21位专业带队教师组成30支队伍，走访了全国20个省、自治区、直辖市的30个县域。每支定点调查队伍完成县域金融办问卷1份，挑选具有一定贫富差距的2个乡镇、4个行政村和200户农户，完成乡镇金融机构问卷2份、行政村问卷4份、农户问卷200份。返乡调查组由1 109名同学组成810支队伍，利用返乡机会就近、就便开展调研，其间共走访全国31个省、自治区、直辖市的490个县域。

2015年7月13日，首支定点调查队伍正式出发；2015年8月25日，最后一支队伍顺利返回。经过2个月的数据录入和处理，最终共回收有效县域问卷30份、有效机构问卷60份、有效行政村问卷743份、有效农户问卷15 387份，收到学生提交的各类调研报告共852篇。根据一手调研数据，课题组分为农村普惠金融、农村信用体系、农村互联网金融、农村保险以及农村扶贫五大主题进行专题研究，每个专题由一位该领域专家主导，目前各项成果正在陆续产出中。

（记者：程媛媛）

千村金融调查：26% 家庭用网银，民间借贷“欠钱不还”严重

澎湃新闻　2016-04-21

农村居民会不会使用网银？是否使用互联网金融？

近日，上海财经大学公布了针对全国 25 个省、自治区、直辖市中的 30 个县域的农村基础金融服务覆盖与使用的调查结果。报告显示，农村家庭使用网银占比仅 25.7%，不到三成；农村居民对传统金融服务依赖度较高，近七成受访者不愿使用互联网金融。

千村调查是上海财经大学 2008 年发起的项目，每年主题不同。2015 年该校师生用定点调查和返乡调查的方式，对全国的 30 个县域的金融机构、行政村进行调研，获得入户问卷 15 387 份。

对于农村家庭的调查结果显示，农村居民对传统金融服务的依赖度较高，尽管使用便利性有待加强。如有 16.6% 的受访者表示在最近一年未曾去过银行。就全部样本而言，他们一年平均去银行 9.97 次，收入越高的人去银行的次数越多。去银行网点的步行时间平均为 32.42 分钟，东部的家庭耗时最短，为 25.2 分钟；西部耗时最长，为 39.8 分钟。

宁可去网点排队，也不愿意使用互联网金融成为农村的普遍现象。据调查，40.4% 的人“不太愿意”使用互联网金融，27.6% 的农村居民认为“根本没有必要”使用互联网金融。其理由为“不了解”和“不会用”。

农村总体对新型金融业态以及商业保险的认可度严重低下，但这种认可随着家庭收入及学历的提高而改善。调查显示，仅有 13.9% 的家庭从银行获取过贷款，收入越高的家庭获取贷款的比例也越高。年收入在 5 000 元以下

的家庭，只有 10.6% 的比例获取过贷款。有 40.3% 的家庭曾经买过商业保险，在农村，保险的覆盖率严重偏低，且保费占家庭收入比例很低。

在理财产品方面，只有 3.4% 的家庭购买过理财产品，8.1% 的受访者听说过 P2P。

调查显示，仅 25.7% 的家庭使用网络银行服务。网络银行在农村的普及率很低。此外，随着家庭年收入和家庭成员学历的提高，使用网银的比例越来越高。特别是，高中以上学历的家庭有 44.3% 使用网银，而初中以上学历的家庭这一比例仅为 17.2%，差距甚大。有 36.4% 的家庭使用第三方支付。

另外，农村的私人借贷行为存在较严重的“不写借条”“欠钱不还”等现象。当被问及“近几年，您家里有没有人加入过互助会（呈会、合会、标会等）”时，只有 2.2% 的受访者给出肯定的答复。与此形成鲜明对照的是，有 87.8% 的受访者表示“手上的余钱愿意借给亲戚朋友”。目前，农村熟人间的借贷行为存在着写借条的比例偏低（31.4%）、借款长期收不回的比例不低（15.9%）等问题，应引起警惕。

项目组首席专家刘莉亚表示，目前农村总体上需要加强物理网点建设，西部需求尤其迫切，金融机构可以考虑通过流动网点为村民定期提供服务。另外，可以推行全民小额保险，提高农村居民的保险意识与保险覆盖率。

此外，报告还显示，我国扶贫工作任务重：到 2020 年，按 2 300 元的贫困线计算，需要 7 017 万人脱贫，年均减贫 1 400 万人。彻底消灭农村贫困仍是一项艰巨的任务。

上海财大“千村调查”：仅四分之一农村家庭使用网银

上海金融新闻网　2016-04-22

“十三五”期间，中国经济社会发展的一项重要任务是发展普惠金融。当前，农村普惠金融发展是否与国家战略部署匹配，不同地区发展存在哪些差异？针对这些问题，上海财经大学2015年度千村调查研究成果近日正式发布，本年度千村调查的主题是“农村基础金融服务的覆盖与使用”。

报告显示，目前中国农村普惠金融发展参差不齐，西部地区在保险深度、不良贷款率、每百人拥有的存款账户数等指标上优于东、中部；经济欠发达地区在全部金融机构资产总额/GDP、保险深度、不良贷款率等指标上优于发达地区。

其中，在金融机构家数、金融保险业增加值/GDP、每万人中金融从业人数、每万人拥有的金融机构网点数等指标上，西部地区明显落后于东部地区；而欠发达地区也明显落后于发达地区。西部地区在机构入驻方面的吸引力远不如东、中部，而中部与东部的差距不大。

从金融的普惠性看，西部的金融机构在贷款账户数、存贷比、贷款利率、涉农贷款比重和贷款申请被拒的比例等指标上明显好于中、东部；而东部的金融机构只在存款账户数、不良贷款率两项指标上明显好于西部。其中，在贷款账户数、存贷比、农户贷款利率上浮比例、涉农贷款比重、贷款申请被拒等指标上，西部的金融机构表现均明显优于中、东部。西部的机构以最低的成本（只在基准利率基础上上浮33.7%）为数量最多的主体（2 173户）提供贷款，而且这些贷款以最高比例（93.2%）流向“三农”。

从信贷可得性看，贷款申请被拒的比例是西部最低。从存贷比指标看，西部机构最高。

报告还显示，在存款账户数指标上，西部机构明显处于下风。在不良率指标上，东部机构表现最佳，同时考虑到其发放的贷款利率最高，说明其商业化最彻底。相较而言，西部机构此种倾向并不严重，其正是普惠金融建设的主力军。同时，给穷人提供信贷服务并不意味着不良率的上升，西部的不良率低于总体平均水平（4.41%）。

而值得警惕的是，在三个区域中，中部的不良率和被拒率最高，说明中部农村的信用风险最高。

根据调查报告，尽管使用便利性有待加强，但农村居民仍对传统金融服务的依赖度较高。总体而言，农村对以互联网金融为代表的新型金融业态以及商业保险的认可度严重低下，但这种认可随着家庭收入及学历的提高而改善。例如，网络银行在农村的普及率很低，仅 25.7% 的家庭使用网络银行服务。但随着家庭年收入和家庭成员学历的提高，使用网银的比例越来越高——高中以上学历的家庭有 44.3% 的比例使用网银，而初中以上学历的家庭的比例仅为 17.2%，差距甚大。

报告建议，农村总体都需要加强物理网点建设，而西部更显迫切，可考虑通过流动网点为村民定期提供服务；建议利用手机银行、代理银行和金融电子机具，实现对网点的有效替代；为互联网金融进入农村创造便利条件；推行全民小额保险，提高农村居民的保险意识和保险覆盖率，设立国家普惠金融发展基金并颁布《普惠金融法》。

（记者：李　思）

“千村调查”聚焦农村基础金融服务

中国社会科学网　2016-04-27

农村普惠金融发展与国家战略部署是否匹配，不同地区存在哪些差异？

农村信用意识处于怎样的水平，哪些因素影响着农民的信用行为？

以互联网金融为代表的新型金融业态在农村地区的发展情况如何？

农村保险市场发展整体情况如何，供需结构是否平衡？

如何在农村地区从金融角度实施精准扶贫？

上海财经大学 2015 年度千村调查项目为您解答。

4 月 17 日下午，2015 年度上海财经大学千村调查第八期成果发布会在武东路校区同德楼 204 会议室召开。金融学院党委书记柳永明，首席专家刘莉亚及本年度千村调查专家组成员、部分带队师生出席活动。包括《光明日报》《经济日报》《解放日报》《中国社会科学报》《农民日报》《劳动报》《上海证券报》《新民晚报》等在内的近二十家新闻媒体应邀参加发布会。

刘莉亚老师首先介绍 2015 年度千村调查的总体情况。基于联合国倡导的“在金融服务的获取上，人人生而平等”的理念和发展普惠金融的国家战略，以及农村地区金融服务供给严重不足的现状，课题组确定了本次调研主题为“农村基础金融服务的覆盖与使用”。在 2015 年 7—8 月，采用随机抽样定点调查和学生返乡调查相结合的方法对各乡镇进行了调研，最终共回收有效县域问卷 30 份、机构问卷 60 份、行政村问卷 743 份、农户问卷 15 387 份，并确定了农村普惠金融发展、农村信用体系建设、农村互联网金融发展、农村保险和农村金融扶贫五大研究专题，各类成果已陆续产出。

之后由五位专家组成员分别介绍各自的专题研究成果。

谈儒勇老师就农村普惠金融发展状况进行了介绍。从金融普惠性角度而言，西部的金融机构在贷款账户数、存贷比、贷款利率、涉农贷款比重和贷款申请被拒的比例等指标上明显好于中、东部；而东部的金融机构只在存款账户数、不良贷款率两项指标上明显好于西部。

朱杰老师对农村信用体系建设情况进行了汇报。结果显示，农村信用缺失问题较为严峻，农信社的不良贷款率普遍高于商业银行；现代信用意识地区差异明显，东西部地区农民的贷款逾期和信用卡透支消费等问题普遍高于中部地区，这与地区经济发展差异密切相关；农村传统信用意识普遍留存、信用行为取决于人际关系的亲疏，私人借贷行为存在较严重的“不写借条”“欠钱不还”等现象；现代信用意识的接受度呈现年龄差异，年龄越小，现代信用意识越强。

胡乃红老师对农村互联网金融的使用和发展情况提出了自己的看法。农村总体对以互联网金融为代表的新型金融业态的认可度严重低下，但这种认可随着家庭收入及学历的提高而改善。她认为，在有限的农村互联网金融市场发展中，传统金融机构凭借先天业务优势，仍占据主要市场份额，新兴互联网金融以商贸带动金融服务模式，仍处于探索和投入发展阶段。农村互联网金融的应用尚未闯出一条良性发展的新路子。

粟芳老师就农村保险情况进行了简介。目前农村的保险市场中，社会保障实现了基本覆盖，提供了极其基本的保障；政策性农业保险的地区差异较大；商业保险的使用度明显较低；保险的保障作用未得到体现。我国农村保险市场整体低迷但农村保险需求正在不断萌动，农户、保险公司和政府三方均有责任。

最后由柳永明老师对实现农村金融扶贫提出政策建议。根据调查结果，他认为我国扶贫工作虽然目前已经取得了巨大成就，用了 15 年的时间使得 5 亿人口摆脱了贫困，为全球减贫事业做出了重大贡献，但彻底消灭农村贫困仍是一个十分艰巨的任务。到 2020 年，按 2 300 元的贫困线计算，需要 7 017 万人脱贫，年均减贫 1 400 万人，这对于政府扶贫政策而言依然是巨大的挑战。

基于上述结论，课题组建议：农村总体都需要加强物流网点建设，而西部更显迫切，可考虑通过流动网点为村民定期提供服务；建议利用手机银行、代理银行和金融电子机具，实现对网点的有效替代；为互联网金融进入农村创造便利条件；推行全民小额保险，提高农村居民的保险意识和保险覆盖率，设立国家普惠金融发展基金并颁布《普惠金融法》。

《光明日报》《经济参考报》《上海证券报》等媒体记者就普惠金融的地区发展问题、农村非法集资情况以及农村金融扶贫的政策建议等问题与专家组进行了互动交流。

上海财经大学：两千余名学子开展暑期“千村调查”

中国教育报　2016-08-01

聚焦“中国农村创业现状调查”的上海财经大学千村调查第九期由2 188名同学组成1 472支队伍，利用暑假期间奔赴包括新疆、西藏、香港在内的全国32个省、自治区、直辖市及特别行政区，预计走访超过1 500个村寨，完成各类问卷访谈3万余份。

千村调查是上海财经大学自2008年起组织在校大学生于暑期深入农村开展相关“三农”问题的大型主题调查研究，已探索出一套较为成熟的保障和提升社会实践质量的运行机制。

千村调查项目设立首席专家制，组建专家委员会，对调查主题进行科学论证和精心设计，保证调研的科学性与合理性。项目形成系统的教育培训机制，围绕调研方法及学术规范等内容对参加调查的学生进行培训。项目建立健全学术诚信约束机制，将学术道德、学术纪律和学术规范的教育贯穿始终，通过签署学术诚信承诺书、调研过程巡查监督和电话回访，形成问卷的监控和质量保证机制。项目高度重视安全保障机制，为每一位学生发放《千村调查安全手册》；实现调研者意外人身保险全覆盖，并安排专人值班，保持与所有调研学生的即时联系。项目通过实施学分奖励、成果转化机制等制度激励机制，构建教育教学和社会实践紧密结合、第一课堂和第二课堂相互促进的长效运作机制。

千村调查　有了“两免一补”，这些农村孩子为何还弃学？

《解放日报》 2016-09-13

未成年人自愿弃学、被迫就业还有一个重要的因素，就是对能否在九年制义务教育之后，顺利进入高中或职高就读存在担忧。因为接受高中教育的机会无法保证，导致农村家庭对九年制义务教育参与率下降，贫困家庭出于经济承受能力的考虑，被迫提前结束让子女接受充分教育的机会。

习近平主席在二十国集团工商峰会开幕式主旨演讲中表示，要加大对困难群众的精准帮扶力度，在 2020 年前实现现行标准下 5 700 多万农村贫困人口全部脱贫、贫困县全部摘帽。

改革开放以来，中国使 7 亿多人摆脱贫困，占全球减贫人口的 70% 以上，为世界减贫事业做出了重大贡献。然而，随着经济增长的扶贫效应日益下降，剩余贫困人口在地域分布上更为分散，传统的以地区为基础的扶贫瞄准机制，其成效越来越受到限制，这使得我们进一步削减农村贫困的努力面临重大的挑战。

上海财经大学第八次“千村调查”表明，农村家庭的贫困与教育水平较低存在显著的正相关关系。自 20 世纪 80 年代开始，我国就已全面推行九年制义务教育制度。2006 年的义务教育改革，又针对农村地区推行了“两免一补”的政策，取消农村学生的学杂费和书本费，并为贫困在校生提供生活补助，以此普及农村小学和初中教育。按理说，免费义务教育能减少家庭的教育支出，消除学龄儿童辍学、失学的现象。然而，调查中却发现，农村居民的教育水平仍不容乐观，有 83% 的贫困人口其家庭成年人所受的教育年限不到9年，接近一半的贫困家庭中的所有成员最多只有小学文化程度。从扶贫开发的角度来看，农村贫困家庭的教育水平已成为制约我国各项扶贫措施产生积极效果的瓶颈。

受调查的农户中，超过三分之一家庭所有成员都没有高中或以上学历

近年来，我国高中毛入学率已超过80%，但调查数据显示，农村居民能够接受高中或更高水平教育的人口比例明显偏低。上海财经大学第八次“千村调查”共走访农户2万余户，涉及全国31个省、市、自治区（港、澳、台地区除外）的231个地级市719个县和1 179个行政村。该次调查中，有13 365个农村家庭提供了教育水平的信息，数据显示，超过三分之一的农户家庭所有成员都没有高中或以上学历。在最高学历为小学及以下的农村家庭中，西部地区占了36%以上，同时西部地区有大专以上学历的农村家庭仅为18.5%，而东部地区有大专以上学历的农村家庭占了51%以上。

1. 越是贫困的家庭，家庭成员的受教育程度越低

调查数据显示，农民的受教育情况与其家庭的经济状况有密切的联系。在农村贫困家庭（包括贫困户和特困户）中，约80%的农户，其家庭成员的最高学历为初中甚至更低。特别是在特困户中，约50%的家庭所有成员只是刚刚读完甚至没有读完小学。在所有贫困家庭中，具有高中及以上学历的家庭只占16.5%。而脱离贫困的家庭，小学及以下文化程度的比例相对较低，只占25%，高中以上的占比超过35%。显然，随着收入的增加，家庭成员的文化程度在逐步提高。

2. 学校合并现象突出，农村教育的隐形成本正在上升

在小学和初中阶段免除学杂费的政策，有效地减少了农村家庭的支出负担，但在贫困学生的食宿补贴方面，各地存在标准不一的情况，而且受制于县一级政府的财力。此外，在校学习还需要支付其他的直接成本，如练习本和纸张、计算机、电话费、交通费等。在调查中发现，随着农村人口的减少，许多农村的中小学学生人数相应减少，学校合并的现象十分突出，单位成本高的学校被关闭，教师和学生被转移到规模更大的学校。学

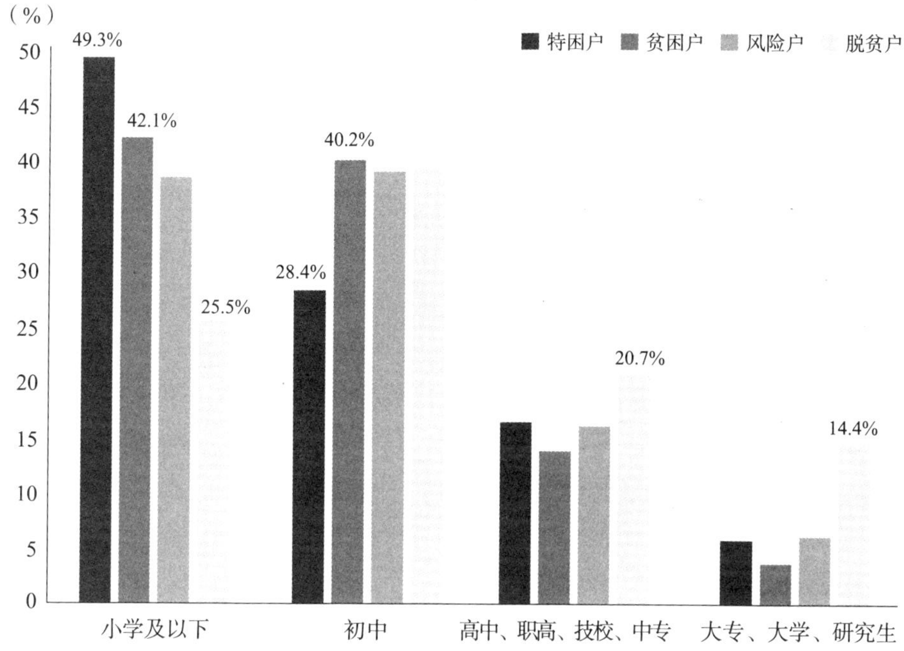

图 1　农村学历人口的家庭分布

校集中化的政策不但影响了农村学校的数量和质量，还增加了学生就读的成本，交通费、住宿费和伙食费都较以前大幅提高。如果学校离家里距离较远，学生就只能住校或家长在镇上租房陪读，这都大大增加了农村教育的成本。

3. 高中阶段的教育成本制约了农户对基础教育的参与程度

当农村孩子的年龄大到足以作为劳动力来使用时，在校读书的机会成本就会上升，即使有免费提供教育的扶持措施，其吸引力也会下降，贫困家庭往往迫于当前的生计，不鼓励或放弃对子女未来教育的投入。根据调查的数据，随着教育水平的提高，认为日常消费是家庭最大开支的家庭比例从 52% 下降为 37%；同时教育支出占比逐步上升。特别是到了高中阶段，家庭的教育开支明显上升，有 15.76% 的农户认为教育开支是其最大的家庭支出。因此，农村高中教育的入学率大大低于初中，并且越是贫困家庭入学率越低。到了高中（或职业技术学校）阶段，子女教育的直接和间接成本就更为明显。通过与农户的访谈发现，未成年人自愿弃学、被迫就业还有一个重要的因素，就是对能否在九年制义务教育之后，顺利进入高中或职高就读存在担忧。接受高中教育的机会无法保证，导致了农村家庭对九年制义务教育参与率下降，贫困家庭出于经济承受能力的考虑，被迫提前结束让子女接受充分教育的机会。

农民受教育程度已成为影响其收入的重要因素

1. 外出务工是农户脱贫的一个重要途径，但返贫的可能性仍然非常大

经过多年的扶贫开发，我国农村家庭的收入结构已经发生了很大的改变，收入来源日益多样，非农收入的占比逐步上升。我们在调查中发现，农户的收入呈现多元化的趋势，但在不同收入水平的农村家庭中，农业收入占其总收入的比重有较大的差异。非农收入成为影响农户富裕程度的主要因素，完全脱贫家庭的人均收入最高，来自农业生产的收入还不及其总收入的30%，而特困户的收入中，有 61% 来自农业生产。

从事农业生产的劳动收入减少的一个原因是我国农村经济发生了很大的变化，农耕不再是唯一的生产方式，养殖、经商和农村服务业的收入对农民有更高的吸引力。更重要的是，随着城镇化进程的加快，大量农村劳动力以农民工的身份外出务工。在本次调查中，对于脱贫户来说，外出务工的工资性收入占比显著高于其他类型的农户，这说明外出务工是农户脱贫的一个重要途径，而一旦缺乏务工机会，该类农户返贫的可能性仍然非常大。

2. 劳动力不足不再是导致贫困的主要原因，非农收入高低取决于受教育水平

农村贫困家庭的主要资产，就是其自身拥有的劳动力。调查发现，农村贫困家庭的平均常住人口约为 6.6 人，而脱贫家庭的平均常住人口为 4.1 人，贫困家庭的规模要大于非贫困家庭，而且贫困家庭的青壮年劳动力所占比例略高。这说明劳动力不足并不是导致贫困的主要原因。农村家庭收入差别的关键，来自其劳动报酬的不同。报酬更高的就业机会，往往与劳动力已有的教育程度有密切的关系。

调查表明，对农村贫困家庭（含特困户）来说，如果所有家庭成员都没有接受过初中教育，则其家庭的非农收入占比低于 30%，而如果家庭成员中

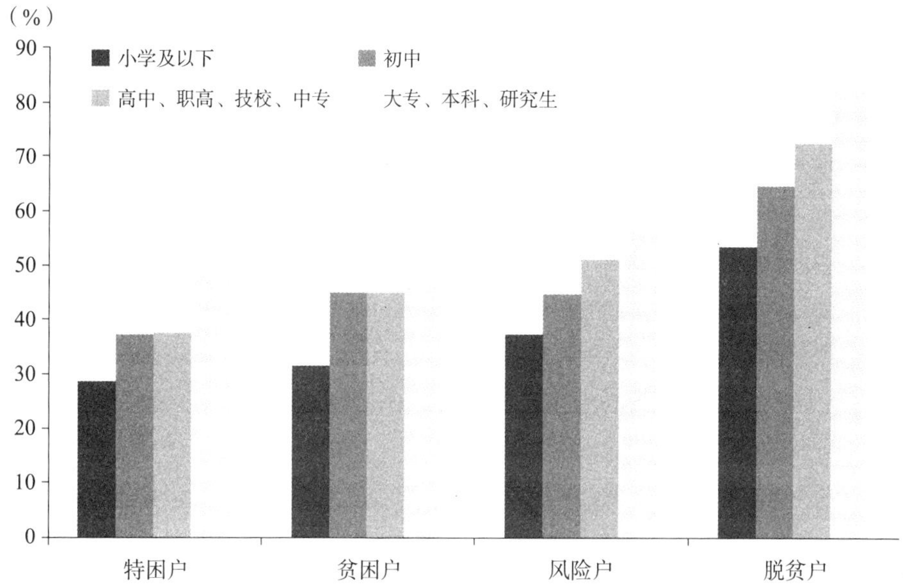

图 2　非农收入占比在不同学历水平家庭中的分布

有大专以上学历，则其家庭的非农收入占比会超过 50%。因为接受过更多教育的农民，视野和见识相对开阔，更容易从事农耕以外的经济活动，更容易获得外出务工的机会，更容易在劳务输出地找到长期的工作岗位，更容易在城镇化的进程中获取更高的收入，也就更容易使家庭摆脱贫困。

以教育作为精准扶贫的瞄准机制，提高农村扶贫的效果

1. 进一步延长教育时间，适时过渡到在农村地区推行十二年制义务教育

对农村居民而言，虽然子女教育能够增加家庭的未来收入，但是贫困农户对于教育成本的增加十分敏感，更有可能因为生计而让子女辍学。在精准扶贫过程中，应改变传统的以区域（包括贫困县和贫困村）为主的瞄准机制，在精准识别、建档立卡工作中，重点关注贫困农户教育水平，资金投向应以家庭瞄准（贫困户）甚至家庭成员（残疾人、学龄人口等）为主要方向，提高扶贫资金的使用效率。

在我国，虽然农村免费义务教育有效地降低了农村文盲人口的比例，但考虑到约 80% 的农村贫困人口只具有初中及以下的文化程度，要使农村

贫困人口外出务工或者在本地从事非农产业，从而获得较高报酬，还需要加强对农村人口初中毕业后的教育。考不上高中或缺乏后续的教育机会，导致初中辍学率居高不下，这反过来严重影响九年制义务教育的巩固。从精准扶贫的角度，解决农村贫困现象的一个必要举措，就是进一步延长教育时间，可考虑率先在农村地区针对建档立卡的贫困户的学生，免除其高中阶段的学杂费，并适时过渡到在农村地区推行十二年制义务教育，从而从根本上提高农村人口的就业竞争力和劳动报酬，阻隔贫困的代际传递，巩固扶贫的成效。

2. 进一步加大普通高校农村贫困家庭招生专项计划

自 2012 年起，我国面向 680 个集中连片特殊困难县实施定向招生专项计划，单报志愿、单设批次、单独划线。最初计划“十二五”期间，每年在全国招生计划中专门安排 1 万名左右农村贫困地区招生专项计划。近年来，在执行过程中计划人数逐年上升，2014 年农村贫困地区定向招生专项计划扩大至 5 万名学生，这在一定程度上缓解了城乡教育差别。但是，与全国招生规模相比，这一数值仍然十分微小，例如，2015 年高考录取人数 700 万人，农村贫困地区招生专项计划占 0.7%，远远低于 2% 的理想水平。

因此，一方面，要尽快加大农村贫困家庭招生专项计划的规模，力争在“十三五”期间，达到全国招生计划的 2%。另一方面，在招生过程中，将原来贫困地区的瞄准方法，改为精确瞄准至建档立卡的农村贫困家庭。通过招生专项计划的实施，增加贫困地区学生接受高等教育的机会，促进教育公平，在此基础上引导贫困地区基础教育健康发展。以此为前提，鼓励学生毕业后回贫困地区就业、创业和服务，为贫困地区发展提供人才和智力支撑。

3. 应扩大教育扶贫贷款力度，提高普惠金融的范围

通过分析农户的贷款需求，我们发现，不同收入家庭的贷款用途表现出明显的差异：收入越低，对助学贷款的需求就越明显，如特困户的贷款用途中助学贷款占比高达 42.5%，而脱贫户用于助学贷款的比重只有 10.67%。因此，教育贷款在扶贫过程中的作用，应当得到重视。

我国现有的教育资金支持体系具有“两高一低”的明显特征，即九年制义务教育阶段主要靠中央和地方政府的财政投入，大专以上教育阶段家庭

支持的不足可以通过助学贷款来解决。但是对于高中阶段，贫困家庭财力不足，社会能够提供的财务支持也十分有限。因此，出于精准扶贫的需要，有必要将助学贷款向下延升至高中阶段，缓解贫困农村家庭的教育投入不足的困境。教育扶贫贷款的利息，采用优惠利率，再由政府加以贴息。教育扶贫贷款的偿还，应由获得贷款的学生毕业获取收入后来承担。教育扶贫贷款能更好地激发农村贫困家庭通过教育贷款提高子女教育水平的动机，对于农村精准扶贫政策的实施效果有着显著的正面影响。

（作者：柳永明　上海财经大学金融学院党委书记、教授、博士生导师
曹　啸　上海财经大学上海国际金融中心研究院研究员　）

上财发布2016“千村调查”成果
融资难仍困扰农村创业

上海教育新闻网　2016-09-22

融资难依然是影响农民创业的重要因素，农村人才的严重流失影响农村创业现状发展，农村创业依旧面临各种物质、技术、知识、市场信息缺乏以及自然灾害的不利影响……昨日（21日）下午，上海财经大学发布了2016年度千村调查暑期调研成果。据了解，本年度的项目主题为“中国农村创业现状”。

千村调查步入第九年 规模属历年之最

千村调查作为上海财经大学的品牌项目，已走入第九个年头。该调查聚焦“三农”问题，形成研究咨询报告为政府部门决策提供参考。据上海财经大学国际工商管理学院常务副院长、千村调查第九期首席专家魏航教授介绍，2016年的项目旨在通过对中国“千村万户”的社会调研，挖掘出影响中国农村创业活力的关键性因素、确定农民创业企业的成长路径。

谈及本次千村调查主题的缘由，魏航教授指出，在“大众创业，万众创新”的浪潮下，以及在“精准扶贫”的政策指引下，推动农村创业带动就业是促进农民增收和精准扶贫工作的关键环节，也是加快农业和农村经济发展的重要途径。

此次千村调查由国际工商管理学院牵头，校各院（所）和职能部门密切配合。在调研环节，采用随机抽样定点调查和学生返乡调查相结合的方法对各乡镇进行调研，上海财经大学共有30名教师分别带领30支队伍奔赴涉及21个省、自治区、直辖市的30个县进行定点调研，同时有1 800余名学生进行返乡调查工作，参与总学生人数近2 200人，为历年来千村调查项目规模之最。

同时，此次调研活动有许多海归教师积极参与，对他们而言这是一次极佳的对“中国实践和中国国情的新认识”。在未来，课题小组将建立一个农村创业活力评价指标体系，出版研究年度报告，并将积极建设中国创业研究中心，推进中国农村创业研究的长期发展。

此外，学生后续还将进行数据录入整理、校验、分析，形成相应调研报告。课题组也将利用收集的数据进行紧张的学术研究，力求建立农村创业活力评价指标体系，并在此基础上创建农村创业活力指数；评测中国农民企业家的创业特质；构建一个农民创业的动机模型；找到农村创业者的成败逻辑，确定农民创业企业的成长路径。在此基础上形成高质量的调查报告、学术论文、专著、决策咨询报告等，争取为国家相关部门建言献策。

师生畅谈参与调研心得　感受农村创业

参与调研的上海财经大学国际工商管理学院教授蔺楠表示，此次赴湖南永州东安调研，实地了解到融资难依然是影响农民创业的一个重要因素。可喜的是，现在当地政府开始尝试个人信用评分，摸索解决农村创业融资难的新思路，同时，部分镇的返乡创业者不仅带来了规模相对较大的创业项目，而且能够积极拓宽融资渠道，在当地起到了很好的引领和示范作用。

带队前往国家级贫困县甘肃武威市古浪县的上海财经大学国际工商管理学院企业管理系教授董静则认为，在精准扶贫、创新创业政策的推动下，农民在创业和生产经营中得到了政府更多的支持和协助。但是物质条件的匮乏、市场信息和销售渠道的欠缺以及专业知识和技能的缺乏，使贫困村的创业之路步履维艰。她认为，建立连接生产与需求的市场信息与市场交易平台，建立为农村创业者提供技术支持的公共服务平台，建立农村创业教育与培训体系，是从根本上改变西部农村创业困境与贫困面貌的必然选择。

上海财经大学国际工商管理学院助理教授李征宇调研的地点是山东潍坊的诸城市，他在调研中感受最深的社会变革就是诸城市的“城乡一体化”进程，即在该市逐渐推广的“农村社区化”的探索。“农村社区”促进了该市农民就地城镇化，城市化的社区让原有的经济联合社联系得更加紧密，以社区取代行政村落，成为“城乡一体化”发展的平台、产业的发展平台、网络的服务平台以及社会的管理平台，这也是诸城市推进新农村建设的崭新尝试。

参与调研的学生代表也在发布会上谈了自己参与调研的感触和收获。国际工商管理研究生刘唯一在小组调研中发现 3 种农村创业模式值得探索：以一个大型企业带动全村及周边村的各种产业发展；以非传统种植作物为主，带动关联产业；以传统种植作物为核心，大力创新产品，发展地域特色。徐婉渔同学则对制约西部农村大学生创业不足的因素发表了观点。人文学院研究生李辰宇从农村创业中环境污染和产业升级的问题阐述了他们小组的解决思路。2014 级财政学本科生蒲冬梅则感受到了农村人才的严重流失是影响农村创业发展的一个重要因素。

【相关链接】

千村调查项目是上海财经大学每年组织在校大学生于暑期深入农村开展以“三农”问题为研究对象的大型社会实践和社会调查研究项目，调查范围覆盖全国除港澳台之外的 31 个省、自治区、直辖市的 1 000 多个村寨近万个农户家庭，旨在通过专业的社会调查获得我国“三农”问题的数据资料，形成调查研究报告和决策咨询报告，供国家相关部门决策参考。同时，千村调查也是国家教育体制改革试点项目之一“财经创新人才培养模式”项目的重要内容，是集社会实践、专业学习、科学研究、创新能力培养为一体的人才培养模式探索。

2008 年以来，上海财经大学分别以“我国农村基本状况”“我国农村医疗保障状况”“我国农民收入状况”“我国粮食安全问题”“农村文化状况调查”“农村劳动力城乡转移状况”“农村养老问题现状”和“农村基础金融服务”为主题，组织完成了 8 期千村调查，不但积累了庞大的数据资料，而且形成了 4 000 多篇调查报告，发表了一批高质量研究论文，获得了多个重要奖项，社会影响力越来越大，成为国内一个重要的社会调查品牌。

（记者：程媛媛）

上海财大组织“千村调查”认知约束制约农村创业活力

大公网　2016-09-22

根据上海财经大学发布的第九期千村调查的调研成果，除了传统的信用约束，认知约束亦是制约农村创业活力的重要因素。以湖南永州东安为例，该县绝大多数农村创业者，对阿里小贷和京东金融等新兴融资渠道几乎一无所知。

作为大学生认识中国国情的重要方式，上海财经大学的千村调查已经走入了第九个年头。本年度项目由国际工商管理学院牵头，主题为“中国农村创业现状”，旨在通过对中国“千村万户”的社会调研，挖掘出影响中国农村创业活力的关键性因素，确定农民创业企业的成长路径。

国际工商管理学院常务副院长、千村调查第九期首席专家魏航教授指出，在“大众创业，万众创新”的浪潮下，以及在“精准扶贫”的政策指引下，推动农村创业带动就业是促进农民增收和精准扶贫工作的关键环节，也是加快农业和农村经济发展的重要途径，此课题的深入研究，将为政府解决农村实际民生问题提供新的视角和解决思路。

据透露，在调研环节，本次千村调查采用随机抽样定点调查

和学生返乡调查相结合的方法，对各乡镇进行调研，参与总学生人数近 2 200 人，为历年来千村调查项目规模之最。同时有许多海归教师积极参与。据悉，在未来，课题小组将建立一个农村创业活力评价指标体系，推进中国农村创业研究的长期发展。

国际工商管理学院蔺楠教授此次赴湖南永州东安调研，她提到，融资难依然是影响农民创业的一个重要因素。一方面，多数创业者由于缺乏有效的可抵押物，很难获得传统信贷支持；另一方面，该县绝大多数农村创业者对阿里小贷和京东金融等新兴融资渠道几乎一无所知，除了传统的信用约束，认知约束也是制约农村创业活力的一个重要因素。但令人欣喜的是，现在当地政府开始尝试个人信用评分，摸索解决农村创业融资难的新思路，同时，部分镇的返乡创业者不仅带来了规模相对较大的创业项目，而且能够积极拓宽融资渠道，在当地起到了很好的引领和示范作用。

董静教授在发言中说，她带领的调研队来到了国家级贫困县甘肃武威市古浪县，虽是贫困县，但创业活动仍卓有成效，这归结于当地政府采取不同的支持和资助方式，协助该县经济发展水平不一的农村进行创业。即便如此，农村创业依旧面临着各种物质、技术、知识、市场信息缺乏，以及自然灾害的不利影响。她认为，建立连接生产与需求的市场信息与市场交易平台，建立为农村创业者提供技术支持的公共服务平台，建立农村创业教育与培训体系，是从根本上改变西部农村创业困境与贫困面貌的必然选择。

在调研环节，本次千村调查采用随机抽样定点调查和学生返乡调查相结合的方法。

李征宇助理教授调研的地点是山东潍坊的诸城市，他调研中感受最深的社会变革就是诸城市的“城乡一体化”进程，即在该市逐渐推广的“农村社

区化”的探索。诸城市社区是由原行政村改造而成，每个社区涵盖 5 个经济联合社。“农村社区”促进了该市农民就地城镇化，城市化的社区让原有的经济联合社联系得更加紧密，以社区取代行政村落，成为“城乡一体化”发展的平台、产业的发展平台、网络的服务平台以及社会的管理平台，这也是诸城市推进新农村建设的崭新尝试。

周照助理教授则在巴中市南江县调研，该县地处偏远的四川东北山区，交通极为不便。他在该县观察到尽管基层政府大力推进农村创业，并已有一些颇具规模的项目，但仍可以明显感受到当地民众“乡土意识”和“创业实践”之间的纠结，包括村民的“土地意识”与土地流转实施的对立，自给自足的生活方式和企业经营意识的差异，规模化经营的“非经济性”，以及农业技能与创业技能的非同步性。

此外，国际工商管理研究生刘唯一同学在小组调研中发现，3 种农村创业模式值得探索：以一个大型企业带动全村及周边村的各种产业发展；以非传统种植作物为主，带动关联产业；以传统种植作物为核心，大力创新产品，发展地域特色。同为研究生的徐婉渔同学则对制约西部农村大学生创业的因素发表了观点。人文学院研究生李辰宇同学则从农村创业中环境污染和产业升级的问题阐述了他们小组的解决思路。另外，2014 级财政学本科生蒲冬梅同学在她所调研的县内感受到了农村人才的严重流失是影响农村创业发展的一个重要因素。

（记者：章萝兰）

上海财经大学发布“千村调查”暑期调研成果

中国经济网　2016-09-23

2016 年度上海财经大学千村调查暑期调研成果 9 月 21 日在上海发布，本次调研主题为“中国农村创业现状”，希望通过对“千村万户”的社会调研，挖掘出影响中国农村创业活力的关键性因素，找到农民创业农村企业成长的路径。

据牵头本次调研的上海财经大学国际工商管理学院常务副院长、千村调查第九期首席专家魏航介绍，此课题的深入研究将为政府解决农村实际民生问题提供新的视角和解决思路，意义重大。在问卷设计环节，课题组成员数十次开会针对调查问卷进行设计和完善，并邀请海外学者共同参与；在调研环节，采用随机抽样定点调查和学生返乡调查相结合的方法对各乡镇进行调研，参与总学生人数近 2 200 人，为历年来千村调查项目规模之最。许多海归教师积极参与调研，成为一次极佳的对“中国实践和中国国情的新认识”。

据悉，未来课题小组将建立一个农村创业活力评价指标体系，出版研究年度报告，并将积极建设中国创业研究中心，推进中国农村创业研究的长期发展。

赴湖南永州东安调研的上海财经大学国际工商管理学院教授蔺楠说，融资难依然是影响农民创业的一个重要因素。一方面，多数创业者缺乏有效的可抵押物，很难获得传统信贷支持；另一方面，绝大多数创业者对阿里小贷和京东金融等新兴融资渠道几乎一无所知，这是制约农村创业活力的一个重要因素。令人欣喜的是当地政府开始尝试个人信用评分，摸索解决农村创业融资难的新路。部分返乡创业者不仅带回规模相对较大的创业项目，而且能够积极拓宽融资渠道，起到了引领和示范作用。

董静教授带领的调研队发现，国家级贫困县甘肃武威市古浪县的创业活动卓有成效，当地政府采取不同的支持和资助方式，协助经济发展水平不一的农村进行创业。但即便如此，农村创业依旧面临各种物质、技术、知识、市场信息缺乏以及自然灾害的不利影响。她认为建立连接生产与需求的市场信息与市场交易平台、为农村创业者提供技术支持的公共服务平台和农村创业教育与培训体系，是从根本上改变西部农村创业困境与贫困面貌的必然选择。

李征宇助理教授调研的地点是山东潍坊的诸城市，他感受最深的是诸城市的“城乡一体化”进程，即正在推广的“农村社区化”探索。诸城市社区是由原行政村改造而成，每个社区涵盖 5 个经济联合社。“农村社区”促进了该市农民就地城镇化，城市化的社区让原有的经济联合社联系得更加紧密，以社区取代行政村落，成为“城乡一体化”发展的平台、产业的发展平台、网络的服务平台以及社会的管理平台，这也是诸城市推进新农村建设的尝试。

周照助理教授在巴中市南江县调研，该县地处偏远的四川东北山区，交通极为不便。他观察到尽管基层政府大力推进农村创业，并已有一些颇具规模的项目，但仍可以明显感受到当地民众“乡土意识”和“创业实践”之间的纠结，包括村民的“土地意识”与土地流转实施的对立，自给自足的生活方式和企业经营意识的差异，规模化经营的“非经济性”，以及农业技能与创业技能的非同步性。

国际工商管理研究生刘唯一在小组调研中发现 3 种农村创业模式值得探索：以一个大型企业带动全村及周边村的各种产业发展；以非传统种植作物为主，带动关联产业；以传统种植作物为核心，大力创新产品，发展地域特色。同为研究生的徐婉渔则对制约西部农村大学生创业不足的制约因素发表了意见。人文学院研究生李辰宇对农村创业中环境污染和产业升级问题阐述了他们小组的解决思路。2014 级财政学本科生蒲冬梅在调研时感受到农村人才的严重流失是影响农村创业发展的一个重要因素。

（记者：沈则瑾）

中国农村创业千村调查：东西部资源不平衡，西部创业观念缺失

澎湃新闻网　2016-09-23

2 188 名同学组成的 1 472 支队伍，在暑假期间前往全国 32 个省、直辖市、自治区调研农村创业现状。9 月 21 日下午，上海财经大学公布了 2016 年千村调查的成果。结果显示，中国农村创业面临着东西部不平衡、创业教育缺乏、市场信息缺失、人才流失、基层治理能力有待提升和环境污染等瓶颈。

西部地区创业主打种植养殖

据了解，上海财经大学 30 支调研队伍在指导老师的带领下走访超过了 1 500 个村寨，完成各类问卷访谈 3 万余份。

上海财经大学国际工商管理学院企业管理系教授董静是其中一位带队教师，她告诉澎湃新闻，2016 年暑期她带领一支队伍去了甘肃省武威市古浪县，这是一个出了名的国家级贫困县。同学们都很好奇贫困县里会有怎样的创业活动。

他们先后走访了 10 个村庄，在位置优越、较为富裕的永丰滩镇，联合村里众多农户共同发展的专业合作社是近年来政府大力引导且卓有成效的创业模式。“超前规划、集中连片、规模建设、辐射带动”是农民们创业的主要特点。“以庵门村红枣示范林为例，这个项目协调了 7 个村民小组共计 174 户联合建设，涉及土地 570 亩。地方政府在技术和配套资源上提供支

持。”董静说。

而在干旱缺水、比较贫困的西靖镇，地方政府支持的小规模创业是当地农民创业的主流模式。“他们的具体做法是：政府规划引导，为每户提供3万～5万元无息贷款，协助建造新型蔬菜大棚、鸡舍、羊舍，提供一定的技术指导。”董静说。

参与董静调查团队的上海财经大学国际工商管理学院研究生徐婉渔告诉澎湃新闻，他们在一周时间里共走访了10个村庄，在走村串户环节中，同学们发现村里的青壮年普遍非常少，基本都是留守儿童和老人。“我们走访的其中一个镇是政府所建，政府把山区和沙漠里的人都迁过来，镇建得很漂亮，但整个供水系统不是很完善，上厕所都没有水，基础设施还是普遍较差。”徐婉渔说。

徐婉渔说，同学们发现，甘肃农村创业大多与第一产业有关，如个人创业都是搞种植、养殖，“基本都是种植枸杞、枣和土豆之类。”也有一些是农户共同组成专业合作社，发展上下游渠道。

大学生“村官”曾想创业遭家中强烈反对

“农民们的创业知识非常贫瘠，创业教育非常少，几乎没有电子商务，创业者知道可以在淘宝开店的也很少，没有人来教他们。”徐婉渔说。为此，调查团队去的第一天就举办了一个创业讲座，董静给两三百名农村创业者和大学生村官上了一堂创业课。

徐婉渔说，西部的创业观念十分缺失。西部地区保守的文化观念，使人们偏爱较为稳定的政府、学校、事业单位的工作，对高风险的创业活动持抵触态度，“即便是大学生村官能想到的创业方式也就是开网店，而且还会遭到家人反对。我们在访谈中，有一名大学生“村官”告诉我们，她在大三时网上创业遭到了家里的强烈反对，家里人认为她只要好好读书获得文凭，将来找一份安定的工作就够了。”

调查发现，农村创业者大多是出去打工的农民，他们见识了外面世界，积累了一定资金，才回到家乡进行创业，并且首选的主要还是种植、养殖等第一产业。

另外，徐婉渔也表示，在调查中，他们发现，西部创业的资源与条件也非常缺失。一方面，地方政府资金匮乏，可提供的创业支持资金少；另一方面，缺少市场来源资金、风险投资基金以及孵化器等配套服务完善的创业平台，西部高校也普遍缺少对大学生创业的支持计划。多种资源和条件的缺失导致很多优秀的项目难以起步或者不得不半路夭折。

对此，董静认为，虽然在精准扶贫、创新创业政策的推动下，农民在创业和生产经营中得到了政府更多的支持和协助，但是物质条件的匮乏、市场信息和销售渠道的欠缺以及专业知识和技能的缺乏，使贫困村的创业之路步履维艰。不少创业者深受农产品滞销和自然灾害与病害的困扰。“因此，我们认为，建立连接生产与需求的市场信息与市场交易平台，建立为农村创业者提供技术支持的公共服务平台，建立农村创业教育与培训体系，是从根本上改变西部农村创业困境与贫困面貌的必然选择。”董静说。

环境污染也是农村创业瓶颈

上海财经大学人文学院研究生李辰宇暑期则跟随国际工商管理学院常务副院长魏航教授前往河北省石家庄市无极县进行创业调查。

“无极县是皮革加工制造大县，现有皮革、皮化企业 998 家，平均每年总产量占全国总量的 10%，因此也被誉为‘中国牛皮革之都’”，李辰宇说，“但是，皮革加工行业在为无极县创业和经济带来巨大推动的同时，毫无约束的污水排放、废物排放带来的环境破坏，空气、水污染表现明显，部分河流废弃等问题不断出现”。

另外，农村人才的严重流失也是影响农村创业发展的一个因素。2014 级财政学本科生蒲冬梅告诉记者，她所调研的南江县常住人口大部分是留守儿童和老人，年轻人外出打工，农民返乡创业率基本在 3% 以下。

本次调查项目组表示，之后将根据此次千村调查的结果，建立中国农村创业的数据库，并形成中国农村创业的系列专报，上报国家各级机关。此外还将建立农村创业活力指数，并对外进行发布。

上海财经大学两千学子完成“千村调查”社会实践 走进真实乡镇 调研农村创业

《新民晚报·大学版》2016-09-28

近年来，国家颁布了一系列支持农民创业的相关文件，将促进农民创业带动就业提到了新的战略高度，同时为对接“大众创业、万众创新”及“精准扶贫”的国家战略，在相关的政策推动下，农村创业现状如何？上海财经大学的2 188名学子组成1 472支队伍，利用暑假奔赴新疆、西藏、香港等全国32个省、直辖市、自治区、特别行政区，深入调查中国农村创业现状。记者近日从上海财经大学获悉，2016年千村调查暑期调研已完成1 500个村寨的全部走访，收集各类问卷访谈3万余份，这些调查数据将经过录入整理、校验和分析，形成调研报告，课题组将利用收集的数据进行学术研究，以建立农村创业活力评价指标体系，创建农村创业活力指数。

据悉，2016年千村调查的主题为“中国农村创业现状”，通过大学生对中国“千村万户”的社会调研，挖掘影响中国农村创业活力的关键性因素，确定农民创业企业的成长路径。两千余名大学生对云南、贵州、重庆、甘肃、江苏、浙江、广东、吉林、辽宁、河北、山西、湖北等21个省、直辖市、自治区的30个县进行抽查，对镇长、村主任、村支书、村委会班子、创业者和非创业者进行问卷访谈，最终完成各类问卷访谈3万余份。

调研数据经整理分析后将形成报告，课题组希望建立农村创业活力评价指标体系及农村创业活力指数，评测中国农民企业家的创业特质，并找到农村创业者的成败逻辑，确定农民创业企业的成长路径。

千村调查是上海财经大学在校大学生于暑期深入农村开展以“三农”问题为研究对象的大型社会实践和社会调查研究项目，旨在通过专业的社会调查获得我国“三农”问题的数据资料，形成调查研究报告和决策咨询报告，供国家相关部门决策参考。同时，千村调查也是国家教育体制改革试点项目之一“财经创新人才培养模式”项目的重要内容，是集社会实践、专业学习、科学研究、创新能力培养为一体的人才培养模式探索。

2008 年以来，分别以“我国农村基本状况”“我国农村医疗保障状况”“我国农民收入状况”“我国粮食安全问题”“农村文化状况”“农村劳动力城乡转移状况”“农村养老问题现状”和“农村基础金融服务”为主题，组织完成了 8 期千村调查，不但积累了庞大的数据资料，而且形成了 4 000 多篇调查报告，发表了一批高质量研究论文，获得了多个重要奖项，社会影响力越来越大，成为国内一个重要的社会调查品牌。

（魏 航 上海财经大学国际工商管理学院常务副院长、
千村调查第九期首席专家）

融资难影响农民创业

此次赴湖南永州东安调研，实地了解到融资难依然是影响农民创业的一个重要因素。一方面，东安的农村创业者主要从事种植业和养殖业，多数创业者由于缺乏有效的可抵押物，很难获得传统信贷支持；另一方面，东安县绝大多数农村创业者对阿里小贷和京东金融等新兴融资渠道几乎一无所知，除了传统的信用约束，认知约束也是制约农村创业活力的一个重要因素。与此同时，此次调研也有欣喜的发现，一是当地政府开始尝试个人信用评分，摸索解决农村创业融资难的新思路；二是在东安县的大庙口镇和井头圩镇都有返乡创业者，不仅带来规模相对较大的创业项目，而且能够积极拓宽融资渠道。井头圩镇的东安栖霞农业科技发展有限公司在前海股权交易所挂牌，并计划在澳大利亚上市，在当地起到了很好的引领和示范作用。

（带队教师：蔺 楠 上海财经大学国际工商管理学院企业管理系教授）

乡土意识和创业实践的纠结

巴中市南江县地处偏远的四川东北山区，与陕西接壤。此地交通不便，巴陕高速巴中至南江路段于2014年开通，而南江到陕西汉中路段至今仍未通车。县内乡镇之间的交通多以盘山路为主，路窄坡陡弯多。这次千村调查走访了4个乡镇10个行政村，采访调研的创业者项目主要围绕农业经济作物种植和养殖。

尽管基层政府大力推进农村创业，调研过程中也看到一些上规模的创业项目，但是通过和当地村民的交谈，还是能够强烈地感觉到普遍存在的脱贫致富的愿望，及乡土意识和创业实践之间的纠结：一是村民的“土地意识”与土地流转实施，鼓励土地流转促进农村创业，尤其是种植业项目创业。然而正像调研时一位乡长所说，曾经尝试了不同的方式以土地入股或者土地租赁的方式来鼓励土地流转，效果却一直不好。二是自给自足的生活方式和企业经营意识。村民习惯自给自足式的农业种植方式，相信靠天吃饭，而企业经营需要借助多方力量（如合伙制）和管控风险（购买商业农业受灾保险）。三是规模化经营的“非经济性”。受地貌限制和资金限制，绝大部分南江县的经济作物种植无法实现机械化运作。另外劳动力成本上升，项目总体经济性不高。四是农业技能与创业技能。当地的创业项目具有很强的政府引导性，除了项目需求的农业技能外，市场更多的是依赖政府开拓。而政府主导的农业项目通常并不是将当地作为目标市场，这为市场开拓带来了很多挑战。另外，这种“一窝蜂”式的项目跟进很难保证有市场并且获利，对一些投资周期长的项目更是增加了项目的不确定性。

我采访的一户创业家庭为我们理解农村创业者提供了一个侧影。这户人家总共4口人，有一个女儿和一个儿子，年纪相差1岁，目前两人都在南江县县城读高中，下学期开始进入高三。调研期间刚好是学校放假2个星期，在家休息。访谈进行的时候，2个人就在边上安安静静地做题准备高考。这户人家的项目是黄牛养殖，牛就关在房子一侧的牛栏里，大约有8头的样子。平时农忙结束后，都是夫妻二人去山里割草来喂它们。再过2个月其中的4头牛就可以拿到市场上卖了。我问男主人："乡里养牛都是用这种传统的方式养殖吗？"男主人回答："不是的，很多人都是用饲料来养殖，那样长得快。""那你为什么不用饲料养殖？是因为你主打的是有机的牛肉吗？"我接着问。男主人犹豫了一下告诉我说，"其实也不是的，买完牛仔之后，就再也没有钱买饲料了。""现在政府那么支持创业，为什么不向政府申请帮助呢？"我追问道。这时女主人接过话说："政府只扶持上了规模的，像我们这种规模的根本申请不到。"

（带队教师：周　照　上海财经大学国际工商管理学院企业管理系助理教授）

西部农村大学生创业不足

"工欲善其事，必先利其器。"西部农村大学生创业不足，不是其不想创业，而是三大"缺失"制约的结果。

首先，优质项目缺失。因为西部地区创业教育相对落后，大学生在创业机会识别与创业分析上得到的训练较少，相关知识和信息较为匮乏，导致难以找到好的创业切入点，且创业项目缺乏可持续性。

其次，创业资源与条件缺失。一方面，地方政府资金匮乏，可提供的创业支持资金少；另一方面，缺少市场来源资金、风险投资基金以及孵化器等配套服务完善的创业平台，西部高校也普遍缺少对大学生创业的支持计划。多种资源和条件的缺失导致很多优秀的项目难以起步或者不得不半路夭折。

第三，创业观念缺失。西部地区保守的文化观念，使人们偏爱较为稳定的政府、学校、事业单位的工作，对高风险的创业活动持抵触态度。一名大学生"村官"说，她大三时网上创业遭到家里强烈反对，家里人认为她只要好好读书获得文凭将来找一份安定的工作就够了。

总而言之，激发大学生创业动力、提升其创业能力，需要地方政府的引导和高校的培养，更需要东西部地区的资源互补和优势整合，期待大学生创业能为西部农村带来活力、更带来发展的动力。

（学生代表：徐婉渔　上海财经大学国际工商管理学院研究生）

农村人才流失谁来创业

在此次历时 5 天的农村实地调研中，我们走访了南江 4 个镇 10 个村，总共完成 156 份问卷。经调查发现，农村人才的严重流失是影响南江县创业现状发展的一个重要因素。

南江县的常住人口大部分是留守老人及留守儿童，依靠种庄稼和养牲畜维持生计，高中毕业生大多外出务工，年轻劳力大量流向东部经济较发达的沿海城市，且主要从事建筑行业，农民返乡创业率在 3% 以下。

虽然南江县地处山区，但其土地森林资源十分丰富，风景优美，其养殖业与种植业在政府政策的扶持与鼓励下也初具规模，拥有较好的发展前景。但由于村里拥有创业经验和技术的人才十分匮乏，导致南江县村民的创业只能局限于小规模的种养殖，无法充分利用当地的自然优势，大力发展乡村旅游业或打造具有当地特色的产品品牌。

随着互联网金融的不断发展，农村经济的发展亟须注入新鲜血液。调查显示，南江县村民对阿里小贷等新兴互联网融资渠道基本没有了解，更没有相关的培训，除了受众的文化水平低下以外，更主要的是了解互联网金融的年轻人都更倾向于留在生活设施交通方便的大城市，不愿意回到农村。

其次，村民们虽然生产了大量极具特色的土特产，但外销仍有问题。南江县地处山区，交通不便，如何借助当下电商的渠道，增加产品销量与知名度，这依然需要年轻人的力量才行，但这在南江县一切都不现实。

面对人才的大量流失，10 个村的村主任都十分无奈，因为他们没有更好的条件来挽留那些能对村里经济做出贡献的村民，只有期盼他们能在外地赚到足够的钱养活家人，而不是依靠当地政府低保补贴。

（学生代表：蒲冬梅　上海财经大学财政学本科生）

上海财经大学发布年度千村调查成果 精准扶贫需加快改善农村基础教育

《经济日报》 2016-10-05

上海财经大学金融学院近日发布的2015年度千村调查研究成果发现，劳动力不足不是导致贫困的最主要原因，农村家庭的贫困与教育水平较低存在着显著的正相关关系。

调查结果显示，缺乏必要教育意味着贫困家庭存在较低的劳动技能和有限的信息获取能力，会导致贫困家庭难以通过经营性活动有效提高收入水平，也难以通过参与市场交易改善收入。尤其是随着现代产业升级趋势的发展，缺乏教育的农村劳动者将来也更难通过打工的方式获得收入。因此，缺乏教育是农村贫困人口产生的重要原因，是农村贫困家庭具有更高脆弱性的深层原因。

尤为重要的是，对于贫困人口而言，虽然子女教育能够增加家庭的未来收入，但是短期收入对于贫困家庭的影响更大，带来的效用也更高；同时，贫困家庭对于教育成本增加更为敏感，在贫困家庭更有可能发生子女辍学的现象，也更多地存在着教育致贫的风险。这一点，从贫困家庭具有更高比率的是小学文化程度就可以看出来，即使初中是义务教育，部分贫困家庭为了增加微薄的当期收入，其子女还是选择了初中辍学。

最高学历是初中的家庭当中，贫困人口所占的比重依然最高，也很好地说明了贫困家庭子女受教育水平存在的困境。而随着我国经济结构的转型，对于劳动力素质的要求日趋提高，高中辍学的人群可能因存在缺乏互联网等新的知识而不能满足用工要求，从而在未来陷入新的贫困的可能性更高。

调查结果很好地说明了教育不足是贫困在代际传染的重要原因。与此同时，调研也发现，农村贫困家庭对于教育贷款的需求最高，如果能够用恰当的政策手段，减少农村贫困人口的教育成本，同时增加农村贫困人口的短期收入，就能够较好地避免贫困的代际遗传，对于从根本上提高农村贫困人口的收入水平具有特别重要的意义。

调查建议，精准扶贫在建档立卡过程中应关注农户教育水平，提高转移支付准度；应在农村加快普及高中阶段教育，提高基础教育时间的长度；有必要进一步加大普通高校农村贫困家庭招生专项计划；应扩大教育扶贫贷款范围，提高普惠金融的宽度。

负责农村金融扶贫专题调查的上海财经大学金融学院党委书记柳永明教授说，根据千村调查所得到的数据，我们认为农村贫困人口的主要资产就是其自身拥有的劳动力，提高其收入的关键，就是增加其劳动的报酬，以彻底改善其生活条件。但报酬更高的就业机会，往往与劳动者已有的教育程度有密切的关系。特别是初中之后的教育，已经成为获取较高收入的非农工作的必要条件。解决贫困的一个可行的方案，就是进一步加大对贫困家庭教育投入的支持力度，提高转移支付准度、基础教育时间长度和普惠金融宽度。

因此，精准扶贫应在适当的范围，将义务教育覆盖至高中阶段，扩展至 12 年，或者率先对建档立卡的家庭困难学生实施普通高中和中等职业教育免除学杂费政策。此外，可尝试采用高中阶段助学贷款方式，缓解贫困农村家庭教育投入不足的困境。总之，教育已成为影响各项扶贫政策效果的瓶颈，以教育作为扶贫的瞄准手段，能够较大程度上消除导致贫困的共同因素，为进一步的家庭瞄准提供坚实的基础，在此基础上，其他扶贫手段才有望取得积极的成效。

（记者：沈则瑾）

新兴金融业态　农民了解多少

《中国青年报》 2016-10-11

"农村人创业获得贷款不易，但农民对近来新兴的小贷公司（如阿里小贷、京东金融等）一无所知。"这是2016年上海财经大学学生深入乡村调研获得的一项结果。

从2008年至今，每年暑假，上海财经大学的学生都要走进农村，就一个特定的、与农村经济相关的主题进行调研。这项调研，被称为"千村调查"。调查范围覆盖全国除港澳台之外的31个省（市、自治区）、1 000多个村寨、近万个农户家庭，旨在通过专业的社会调查获得我国"三农"问题的基本数据资料，形成调查研究报告和决策咨询报告，供国家相关部门决策参考。

2016年的主题是"中国农村创业现状"。2 188名学生组成1 472支队伍，暑假期间奔赴全国1 500个村寨，完成各类问卷访谈3万余份。财政学大二学生蒲冬梅在四川省巴中市南江县参与调研。5天时间，她所在的团队走访了4个镇10个村，共完成156份问卷。

这一过程中，蒲冬梅产生了一个感性认识——农村青年人才的严重流失，影响了整个县域经济的发展。"南江县常住人口大多是留守老人和留守儿童，高中毕业的青年人都外出打工了，农民返乡创业率在3%以下。"当地产业结构以第一产业（黄牛养殖、核桃和金银花种植）为主，第三产业（旅游）为辅。很多村民靠养牛为生，但因为缺乏资金，只能小规模、非规范化饲养。

令学生们感到意外的是，农民们竟然不知道除了用房产等抵押向银行贷款，还可以用信用向阿里小贷、京东金融等新兴互联网融资渠道贷款。“调查显示，村民对这些新兴金融业态基本不了解，也从没接受过相关培训。”蒲冬梅认为，一切问题的源头就在于“没有懂互联网金融的年轻人”。农村创业贷款，这个曾一度被她认为挺容易解决的事儿，到了南江县，就成了一道过不去的坎儿，“没有年轻人，不懂得运用互联网金融工具，也不懂得怎么通过电商把土特产卖出去。”

千村调查不仅让学生们了解农村金融实践，而且也让他们对农村现状、中国国情有了认识与思考。

上海财经大学金融学院常务副院长刘莉亚多次带队到河北、山西等地进行实地调研。刘莉亚介绍，上海财经大学的学生大多来自城市，少数来自农村的学生也是家境比较好的，千村调查能让这些学生看到与电视新闻里不一样的农村。在调研过程中一个令她印象深刻的调研细节是，学生们主动找理由支开陪他们一起调研的村干部，偏离村主任为大家设计好的调研路线，自己一户一户找村民调研。“他们发现，村民在村干部在场和不在场时对调研问题的回答，在态度和答案上都有很大不同。因此认为村干部陪同，会对数据的真实性产生影响。”

一个不容回避的问题是，到农村去，究竟能给“高高在上”的金融学子带去什么？这些毕业后将在上海外滩、陆家嘴金融城工作的学生，在校期间去农村调研究竟有什么用？

“他们能接触到农村第一线的金融实践，而不仅是课堂上的‘故事’。”刘莉亚说，以农村征信问题为例，老师在课堂上会向同学们介绍在这方面出台的相关政策，在全国多地推广的信用镇、信用村、信用户，能给农村百姓带去“信用贷款”福音。但到了农村，同学们通过调研发现，政策的落地情况并不乐观，“无论是当地的金融机构工作人员，还是镇长、村主任、村民，都不知道或不太了解这个事儿。”一名购买了农业保险的村民，在经历过一次“痛苦的”理赔之后，对农业保险彻底失去了信心，“贷款困难、理赔困难，这些情况不去现场，根本无法知道。”

刘莉亚说，尽管调研已经过去了一段时间，但学生们在农村金融方面的研究还在继续：传统金融机构到底有没有提供农民需要的服务？农村信用体系建设到底出了什么问题？以互联网为代表的新兴金融业态农民又了解多少？造成东、中 、西部农村巨大发展差异的，除了资源，最重要的原因是什么？

在一线调研得到的“选题”，要比坐在图书室里浏览公开数据作分析，来得精准，刘莉亚说，“我们做金融研究，一般都是基于公开数据，有时候还要购买昂贵的数据库，但田野调查得来的数据，更接地气，更真实。”

千村调查也成了用人单位面试上海财经大学学生时的必选问题。毕业生、民生银行零售客户经理王若彤告诉记者，她在应聘时，面试官就对她所做的千村调查项目颇感兴趣，“在面试官心里，到农村去调查过的学生，动手、实践、综合考虑问题的能力更好一些。至少撰写文章方面，有优势。”

直到现在，已经工作一年多的她，还保留着千村调查留下的好习惯，“凡事不能光凭想象，一定要去看看，了解需求和实际情况，再做方案。”

（记者：王烨捷）

千村调查（序）
上财大遍访千村万户
探索农村创业者成败逻辑

上海观察　2016-10-12

千村调查是上海财经大学以“三农”问题为研究对象的大型社会实践和社会调查研究项目。2016年主题是“中国农村创业现状调查”，希望通过对中国“千村万户”的调研，挖掘出影响中国农村创业活力的关键性因素，确定农民创业企业的成长路径，涉及21个省、市、自治区的30个县。目前，各定点调研小组已经完成了艰苦的实地调研工作。在几天的调研过程中，大学生队员们在老师的带领下结束了这在广袤田野中生动的一课。在此精选的调查手记中，他们走访了10个乡村，了解了农村的真实面貌，在与村民们深度访谈中记录下点滴体会、感悟与思考。

千村调查是上海财经大学以“三农”问题为研究对象的大型社会实践和社会调查研究项目。调查旨在通过专业的社会调查获得我国“三农”问题的数据资料，形成调查研究报告和决策咨询报告，供国家相关部门决策参考。

前八年，上海财经大学分别以“我国农村基本状况”“我国农村医疗保障状况”“我国农民收入状况”“我国粮食安全问题”“农村文化状况”“农村劳动力城乡转移状况”“农村养老问题现状”和“农村基础金融服务”为主题，组织完成了8期千村调查。不但积累了庞大的数据资料，还形成了4 000多篇调查报告，发表了一批高质量研究论文，获得多个重要奖项。

随着社会影响力的不断扩大，千村调查正逐步成为国内一个重要的社会调查品牌。该项目曾得到中共中央政治局委员、国务院副总理刘延东的重要批示，并多次受到中宣部、教育部、上海市委宣传部、市教委等部门的表彰。本项目也是国家教育体制改革试点项目之一“财经创新人才培养模式”项目的重要内容，是集社会实践、专业学习、科学研究、创新能力培养为一体的人才培养模式探索。

2016年千村调查的主题是“中国农村创业现状”，首席专家为上海财经大学国际工商管理学院常务副院长魏航，课题组由国际工商管理学院有关专家组成。本次调查希望通过对中国“千村万户”的调研，挖掘出影响中国农村创业活力的关键性因素，确定农民创业企业的成长路径。

调查采用随机抽样定点调查和学生返乡调查相结合的方法。返乡调研队伍利用返乡机会就近、就便开展调研。定点调研地由课题组通过公开科学的抽样方法确定，对涉及21个省、市、自治区的30个县进行抽查，涵盖了云南、贵州、重庆、甘肃、江苏、浙江、广东、吉林、辽宁、河北、山西、湖北等省、直辖市。

其中，定点调研分为30支队伍，每支队伍由一位教师带领约10名调查员（学生）组成，用6天左右的时间深入农村，完成5种不同类型、不同数量的问卷：镇长问卷2份、村主任（村支书）问卷10份、村委会班子问卷20份、创业者问卷48份和非创业者问卷96份。暑期各支队伍集中完成实地走访后，学生后续还将进行数据录入整理、校验、分析，形成相应调研报告。课题组也将利用收集的数据进行紧张的学术研究，力求建立农村创业活力评价指标体系，并在此基础上创建农村创业活力指数，评测中国农民企业家的创业特质，构建农民创业的动机模型，找到农村创业者的成败逻辑，确定农民创业企业的成长路径。最后形成高质量调查报告、学术论文、决策咨询报告等，争取为国家相关部门建言献策。

目前，各定点调研小组已经完成了艰苦的实地调研工作。在几天的调研过程中，大学生队员们在老师的带领下，结束了这在广袤田野中生动的一课。在此精选的调查手记中，他们走访了10个乡村，了解了农村的真实面貌，在与村民们深刻访谈中记录下点滴体会、感悟与思考。

（作者：尚　才）

千村调查（1）“精准扶贫”给云南贫困乡带来脱贫的希望

上海观察　2016-10-12

千村调查是上海财经大学以“三农”问题为研究对象的大型社会实践和社会调查研究项目。2016 年主题是“中国农村创业现状”，希望通过对中国“千村万户”的调研，挖掘出影响中国农村创业活力的关键性因素，确定农民创业企业的成长路径，涉及 21 个省、市、自治区的 30 个县。目前，各定点调研小组已经完成了艰苦的实地调研工作。在几天的调研过程中，大学生队员们在老师的带领下结束了这在广袤田野中生动的一课。在此精选的调查手记中，他们走访了 10 个乡村，了解了农村的真实面貌，在与村民们深度访谈中记录下点滴体会、感悟与思考。

云南省永善县是一个国家级贫困县，马楠苗族彝族乡是该县的贫困乡。2016 年 7 月我带领学生对该县 3 镇 10 村进行有关农村创业问题的调研，28 日去了马楠乡的马楠村、兴隆村和桃山村。当地正在进行的“精准扶贫”项目和马楠村的“高坎子养殖专业合作社”引起了我浓厚的兴趣，这是一个专业化的股份制合作社，乡政府、村委会对合作社进行设计、指导、管理和监督，实行的是“支部 + 技术员 + 群众”模式，这与如今其他地区正在推动的“企业 + 金融 + 农户”模式不同，马楠合作社创建的理念就是实现村民的共同富裕。

“无灾不成年”的生态环境

马楠乡是一个高寒少数民族地区，2015 年全乡人口 1.68 万，其中苗、彝、白、回、布依等少数民族人口占33.6%。乡所在地兴隆社区人均纯收入只有2 900元。这里最高海拔为3 020米，最低为780米。由于地势落差大，气候立体，冷涝灾害频繁。自然灾害中不仅有暴雨、洪灾、泥石流，还有地震和冰雹。2014年4月7日永善地震，8月3日鲁甸地震，都波及马楠，出现了很多危房。2015年马楠乡又遭受冰雹，农户种植的水果等作物全部遭殃。“无灾不成年”，乡党委副书记李力如此描述马楠的生态环境。

来到这里，首先感觉到的是交通不便、道路破烂。我们13人乘坐2辆面包车从县城出发，先是沿245号县道在群山里盘旋，后驶入云海，柏油路的县道逐渐变成路面狭窄的乡道，满地碎石，坑坑洼洼，车子颠簸剧烈，司机告诉我们已经进入马楠了。从马楠村经过当地人称之为“12个大拐拐”后，来到兴隆村。从兴隆村到桃山村，乡道更难行走，前一晚的暴雨导致不少地方塌方，路上形成大小不等积水的坑洼。学生乘坐的面包车被陷到大水洼里，不得不下车推车，最后求助被堵在后面的大卡车，才将面包车拉出。

这里不通网络，车子一进入马楠乡，手机就无法联网了，这对于生活在现代化城市且喜欢随时报道所见所闻的我来说，一下子有与世隔绝之感。此外，缺水缺电。在马楠村，我见到了驻马楠村工作队的沈李娟，这里7月气温不到20度，沈李娟正患感冒。根据她的介绍，该村生存条件很差，尤其是水资源缺乏，村民使用的水通过一条水管从山上接下来。一到冬天，漫山遍野是冰凌，水龙头一开就冻住。因为用水困难，工作队队员要洗澡只能去乡政府所在地兴隆村。此外，马楠村还有2个村民小组至今没有通电，一些贫困居民还居住在土坯房和茅草房中。

“精准扶贫”为贫困户带来希望

2013年12月，中央下发文件提出“精准扶贫”。永善县委、县政府认真学习，把扶贫摘帽工作作为该县工作的重中之重，抽调部分机关干部组成工作队驻扎乡村，帮助村民脱贫。

来马楠村的工作队首先帮助当地人寻找水源。据沈李娟说，现已找到新的水源，准备建立蓄水池，将水接到各家各户。此外，根据县里“易地搬迁"扶贫计划，动员居住在危房、土坯房或茅草房的村民搬迁到新宅地，并建造起统一格式的新房子。在这里建造 80 平方米的房屋需要 10 多万元，对于人均年收入低于 2 855 元的贫困户，政府拿出 6 万元给予建房补贴，其余的自己向银行贷款；对于非贫困户，政府补贴 4 万元。2008 年汶川大地震以及 2014 年永善、鲁甸地震，当地政府已经利用中央政府的拨款将乡里一半村民的危房更换，大部分村民居住的土坯房、茅草房已经变为抗震的砖房。目前，剩下未搬进新房的是最困难的村民，他们或因病返贫，贷款后无法归还；或因年纪大，银行不给贷款。

我询问驻村工作队沈李娟副书记目前遇到的最大困难是什么。她说："村民说无钱支付需贷款的那笔款项。不说是否借到钱，即使借到了，最后他们也无钱偿还。"她负责该乡 11 户村民的建房工作，其中有 1 户老夫妻家中有一个女儿，27 岁，患肾衰竭住院；以前女儿没生病时，父亲外出打工，现在只能回家照顾女儿，无现金收入，而每天又都在用钱，新农保不少药费报不了，为此欠债一大堆。沈李娟掰着手指和我一一诉说她负责的这些需要盖房村民的情况。

"对于那些贷不到款的村民，最后怎么办？"我问。"由政府统借，低息贷款，建房者先要支付利息，3 年后银行返还利息。"无论如何，根据县里的规划，2016 年马楠乡必须脱贫出列，而一项最基本的指标就是所有贫困户必须离开危房、住上砖房。

从产业发展上看，马楠乡没有工业，经济收入主要来自农业，包括种植业、林业和畜牧业。贫困山区要想致富，必须打破一家一户小农的自给自足的经济模式，走专业化、商品化的发展道路。马楠村的气候不适宜水果种植，但当地适宜发展绵羊、牛、马等养殖业。马楠村将养殖业主要放在半细羊毛专业化生产上。此外，工作队也引导村民种植蔬菜和杂粮，如大白菜、土豆和荞麦；还设法发展当地民族手工业，如蜡染业。

村里的"高坎子养殖专业合作社"

20 世纪 90 年代，马楠乡就开始规划当地优势产业的基地建设了，乡政府帮助马楠村申请到全国半细羊毛基地项目。其后，县政府利用资金为该村每户发送 3～5 只绵羊，帮助每家修建羊圈。根据李力介绍，最初基地一直无法形成规模生产，是因为当地苗族居多，村民十分贫困，这些羊或因主人生活拮据被卖了，或因好客屠宰待客了。结果验收基地时，羊还不少，但验收过后，羊就没剩几只了。基地建立多年没有任何发展。

2013 年乡党委分析后认为，以这样的方式建设基地不行。时任乡党委书记鲁朝富提出了“抱团合作，助力群众脱贫致富”的思路，即通过入股形式建立由普通群众组成的合作社来推动专业基地建设。为了防止羊群较多的大户侵占羊群较少的小户的利益，设定专业合作社以自愿方式组成，并且必须是普通群众。各户用自家的羊、草场入股，年终按股分配，扶贫项目资金直接入股到合作社。由此，马楠村高坎子自然村 4 个村民小组 86 户人家 273 人组成高坎子养殖专业合作社，入股草山 1.8 万亩，半细毛羊 866 只，村集体入股草山 4 500 亩、羊 25 只，个人入股 15 只羊。与此同时，半边街、黎家沟也成立了另两个养殖专业合作社。根据李力的介绍，2014 年高坎子合作社建立，在其后 2 年里不算政府扶植资金（还未使用），合作社经营已经创造了 70 万～80 万元的利润，仅种植蔬菜每亩收入就达 2 万元。冷凉无公害蔬菜销往云南昆明、贵州贵阳、四川成都、重庆等地。

在鼓励贫困户、普通群众组成专业合作社的同时，该乡也鼓励有技术有能力的种植大户实行专业化生产。在桃山村，我见到该村的花椒种植专业大户，他刚接受完学生有关创业的问卷调查。据李力介绍，2015 年这位花椒大户收入达到 10 万元，他的成功吸引了不少农户投资花椒种植业。李力对他说了最近听说有些农户为了让花椒看上去好看采用碱水泡做法的情况，“这是自毁品牌！你一定要和大家说，不能这么干，否则马楠乡的花椒品牌就毁了。你作为花椒生产大户，一定要带好头！”该农户很严肃地听着，不断点头，承诺回去后一定会同大家说，一定不能用碱水泡花椒。我在一旁听着他们的对话，很感动，通过这我看到了党组织在引导农村专业户勤劳致富、监督生产质量工作上的细致。

马楠乡最迫切的是要修建好道路、电路、网路和水路。目前县委、县政府已经提出贫困村脱贫摘帽的“四通四有”指标：通硬化公路、通电、通卫生清洁安全饮用水、通广播电视及通信，有卫生室、有文化活动场所、有小超市、有学校。

我认为，未来马楠乡除了发展养殖专业合作社外，还可发展水果、林产品、种植专业合作社。此外，还有通过打造乡村旅游、民族村落、蜡染刺绣、芦笙歌舞等品牌，发展旅游服务业，包括旅游产品的开发与生产、当地特产的生产与加工、民俗文化的整理与研究、艺术长廊与会展业的开发等。马楠乡少数民族中人口最多的是苗族和彝族，苗族有花山节（6月），彝族有火把节（8月）。马楠乡正利用该地的民族风俗、自然风景，发展旅游业。2016年马楠乡的花山节吸引了众多游客前来观光，花山节也已经被国务院批准列为第四批国家级非物质文化遗产名录，马楠也已经成为省级苗族芦笙舞之乡。

毫无疑问，马楠乡专业合作社模式正在走出一条民族地区脱贫致富之路，该模式崇倡的共同致富理念正在为更多的村民们、乡民们接受，马楠乡党委、县政府的一系列扶贫创新工作和措施也在慢慢地改变当地贫困面貌，让我们看到民族地区赶上全国经济发展步伐的希望。

（作者：林　珏

上海财经大学国际工商管理学院教授、博士生导师）

千村调查（2）古村落的创业进行时

上海观察　2016-10-13

千村调查是上海财经大学以“三农”问题为研究对象的大型社会实践和社会调查研究项目。2016年主题是“中国农村创业现状”，希望通过对中国“千村万户”的调研，挖掘出影响中国农村创业活力的关键性因素，确定农民创业企业的成长路径，涉及21个省、市、自治区的30个县。目前，各定点调研小组已经完成了艰苦的实地调研工作。在几天的调研过程中，大学生队员们在老师的带领下结束了这在广袤田野中生动的一课。在此精选的一系列调查手记中，他们共走访了10个乡村，了解了农村的真实面貌，在与村民们深度访谈中记录下点滴体会、感悟与思考。

暑假，贺小刚教授带领重庆巫山调研队对重庆市巫山县官阳镇老鹰村进行调研。

官阳镇位于巫山县北部，地处渝鄂交界处，距离巫山县城100公里，是巫山县海拔最高的乡镇。老鹰村位于巫山县北，沿着公路分散在巫山山腰，海拔高达1 489米。村子约有700名常住人口，共190户家庭，其中五保户、低保户达51户。村民们除了外出务工、在家务农外也从事养殖业。得益于高海拔带来的雨水和阳光，烟草和药材种植在老鹰村的经济生活中占据着重要地位。而近年来老鹰村养殖业的规模也得到了一定发展，猪、鸡、羊都是常见的养殖对象。

老鹰村印象之一：山高路远、交通不便

老鹰村隐于官阳镇的大山之上。我们调研小组必须先从巫山县到达官阳镇，再从官阳镇前往老鹰村。8 月 6 日清晨，我们在官阳镇政府的支持下和马印华主任的带领下乘车前往老鹰村。其间山路千回百转、蜿蜒陡峭，虽然历经七届镇政府领导班子的不懈努力和数十年的修建完善，山间公路的修建工作依然没有完工。而那些修缮过的山间公路在雨雪天气经常会被山上滚落的巨石砸毁。

行至山腰一处转角，视野豁然开阔，高山深谷令人对大自然的鬼斧神工赞叹不已，大家纷纷惊喜地用相机记录这一美景。司机师傅却在这时说起老鹰村的上一位村支书就是在 3 年前的一个雨夜骑着摩托车在这里冲下公路坠入深渊，再也没能上来。在这处转角，村民们特地供奉了一座小的佛像，祈求巫山的神明可以保佑这条公路畅通、保佑巫山人出行平安，令人唏嘘。

老鹰村印象之二：草棚土房、经济落后

历经 3 个小时的车程，我们终于到达了老鹰村。由于村子没有多余的经费修建屋舍，村委会没有实际办公场所，于是大家聚集在村子里唯一的小学门前二十多平方米的小操场进行调研。放眼望去，山间零星分散着几处草棚土房，走近细看才发现竟然是村民的家！家境好一点的用泥土夯起墙壁，家境差一点的则是几块木板拼接在一起遮风挡雨。村子竟然仅有两座砖头盖起的房子，一座是村子里唯一的小学——支撑着整个村的教育；另一座是烤烟房——支撑着整个村的重要产业。

调研进行到一半，天降大雨，我们只得从露天的会场转移到雨棚下面。之所以有这样一个雨棚，是村民们为烤烟做的防雨准备。我们调研小组得益于这个雨棚，得益于烤烟，才能继续进行长达 2 个半小时的调研活动。这时，部分队员入户进行非创业者的调研。小学后面的那家农户是一户困难户，必须先冒雨经过几块木板拼成的小桥才能到达。同样，家里面积最大的是他们的烤烟房，烤烟房前则是悬空而建的窝棚，一处养猪，一处养鸡。在

毫不起眼的角落里才是主人家的简陋住处，推门进去便是厨房，屋顶由几块木板拼起，墙壁和屋顶多处漏雨。在这样一个夏季的雨天，我们在屋子里都冷得哆嗦，真难以想象他们是怎样熬过一个个漫漫冷冬！这处农户的调研结束之时，大家都陷入了深深的思索，不仅深刻地体会到农村调研的意义所在，也更迫切地希望可以运用自己所学真正改善他们的生活。

老鹰村印象之三：创业当道、养殖崛起

在这种艰难的条件下，有一部分村民借助政府提供的资金和技术支持，自强不息，奋力拼搏，走上自主创业的道路。覃仕满是村里创业的先行者之一，他经营了100多只羊和200多只土鸡，鸡和羊就散养在山坡上，自然条件得天独厚。在市场好的时候每斤羊肉或鸡肉都可以卖到三四十元。同时，政府从资金和技术上也给予了很大支持，专门的养殖技术指导员每个月都会进行指导。他所面临的问题就是前期的资金投入，最关键的是能保证经营正常运作，资金正常周转。在政府的支持和鼓励下，相信覃老板的养殖技术会越来越精湛，盈利能力会不断提高，也相信老鹰村会有越来越多的覃老板们。

老鹰村之行不仅让我们了解到农村创业的情况，更了解到中国农村的生活面貌。我们的调研之行只有五六天，因调研而起的对中国农村生活的思考和研究才刚刚开始。了解农村才能真正体会自己所承担的社会责任，希望通过我们的努力可以为中国的农民带来实实在在的好处，切实改善他们的生活。

（作者：肖 扬 贺小刚）

千村调查（3）
贵州册亨日记：山高水长，有花静开

上海观察　2016-10-16

千村调查是上海财经大学以“三农”问题为研究对象的大型社会实践和社会调查研究项目。2016年主题是“中国农村创业现状”，希望通过对中国“千村万户”的调研，挖掘出影响中国农村创业活力的关键性因素，确定农民创业企业的成长路径，涉及21个省、市、自治区的30个县。目前，各定点调研小组已经完成了艰苦的实地调研工作。在几天的调研过程中，大学生队员们在老师的带领下结束了这在广袤田野中生动的一课。在此精选的一系列调查手记中，他们共走访了10个乡村，了解了农村的真实面貌，在与村民们深度访谈中记录下点滴体会、感悟与思考。

在国际工商管理学院高维和教授带领下，我们顺利完成了调研采访。3天的千村之行，懵懵懂懂、跌跌撞撞、孜孜矻矻，却不失乐趣与收获。

贵州的山路坡陡、弯多而路不平。车是我们必备的工具，虽然一开始有些不习惯，但到后来我们都在车上享受着上下颠簸、左右摇摆、前后晃动的乐趣。去时7小时车程，一路颠簸。下车后与同伴泡泡站着等“摩的”，入眼的是还没来得及散去的客车尾气。四处张望，陌生又熟悉的小饭馆、小汽修厂仿佛都蒙上一层灰色。我们像误闯入另一个世界。

7月25日，册亨，晴，西南风

翌日，我们一行人浩浩荡荡首先前往丫他镇政府并完成镇长问卷。无事时顺便看看楼下贴出的扶持名单，发现许多不像名字的字。经当地人解说才知道，名字中带“乜”字表示是某某的妻子，若是名字中有“卜”字即为某某的父亲，这些都是布依语音译过来的。布依族本无汉姓，在册亨的很多寨子更是可能连汉名也没有。

调查第一天我们去了巧洞、田坎、丫他 3 个村。

在田坎村时，微风不躁，阳光正好。我摩拳擦掌，精神振奋，背着小包怀揣着同一份问卷、同一个梦想，孤身探索寻找“普村”的身影，准备做一个合格的守卫让他们免受“狼人”迫害。然而，我没有料到，在田坎，狗比狼霸道。稍微走进几步，发现几乎每家人的门口都有一条狗，我的内心几乎是崩溃的。我想旋转，我想跳跃，然而事实是我与大狗们对视了许久，最终还是面无表情地妥协，我听懂了它们的威胁、明白了它们的使命，我走。有一位小哥家的大门敞开着，已有小伙伴在进行问卷调查，我满怀希望地问小哥不远处的土坡后面是否还有人家，小哥给了我一个肯定的回答，可还没等我抬脚，小哥又补充道：“但是那后面的狗恶得很哟！”

7 月 26 日正午，某土菜馆，阴转晴，西南风

炎热的中午，我们非常幸运，镇里召开各村委的会议，趁他们还没离开，我直接在饭店里采访了该村的村支书。

这位村支书对村里情况非常了解，在被询问到村里的人数和户数时，都能特别自豪地将数字准确到个位。在问到是否认为自己有权力时，他做出不懈的笑容：“我本来是镇里的领导，现在做了村里的村支书，要是为了权力，何必如此呢？我就是想为村里的人们做点事情，要说到权力可是基本没有的。”在提到村里存在的问题时，他深深地吐了一口烟，说道：“我们村要集体迁移，落实政府的‘迁村并点’计划，因为村里实在太贫瘠，即使路修得再好，也发展不起来，只有迁移，才能让大家都过上更好的生活。”“那如果有人不愿意呢？”“那也没办法，为了全村能过上好日子，我们要尽可能做他们的思想工作。”在结束采访时，他说：“非常感谢你们大学生能来到我们这里，辛苦你们了。”

7月26日傍晚，册亨，阴转晴，西南风

几经辗转，我们来到了者告村。太阳快落山了，当青青还在与村主任促膝长谈时，我们已经做完了问卷三三两两站在村委会门前的篮球场旁秉烛看球。一切都很好。看着在球场上“放肆”的者告朋友们，队里的“青春小飞侠”紫薇也按捺不住内心的欲望，加入了球场游戏，并在众人的呐喊下不负众望地没有投进球。咱们队里深藏不露型选手高老师也忍不住在后场加入，我等观众不禁大呼精彩。

那是一个让人发自内心微笑的场景。夕阳，篮球，小朋友，大朋友，橙色，广播里熟悉但不知名的粤语歌，风，和笑闹声。那一瞬，我觉得，在那里生活是件很幸福的事。

7月27日早晨，尾贤，晴，无风

在一个经历了近2个小时车程的上午，我们在山路上拐了一百多个弯，从山脚“抖”到山顶，终于来到尾贤村。在这里的一个小卖部里，我采访了一名较为腼腆的青年。

他年仅二十，比采访他的我只大一岁。他对我们的到来感到好奇。他非常耐心地接受我的询问，时而露出一丝不太好意思的笑容。他初中毕业后务农，近几年用父母的资金开了小卖部。小卖部基本上没有走过行政程序，也没有营业执照。我以为小卖部卖得最好的应该是水、饮料之类的商品。他却跟我说，是烟，看来在农村里烟是不能缺少的东西。我问他遇到过什么困难，他说村里有个初中关闭了，一下子少了很多消费者，这个问题现在也让他很忧愁。

7月27日正午，尾贤，晴，无风

尾贤，在山顶上。我们坐着车爬过一条条蜿蜒的山路，上山又下山，下山又上山，车窗外就是青山绵延，就在被远方山上的缭绕云雾所吸引时，路间突然蹿出了一小群黑山羊，它们毫不畏惧汽车，悠闲地过着马路。我的心

突然就软了，觉得那真是大西南山区独有的浪漫。

遇见了好多人。第一位接受我采访的阿姨当时在晒玉米，家里土墙瓦房，唯一的亮色是她孙子的雨靴和卡通塑料凳，但她一直不曾放下的笑容却温暖了整个房屋。还有在田坎村里解救一个怕狗少女的爷爷，面对我采访时有些急迫的语气仍温柔而认真，他明明前不久还因病痛而连话都说不清。当问到他在村子是否幸福的时候，爷爷突然转头环视了很久眼前的村寨，那个眼神里好像有沧桑岁月，好像也有眷恋深情，那个眼神我想我此生都不会忘记。也有那位回乡创业的年轻妈妈，那清秀面容也掩不住蓬勃的干劲。还有放假了帮亲戚干活的少年，虽然没有念完高中但心中仍有抱负……我都不曾忘记。

他们年纪不同，经历了不同的事，却都在同一片泥土上生活。这片泥土或许给了他们贫穷，但是也给了他们包容与力量。或许不安现状而奋力改变，又或许安常守故，那又如何呢？采访中我们也了解到，他们身上经历了太多太多我们不曾想到的磨难，有位老太太家里只有自己一个人还要下地劳作只为了生活，有一个小孩儿自幼失怙却只能自己保护好自己一路咬牙成长，还有一位大哥人已到知天命之时却因照顾聋哑弟弟而一人至今。然而即便如此，当问到生活是否幸福时，大多数村民都会哑然失笑，然后答道：还可以！挺幸福！

7月27日傍晚，纳桃，晴，无风，千村结束时

安：“如果还有时间，我真的好想和村民们再一起坐下来聊聊，不一定是他们的人生故事，哪怕听听今天谁家捕了多少鱼也好呀。傍晚夏风正好，身旁人儿正好，但求惬意。”

青：“走遍了十个村发现，自己对中国，对脚下的这片土地的了解，实在是太有限了。总以为自己出生在农村，对中国农村就很了解。毛主席有句话是‘没有调查，就没有发言权’。调查完才明白中国农村究竟有什么样的改变，还存在哪些巨大的问题。做完千村调查，身上的社会责任感又多了一分。”

在这三天里，我们见过太多太多各式各样的人，听他们说了太多太多不一样的故事。

我们在册亨所能看见的，可能不只是创业者，可能是整个村的创业现状，可能是曾苦于创业如今只好安于现状的老人，可能是未来可能创业的那些正在挣扎着的人，可能是那些愁苦于资金不足技术不过关却仍有坚定理想的待创业者，可能是仍在襁褓中的娃娃和正在读高中的男孩女孩。

无论是谁，都有自己独特的灵魂，有自己的生活习惯和态度。我们有时不需要告诉他们贫穷和落后的模样，因为他们心里其实比我们还清楚，但仍然选择了待在大山里。甚至，待在这个离镇里还有三小时路程的崎岖深山里艰苦地创业。他们说，他们不想离开这里，这个他们生长的地方，这个无论如何都不失淳朴和安详的地方。我们尊重他们的选择，并且热切地期待能够用我们有限的能力为他们的现状做出一点改善，能够通过这次调研展现册亨的现状乃至全国农村创业的现状，让村里的创业者不再孤军奋战，不再迷茫失措。我们希望，在这些爱家乡爱故土的青年创业者身上，在这些未来的创业者身上，能够找到最真挚可靠的未来。如果山里只剩下老人和小孩，这样的农村没有办法鲜活地生长，就像册亨的苞谷地缺少阳光和雨露。我们希望这次的调研能为农村创业做出一丝微薄的贡献，期待着未来新的项目、新的行动和新的政策。

希望未来的时光，能给他们多一些温柔，少一些刻薄；多一些幸运，少一些噩梦；多一些公平，少一些不均。

我们期待着，就像许多受访者结束问卷调查时对我们笑着说的那样："娃子，有空回来玩撒！"如果真的有一天能够回去，期待可以看到更好的册亨，更好的你们和我们。

（作者：刘安琪　叶长青　李春桃）

千村调查（4）一位安新县老人的千村故事

上海观察　2016-10-17

千村调查是上海财经大学以“三农”问题为研究对象的大型社会实践和社会调查研究项目。2016年主题是“中国农村创业现状”，希望通过对中国“千村万户”的调研，挖掘出影响中国农村创业活力的关键性因素，确定农民创业企业的成长路径，涉及21个省、市、自治区的30个县。目前，各定点调研小组已经完成了艰苦的实地调研工作。在几天的调研过程中，大学生队员们在老师的带领下结束了这在广袤田野中生动的一课。在此精选的一系列调查手记中，他们共走访了10个乡村，了解了农村的真实面貌，在与村民们深度访谈中记录下点滴体会、感悟与思考。

眼前的这位老人名叫刘国安，是河北省保定市安新县端村镇西前街村的村民。老人家今年66岁了，虽然头发胡子都花白了，可他笑起来依然是那么阳光，像是荣华一生的一位将军，晚年也是风光无限。

然而事实并非如此，老人现在的生活可能只能用勉强二字来形容了。老人在村子里开小卖部，从1998年到现在，已经快20年了。现在，家里老两口就指着老人的小店维持生计，一个月500元左右的收入让老两口的生活非常拮据，若不是看到老人朴实的笑容，我甚至认为他已经快被生活所打倒。

年轻时刘国安先是在家种地，然后又出外打工。种地虽然劳累，但是干的是踏实活，收入也基本上稳定。打工可不比种地，“给人家当小工太累，”老人向我解释说，“要是老能挣着钱也好，可我们这行就这样，靠天吃饭。”一方面是因为收入非常不稳定，另外，老人也表示说出外打拼多年，心里有点想回家了，于是就回了家。

受到打工时的启发，老人说："回来我就想开个小卖部。开小卖部还算比较省事的买卖，就是一个进货稍微要费点心思。那会儿还年轻，自己一个人还能干得过。"就这样，老人用自己打工时攒下的积蓄，再加上亲戚朋友的帮助，在村里开了一个小卖部，卖些生活用品、香烟啤酒什么的，给村里带来了不小的方便。老人一时回忆不起当年村里的情况，但是可以推断在那个年代，村里小卖部的数量绝对是少数，老人拿自己打工挣的钱回来做起店主，也是需要一定勇气的。结果还算令人满意，老人生意逐渐走上了正轨，与打工相比收入虽然不多，却比打工轻松而又稳定了许多。

可时代变化太快，眼看着村里的生活水平越来越好了，老人的小卖部生意却开始走下坡路。老人从开小卖部以来，一直是小本经营，卖的都是些平价的商品，销路也就主要是村里的村民。可是现在外面的有钱人越来越多，在村子里投资开个规模稍微大点的超市，就让老人的生意蒙上了阴影。超市进货量大，往往能拿到比批发价更低的价格，加上超市品种齐全，村民又都喜欢新鲜事物，一下子就吸引了很多主顾。"现在大超市太多，让我们这些小卖部越来越不好干。"说起这个，老人也是一脸的无奈，本以为一帆风顺的老年生活变得有点不尽如人意了。

从 2013 年开始，老人的小卖部销售额逐年减少，老人说当时一个月还能挣个六七百元，现在每个月也就是将近五百元的水平，而且估计以后还会越来越少。老人说，自己的这个收入水平，在村里算是最低的了。

现在农村老人就面临这样一个现实的问题，无论是从事农业生产，还是出去打工抑或是自己创业，老年人都难以通过自己的力量来养活自己，而近乎零的福利制度更是让他们的现实情况雪上加霜。家里儿子多的尚还能依赖家庭，但是像刘国安家这样只有一个儿子的老夫妻俩，生活就困难了些。

"我也老了，也就这个样子了。"说起老人将来的生活，老人脸上满是坦然。老人的兄弟姐妹都是农民，自己当时一个人出去打工闯荡，也算是一个冒险。如今年过花甲，成就一番事业的野心早已不复存在，现在老人最大的愿望，就是明天小卖部的顾客能再多些。

千村调查（5）
甘肃手记：农民创业发展之路任重而道远

上海观察　2016-10-17

千村调查是上海财经大学以“三农”问题为研究对象的大型社会实践和社会调查研究项目。2016年主题是“中国农村创业现状”，希望通过对中国“千村万户”的调研，挖掘出影响中国农村创业活力的关键性因素，确定农民创业企业的成长路径，涉及21个省、市、自治区的30个县。目前，各定点调研小组已经完成了艰苦的实地调研工作。在几天的调研过程中，大学生队员们在老师的带领下结束了这在广袤田野中生动的一课。在此精选的一系列调查手记中，他们共走访了10个乡村，了解了农村的真实面貌，在与村民们深度访谈中记录下点滴体会、感悟与思考。

2016年7月24至26日，上海财经大学国际工商管理学院教授、博士生导师董静带领千村小分队一行，在甘肃省武威市古浪县开展了一次意义非凡的“返乡之旅”。

阔别二十载，女博导重回故乡

通过路上与董老师的交谈，我得知，原来古浪县是她阔别已久的故乡，20岁之前几乎每年都要在这里待一两个月，疲倦于大城市的喧嚣和吵闹后，每次回到老家总有一种说不出的亲切和放松。转眼参加工作后已经将近20年没有回过老家了，记忆中的古浪县背靠大山、民风淳朴，虽然不富裕，但也其乐融融，虽然没有高楼大厦，然而自然风光独好，也是一步一风景，是盛夏时节的“避暑胜地”呢！

小分队从博士到本科生的16名队员在7月24日集结完毕，其中八成都是地地道道的西北人，他们基本上都是怀着“故乡情结”选择来到古浪县。在一次团队会议时，来自宁夏的王莹同学说：“我一直觉得西部农村没什么出色的创业活动，这次机会难得，我要好好了解学习一下！”“是呀，而且古浪县的农村创业活动能从很大程度上代表西部欠发达地区农民创业活动。”硕博连读生赵策说道。队长汪立对大家说：“这是一个非常好的机会供我们了解在‘大众创业，万众创新’之风盛行下，西部欠发达地区农民创业的真实面貌，这里的农村创业活动跟我们认识的创业活动肯定有很大的差异，从形式、规模、数量等各方面都与南方农村创业活动不一样，这次我们就是要通过走村入户、实地访谈来探索这种不一样，并把这种差异清晰地展现在大家面前。”

然而，董老师一直强调：我们不能光想“千村调查”能为我们带来些什么，更要想想通过这次调查，我们能够给当地带来什么？是促进村民的思想转变，还是帮助他们解决创业中的困惑，抑或是力所能及地提供一些创业资源和知识？作为财大的创业导师，董老师在创业、创新方面知识深厚、经验丰富。经过深思熟虑，我们决定在古浪县办一场创业座谈会，邀请古浪县有志于创业以及对创业感兴趣的朋友前来参加。讲座结束后，则是更加精彩的座谈，一部分创业者和大学生“村官”主动留下来想要跟我们交流一些自己的心得体会，一名西部计划志愿者对我说：“我上大学的时候自己开过网店，想着自己创业，但是家里都不支持，他们认为创业的风险太高了，于是毕业后我选择了西部志愿者计划，下到基层工作，这样至少我的生活和工作是平稳的，比较符合家里的期望。”一名养鸡场老板拉着董老师用古浪话说：“董教授，我是养鸡的，啥时候你到我的养鸡场参观一下，我们搞养殖的大户，啥都不怕，就怕瘟疫，瘟疫要是处理不及时，我们的损失可就大啦！”听到熟悉的乡音，董老师也不由自主地说起了古浪话，跟养殖大户热情地交流起来。一名村民说道：“以前我一直觉得创业是个很神奇的东西，离我应该非常遥远，但是今天听了讲座才知道，创业不一定非要弄出个完全不一样的新东西，对于农民来讲开个小店、搞个承包原来都算创业，我媳妇在家开网店卖土特产也算创业呀！”

创业座谈会后，我们对西部欠发达地区的创业活动有了相对深入的理解，虽然近些年创业之风盛行，但是从思想上，这里的人们还是偏爱较为稳定的政府、学校工作，对高风险的创业活动持抵触的态度；从认识上，大家对创业的理解不完全正确，理解的偏差让人们总认为创业是个非常神秘而且不接地气的活动，仅仅是流行于口号却不能落到实处的东西；在创业形式上，我们通过交谈得知，这里的创业形式非常单一，以大户种养殖为主，女性创业停留在经营家庭小店、开网店的形式上。带着这样的基本理解，我们开始了第二天的正式调研。

永丰滩镇——传统农业地区的原始创业

调研第一站，我们来到了距离古浪县城大约 30 多公里的永丰滩镇，跟古浪县其他乡镇相比，由于村庄建设时间较久，地理位置相对优越，永丰滩镇算是古浪县最富裕的乡镇。乡镇收入主要靠农业种养殖，所有创业活动也是围绕农业开展的。在永丰滩镇政府，我们对五个村庄的村主任、创业者、普通村民进行了集中访谈，主要见识了两类比较有代表性的创业者，第一类是联合村里搞承包的种养殖大户，另一类是利用农业资源开办小微企业的老板。

种养殖大户在永丰滩镇不少，他们大规模种植土豆、枣、玉米，抑或养牛羊牲畜，由于种养殖大户的工作是在村民和村干部的支持下进行的，遇到的困难基本不会那么棘手，解决的方式也多样化一些。一般来说，由于国家对农业活动的支持，他们不会遇到行政审批这些繁杂的手续问题，也极少跟工商、税务打交道，能遇到的问题一类是农产品滞销，另一类是自然灾害和瘟疫。一位养羊大户告诉我："2013 年那年我遇到的最大问题就是一批羊生病了，为了避免更多的羊染病，只能忍痛割爱杀了那批病羊，不然我的损失可能更大。"另一位种植土豆的大户说："在刚开始搞种植的时候，也面临资金问题，但是这不是最主要的问题，通过银行贷款以及一些政策补助很快就解决了，最主要的问题是自然条件要好，没有大的自然灾害就能种出东西，另外就是能卖出去，这样一年到头的辛苦就不会白费。"由于种养殖大户能够带动整个村的经济发展，所以他们的自我能动性都非常高，自豪感也很强，一位种枣大户面带自豪地对我说："我们种的枣地被评为党员示范林呢！"

相比之下，自己干的小老板显得更有苦衷，他们往往尝试过很多创业项目，但是都由于市场行情低迷，无法正确地预计市场需求导致投入无法按时收回，最终不了了之。一位做爆米花生意的创业者告诉我，他的公司由他和另外五名临时工组成，最棘手的就是和上下游的关系问题，最怕上游供应商突然不供了，或者是下游收购者突然不买了。这位创业者平日里为维系上下游链条奔走，还要学习新技术、管理几名员工，导致他很少有时间陪伴自己的妻子和两个孩子，即便是付出了那么多的努力，面对企业各种问题，他仍然表现出深深的无力感。

访谈结束后，我们受邀来到了永丰滩镇的规模养牛场进行参观，千村队员们都是第一次参观养牛场，既好奇又兴奋。进入养殖场的第一道大门后，我们首先在消毒房接受全身消毒，避免将病菌带入养殖场。红灯亮，身后像花洒一样的装置喷出凉丝丝的雾气，洒在手臂上、脖子上，好奇的队员们纷纷拿出手机拍照，一分钟后，消毒结束，我们就可以进入养殖场跟牛儿近距离接触了！

进入养殖场房，第一感觉是整齐划一，偌大的场房窗明几净，右侧一排牛儿原本安静地吃着草，突然看见一群陌生人进来有点不知所措，都抬起头望着我们。牛儿的耳朵上有统一的标牌，上面记录了每只牛的编号，方便管理。队员们看到可爱的牛儿都忍不住上前合影，胆大的还主动凑过去，摆起了造型。负责人告诉我们，像这样的场房在养殖区里还有好多。在这里，我们不仅见识了对牛儿的标准、统一、规范化的管理，同时可爱的牛儿也让我们收获了快乐，为"千村之旅"填上了浓墨重彩的一笔。

西靖镇——移民乡镇"三个转型"下，创业风催生打工热

第二站，我们来到了距离古浪县城近50公里的西靖镇，西靖镇南面背靠大山，北面与沙漠接壤，地理条件和环境资源很大程度上限制了乡镇的发展。跟前一天的永丰滩镇相比，西靖镇的经济发展水平比较落后。值得一提的是，西靖镇属于新建的移民乡镇，2012年，政府在西靖镇统一建立住房，修建道路，通水、电、光纤等，大力进行基础设施的投入，而后将南部山中

的村庄和北部沙漠的村庄中的村民统一安排至此，结束了大山中的村民山大沟深、行路难、喝水难、上学难、就医难、雨雪天道路泥泞、大雪封山出门难上加难的日子。

搬迁之后，村民的生活条件便利了，生活方式也发生了转变；同时，新思想也逐渐进入村民的脑海，越来越多的人看到了不一样的生活状态，越来越多的年轻人希望走出村庄，或过上一种不同于父辈的生产生活方式。由于居民的迁出，原本山区恢复了自然生态环境，北部的沙漠在政府的治理下发生好转，自然环境有了明显的改善。

生活环境的改变、思想的转变、生活方式的变化催生了创业活动，不少村民意识到可以通过创业来改变生活状态，但是，物质条件的匮乏使得创业活动出现了重重阻碍，有村民诉苦道："之前也想过创业，也做过，搞大户承包吧，自然条件不好，没水，土地就不好、收成少，也搞过运输，卖东西，但是老感觉需求不足，年轻人是消费的群体，但村里很多年轻人都出去打工了。"大户种养殖创业者缺少充足的水源，日常消费品创业者缺少消费需求。渐渐地，村民们发现走出去打工是一个不错的办法，既可以摆脱贫困，又不会受到资源的束缚，因此越来越多的村民开始到镇里、县里、市里打工，"三个转变"下的创业行为因受到资源束缚，转变为打工"热潮"。

阳光新村的村主任告诉我，现在他们面临的最大限制就是水资源，如果有水，就会使原本 6/7 的不能发挥价值的荒地投入使用，如果有地、有水、有机会，村民们是不愿意背井离乡外出打工的。

为了使整个调查更加全面详细，我们在镇政府集中访谈之后又进行了走村入户式的调研，去看看当地村民的生活状态，了解最普通农民眼中的创业活动。正值下午五六点，我们走在乡村小路上，却见不到太多人，几圈走下来，整个村庄里最多的就是老人和抱在怀里的小孩。有几个聊天的妇女愿意接受我们的访谈，她们都不识字，调查员只好一道题一道题问，她们没有手机，也不知道自己的身份证号，其中一位妇女说道："家里就剩我们老两口了，儿子媳妇都出去打工了，他们的孩子还小，我们帮他们看着。"这是村子的常态，村里的青壮劳动力基本都出去打工了，留下老人和孩子在村中，老人依靠自己家的几亩薄田维持生活，自给自足。好不容易找到一位中年男子，他同意接受我们的访谈，在访谈中，他说道："我听说过创业，但是从没想过自己创业，本地就业机会都非常少，更别提创业了，我们又没什么技术和本事，所以从来没想过。”

后　记

三天忙碌的“千村之旅”在汗水和欢声笑语中落下帷幕，但是我的心情却五味杂陈、喜忧参半，久久不能平静。不得不承认，恶劣的自然条件和相对落后的经济发展水平是农民创业最大的绊脚石，然而就在这么严酷的条件下，仍然有一批又一批奋勇争先的农民创业者拼搏在这条艰辛的道路上，这着实让人感动。与此同时，政府部门对于这些创业者也给予了很大的支持，这让我们感觉非常难得和欣喜。但是另一方面，我们也应该辩证地看待西部农民创业的现象：首先，村民对创业了解得不够清楚，他们认为创业是一个非常华丽而且神秘的辞藻，遥远而不可触碰，缺乏这方面的知识，从而就缺少身体力行的勇气；其次，创业基础薄弱，创业气氛不浓导致村民从意识上仍旧偏爱传统稳定的工作，对创业望而却步；第三，创业种类单一，规模较小，创业形式大多依附于传统农业，缺乏带动性强的龙头企业，使得创业活动发展止步不前；最后，受限于自身能力，创业者缺乏主动解决问题的意识和缺少解决问题的方法。我们在欣喜于令人感动的创业现状的同时，也要认清西部欠发达地区农民创业活动发展的缺陷和不足，对症下药。农民创业发展之路仍旧任重而道远。

千村调查（6）
河北保定，县里镇里的“大众创业”

上海观察　2016－10－17

千村调查是上海财经大学以“三农”问题为研究对象的大型社会实践和社会调查研究项目。2016年主题是“中国农村创业现状”，希望通过对中国“千村万户”的调研，挖掘出影响中国农村创业活力的关键性因素，确定农民创业企业的成长路径，涉及21个省、市、自治区的30个县。目前，各定点调研小组已经完成了艰苦的实地调研工作。在几天的调研过程中，大学生队员们在老师的带领下结束了这在广袤田野中生动的一课。在此精选的一系列调查手记中，他们共走访了10个乡村，了解了农村的真实面貌，在与村民们深度访谈中记录下点滴体会、感悟与思考。

穿着印有红字“千村调查”字样的白色T恤，戴着暗红色的千村调查帽子，脚下蹬着从宾馆穿出来的蓝色的拖鞋，我们以这样一种“从头到脚”的统一在北方夏季的大雨中开始了我们的千村调查。

这次千村调查的主题是“中国农村创业现状调查”，在调查之前，有些同学对农村的创业现状进行了预判断。“现在农村的创业应该挺好做的，互联网一旦发展起来机会很多。”一位同学这样说道。也有同学表达了相反的观点：“农村现在很缺劳动力，能出去打工的都出去了，剩下老人和孩子留在农村，他们是不会想到去做创业的。”然而这些毕竟都是猜测，具体情况要通过调查才能得知。带着不同的观点，我们首先来到了河北保定安新县端村镇，想要一探究竟。

车行的道路两旁，大片的都是庄稼地，再远一些就能看到村民的住宅。

据我们了解和调查，端村镇是一个以农业、养殖业为主要产业的镇，镇内的创业者多是开小卖部或是从事水产方面的经营、养殖、销售等，经营规模均不大，以家庭为单位创业的村民占大多数，而且创业者的年龄多数较大，村内也是年长的人较多。

“端村镇离水淀近，所以养鱼的特别多，种地的也有，还有就是做渔网的。要说创业的就是有几家开农家乐的，剩下的就是开超市小卖部的多点。”一位村民这样向我们介绍说。

经过调查后我们还发现，该镇多数创业者都是小本经营，没有为了创业而投入大笔资金的村民，创业者的融资渠道也多是向亲戚朋友借，很多创业者对互联网也并不熟悉，在电商迅速发展的时代，这样的传统创业方式虽然不能给村民带来物质上的丰厚回报，但却不失为一种良性的经营手段，创业者们追求的更多是一种稳定的、较农业相比稍轻松的获利手段。

看来农村创业仍然面临许多困难，有来自资金的困难，可能也有来自环境的困难。“如果有政府的支持和投入，比如说上边鼓励村民都去做农家乐，并且给予一定帮助的话，可能愿意创业的村民还多一点。现在最缺的两样东西，一个是点子，一个是钱。解决了这两个问题，相信还是会有很多愿意尝试的人去创业的。”调查结束后，有同学给出了这样的评价。

在端村镇我们可以看到，如我们心中所想的创业实例几乎没有，纯朴的村民可能不愿意去冒险尝试新的想法，而更愿意安分守己。在这样一个脚踏实地的大环境下，肯花心思想要成就一番事业改善生活的人相对来说少了些，这也直接造成了这样的创业现状。

问卷里面有一个问题，问村民有没有想过自己在未来某天可以创办一个企业，本来这是一道选择题，但是村民们摇着头笑笑说：“想是想过，但是现在哪还有那个精力和时间？人老啦，折腾不动啦！”

我们调查的第二个镇是三台镇，从镇上的道路经过，两边看到的景象与端村镇完全不同，目之所及不是厂房就是店铺，虽然也有农作物，但是与显眼的楼房和沿街琳琅满目的各色鞋店相比，绿色已经不是这个镇的主色调了。

据我们了解，三台镇号称是“北方鞋都”，镇内涵盖了制作各种款式成品鞋的企业，制作加工各种鞋材、鞋模的企业，以及各种二次加工企业等多个鞋类行业。可以说，从生产原料、半成品加工，到制鞋、销售，再到遍及全国的物流网络，三台镇的制鞋相关产业非常完备，在这里你甚至可以亲眼看到从地里的作物变成脚上的鞋的全过程。

这样发达的三台镇远远超出了同学们的想象，大家纷纷猜测“估计镇里的创业者少不了”“应该有好多老板吧”等等。经过我们的调查，三台镇确实是一个创业者聚集的地方，镇上的创业者们主要集中在制鞋领域，虽然企业的规模体量各有不同，但是大家的创业思路都是近似的，即开一家鞋厂。“最开始就是看周围人都干这个，加上自己有个亲戚正好做这个，然后自己也想试试，所以就找人一起办了企业。”一位创业者如是介绍。

确实，选择已经有人取得成功的行业来开创自己的新天地是一种合乎常理的做法，这样一方面能最大限度地规避风险，同时也可以汲取前人教训，少走弯路。但是，这种统一思路的创业也有坏处。大家都做同样的买卖，竞争自然少不了，能不能在众多鞋厂中一枝独秀成为每个企业老板必须思考的问题，这就要求企业的竞争力要不断地提升。镇内也有鞋厂倒闭，危机随时都可能来临。

在三台镇，创业看起来不是一件困难事，有想法的人都能发现机遇，关键是要看如何把握机遇。开办第一家鞋厂的人可能并没有想到未来的发展情况如何，但是却无形中开创了一股风潮，带领着三台镇的村民们走上了“大众创业”的道路。在这个过程中，每一次新的突破都会带来非常积极的效应，比如第一个改良技术的人，比如第一个兴办物流公司的人，比如第一个开网店的人，这些新的尝试修正了这条创业之路，使其成为一条致富之路。

也有同学敏锐地发现了问题：“如果三台镇仍然维持现在的发展模式，未来可能会比较艰难。现在三台镇面临的问题主要是一个管制的问题，可能是缺乏对未来的规划吧，很多企业都是摸着石头过河的。你看马路两旁堆着的下脚料就知道了，企业在发展的过程中忽视了很多问题，这在未来必将成为阻碍。”

而且我们经过采访发现，虽然创业的人数量很多，但是学历似乎都并不高，初中学历的人最多，其次是小学，读到高中及以上学历的人少之又少。知识上的不足会影响这些创业者的思维模式，他们既不懂得企业的管理经验，又难以掌握强硬过关的劳动技能，这些无疑都给企业创新带来了困难。

三台镇的很多村民都以开一家鞋厂作为自己的人生目标，而端村镇的村民更愿意本分地生活下去，两个镇相距不远却有着完全不同的创业理念。其实无论是端村镇也好三台镇也罢，它们都是中国北方的农村代表，我们从二者身上了解到了农村创业的现状，也深刻体会了很多村民所面临的各方面的困难，相信这次千村调研的结果能够切实地反映出问题所在，为农村创业的发展提供更大的帮助。

离开三台镇那天，同学们统一了之前关于农村创业的认识上的分歧，却又产生了新的关于创业所面临的困难方面的疑惑，大家激烈地讨论着，似乎忘记了几天来辛苦调研的疲惫，想再深入村子里去问个明白……

千村调查（7）
粤东四日的“调查员”体验

上海观察　2016-10-17

千村调查是上海财经大学以“三农”问题为研究对象的大型社会实践和社会调查研究项目。2016年主题是“中国农村创业现状”，希望通过对中国“千村万户”的调研，挖掘出影响中国农村创业活力的关键性因素、确定农民创业企业的成长路径，涉及21个省、市、自治区的30个县。目前，各定点调研小组已经完成了艰苦的实地调研工作。在几天的调研过程中，大学生队员们在老师的带领下结束了这在广袤田野中生动的一课。在此精选的一系列调查手记中，他们共走访了10个乡村，了解了农村的真实面貌，在与村民们深度访谈中记录下点滴体会、感悟与思考。

8月1—4日，千村调查广东省揭阳市普宁分队，由公共经济与管理学院姚远老师带队和10名同学一起开展了定点调查工作，共计调查了普宁市池尾街道和洪阳镇两个镇12个村，完成了181份千村问卷。

民盟上海财经大学委员会盟员姚远老师于7月26日周二抵达普宁，7月27日周三拜访了普宁市统计局。28日周四在统计局的安排下，与12个村的支书或村主任先行沟通，排出日程和调研对象要求，29日上午拜访了普宁市常务副市长张伟勤，向市政府介绍了我校千村调研的概况，下午还拜访了民盟普宁总支，与主委兼普宁市人大选举联络任免室主任陈蔓瑛女士交流了支部活动。

普宁市千村定点调查队的队员们陆续在指定地点会合并在7月31日当晚熟知了未来几天调查的方向和注意事项，纷纷表示自己会努力在未来几天展现出不畏艰难、敢于挑战的积极态度。

此次，我们定点调查的普宁市是位于广东省东南部的县级市，交通便利，自然条件优越，气候宜人，经济发展状况较好。目前，当地依靠服装和医药形成自己的地方优势产业，村民自主创业的积极性很高，他们敢拼想赢的心态成就了普宁“中国最大的衬衣生产基地”和“华南最大的中草药基地”的美称。为了探访当地人的创业经验和历史，了解创业所需的条件和遇到的困难，我们开展了为期四天的调研。

8 月 1 日上午，一碗热气腾腾、特色十足的肠粉下肚之后，我们匆匆踏上此次千村调查的征程。我们探访的第一个村是隶属于池尾街道的华市村。

“大哥，您好，我们是上海财经大学的学生……”“大叔，您好，我们是学校派出的千村调查项目的调查员，现在想问您一些关于创业的信息，方便打扰您几分钟时间吗？”虽然是初生牛犊，但大家似乎很快就适应了调查员这个角色，开始了第一天的调研。

也许因为是第一次调研，大家调查的时间比原定时间较长了一些，但现场可以看到同学们都在努力积极地熟悉和询问着问卷的内容，村民们热情的态度使我们对未来几天的工作充满信心。到场参加调研的创业者主要是以个体经营户为主，他们表示在创业过程中遇到的最大困难就是资金的周转问题，其中包括资金的筹集方面以及欠款的追回方面。由于银行贷款的门槛较高，很多当地文化水平不高的村民没有办法通过合理有效的途径筹集资金，因此他们纷纷建议政府部门能够推出一些适合中小型企业的贷款方案。

中午午饭过后，同学们在室内休息了 20 分钟后又奔向了下午的目的地。在下午短短五个多小时的时间内，我们又探访了高埕村和新寮村。村里的村民善良可爱，热情地欢迎我们的到来，诚恳而有礼貌地配合我们的调查活动。下午笔者探访的让人最印象深刻的村民是一位药材批发商。在我说明了我的来意之后，他主动跟我讲起了他创业的历程，还介绍了当地的药材产业。由于有利可图，当地的市场已经过度饱和，加上外省的市场也逐渐丰富，他们的药材销路变得越来越窄。他感慨现在的市场竞争实在是激烈，并表示在未来有想转行的打算。大型企业资金周转能力强，抗风险能力强，大多数采取先发货，出售后付款的策略，扩大了自己的市场同时也提高了信誉，大大掠夺和挤占了小型企业的市场。

8 月 2 日上午，受台风天气的影响，普宁的天空飘起了细雨，庆幸的是台风擦边而过，并未对我们的出行造成影响，汽车行驶的乡道上随处可见台风过境后刮断的树木。我们按计划抵达池尾街道的山湖村，开始了第二天的调查。村里的路较为颠簸，同学们在摇摇晃晃中抵达了村里的居委会。由于村里正在进行换届选举的选票填写环节，所以我们很快找到了受访者。俗话说“熟能生巧”，同学们有了第一天的工作经验，第二天的调研显得格外顺利，不仅提前完成了任务，还和当地村民有了较为深入的交谈，了解到村里生活的点点滴滴。

在匆忙的午饭和短暂的休息过后，我们又探访了贵政山村和多年山村。两个村的村民都十分热情地欢迎我们的到来。同学们分散在四五个房间内，各自紧凑地进行着自己的调查任务，场面十分热闹。同学们积极、认真的办事作风不得不令人竖起大拇指！

时间眨眼而过，进度条拉到了 3/4。第三天，我们去了洪阳镇上的宝镜院村、南村、水龙寨做调研。前两日的辛勤付出终于有所成效，这几个村子的工作轻松了许多，大家对于问卷内容以及提问、沟通方式的熟练掌握使得我们在规定时间内不仅完成了问卷的任务量，还与当地村民有了一些较为深入的谈话。不论是引领一方的村主任、村委，还是成就满满的创业者，抑或是普通村民，都有着形形色色的故事。在这样一个燥热的天气里，能够在室内畅聊，用话语带走夏日的烦闷也是一件愉快的事情。“读万卷书，行万里路。”人生的意义不在于你走了多长、多远，而在于你去过什么样的地方，见过什么样的人，有过什么样的体会。通过这次千村调查，想必同学们一定或多或少有了自己独立的思考与感悟，而这样的人生经验也是成长路上必不可少的。

离开，是为了更好的重逢。

普宁定点调查计划进行到了最后一天，大家探访了同样位于洪阳镇的三个村：歧岗、昆安、沟边。这一天，大家的心情都有点复杂，既包含着即将完成任务按捺不住的喜悦，也包含着对普宁四日的怀念与不舍。大家为了一个目标聚在一起，在短短的几日内培养了深厚的情谊，现在就要分别着实有些不舍。不过，与此同时，我们出色地完成了四天12个村的紧张行程，也为我们的暑假增添了一抹艳丽的色彩。

来自统计与管理学院的大三学生张佳琦深切地感受到，作为一名大学生，下基层同创业者村民的交流是一种不同的体验。被锁在象牙塔的我们第一次静静地聆听了农村创业者的艰辛故事，有的是拼尽全力继承父母已有的产业，从头学起，不怕苦不怕累；有的是在外打工学习从完全不懂到慢慢入门，直到最后返乡自主经营创业……虽然有些创业者文化程度不高，家境不佳，没有足够的资金开创事业，但从他们身上，我清楚地看到了踏实与勤奋，没有一个人是不劳而获或是坐吃山空的。

来自金融学院的大一学生蔡霆夆感受到了普宁的简单和繁华。它没有林立的高楼，没有发达的交通运输……但是它是繁华的，热闹的夜市充斥着行人，即便是互不相识的陌生人，他们也互相诉说着今天彼此的见闻，畅谈彼此的平淡，为这来之不易的偶遇而干杯……“你们是从上海来这里做调查的啊，辛苦了！天气热，给你们做碗凉粉！”“哎呀，不要钱不要钱……”

来自经济学院的大二学生梁宛昕对新寮村的刘文权老人的豁达乐观和善良坚韧印象深刻。老人已到古稀之年，身体情况不是很好，依然坚持下田务农。老人家不曾娶妻生子，至今孤身一人。当问到是否满意自己的家庭生活时，老人答道，虽有遗憾，但是对如今的生活很满足，村委会对他也有各方面的照顾。在问到老人最常联系的人时，刘文权老人分享了他对于交往的原则：不问富贵与否，关键是心地善良。刘文权老人本身也是一位乐于助人的村民，老人懂一些医术，平时看到生病的村民都会主动帮忙，基本不收取任何费用。

来自金融学院的大一学生吴铮在调研的一开始，由于自己对问卷尚不熟悉，加上语言方面的困难，进度比较慢，后来几天有了自己独特的套路，工作进度也变得很快了。每天换换问卷，交流经验，让我这个没参加过调研的菜鸟领悟了一丝技巧。每次劳累后，政府食堂里那一顿平常的饭，那一碗平时调侃却又让人觉得满足的甜汤，每一次互相交流调研对象的各种无语，那一拨互相帮助互相调侃一起劳累的同伴，那一个有些固执傲娇可又为我们做了很多的老师……二课学分远没有这种一群人为了一个目标努力的经历更重要。

来自经济学院的大一学生余泽璇在宝镜院村调查采访的对象是一位中年叔叔，已经做了20年的花木种植和批发生意。和前几天接触到的其他村庄的人不同的是，这个村庄的人很上进，我采访的叔叔是个极好的例子。他有自己的规划，肯学习能吃苦，年轻时20岁的他曾经到广州、深圳等地跟着前辈学习了三年，中年时40岁的他仍然愿意入股汕头的一家公司去学习种植蝴蝶兰的技术，掌握技术之后更是敢于投资，创建了自己的蝴蝶兰种植基地。叔叔一直坚信，种植技术是核心，只要自己有技术，做得精、细，就不怕竞争。正是由于他有想法，并且敢于付诸行动，他才能做到今天的规模。少抱怨、多努力才是改变的方法，过怎样的生活其实取决于自己。

来自国际工商管理学院的大一学生廖旖旎炎炎八月从泉州坐上南下的动车，来到了广东潮汕地区的小城——普宁市。调查之后，她不仅感觉自己的沟通能力提高了，还收获了团队友谊，希望这次调研的数据能为政府的政策制定出一份力，能发挥更长远的意义。

来自公共经济与管理学院的大二学生谭晓莹通过四天的普宁之行了解到了这个位于粤东的县级市在经历改革开放以来的经济发展之后，村中的地理环境和创业氛围对创业者的影响。同村的创业者多选择在同一个方面开展创业项目，且同村同行之间的良性竞争会使得创业项目发展更好。就如我们走访的池尾街道的山湖村和贵政山村是盛行电子商务的。村里就大多利用发展起来的交通条件和逐步完善的基础设施，发展起了电子商务。而在洪阳镇的宝镜院村则利用山地优势大力发展花卉种植业，通过发展自身特色花卉，成立花卉协会等方式，造就了村里花卉经济的大力发展。创业氛围浓厚的村落有更多的村民加入到创业者的行列中，也有更高创业项目发展水平。

来自会计学院的大一学生黄丹珣对洪阳镇的宝镜院村留下了深刻的印象。宝镜院以培育花果苗木为主要产业，毫不夸张地说，这儿掀起“家家种花卉，户户种苗木”的风潮。政府一手筹建的“万花园”里尽是大大小小的花木圃，还有各种奇花异果，成为当地一道亮丽的风景线。

来自国际工商管理学院的大一学生赖依婷的家乡就是普宁，几天的调研下来让她对生活了20年的地方有了一个更深、更全面，也更加客观的了解，即从听说感觉到用数据说话，激起了她想更好地了解家乡、建设家乡的愿望。

最后，想借此机会，感谢四天来全程陪伴我们，为我们奔前顾后的带队老师姚远，感谢一路上一直给予我们支持的普宁市统计局以及市政府工作人员。希望所有的同学们能够在未来的路上越走越远，同时不要忘记最初的真诚和感恩之心。

（作者：方淑宝）

千村调查（8）
石家庄无极县：乡村调查，体悟人生

上海观察　2016-10-17

千村调查是上海财经大学以“三农”问题为研究对象的大型社会实践和社会调查研究项目。2016 年主题是“中国农村创业现状”，希望通过对中国“千村万户”的调研，挖掘出影响中国农村创业活力的关键性因素、确定农民创业企业的成长路径，涉及 21 个省、市、自治区的 30 个县。目前，各定点调研小组已经完成了艰苦的实地调研工作。在几天的调研过程中，大学生队员们在老师的带领下结束了这在广袤田野中生动的一课。在此精选的一系列调查手记中，他们共走访了 10 个乡村，了解了农村的真实面貌，在与村民们深度访谈中记录下点滴体会、感悟与思考。

2016 年 7 月 6 日至 12 日，来自上海财经大学的千村调查团队在项目组首席专家、国际工商管理学院常务副院长魏航老师的带领下，来到河北省石家庄市无极县展开为期一周左右的定点调研活动。2016 年是上海财经大学开展千村调查活动的第九年，本次千村调查的主题是“中国农村创业现状调查”。7 月 6 日，来自上海财经大学多个学院的学生组成的专项调研团队，针对这一主题对包括无极县七汲镇及郝庄村的乡镇及村委领导班子、创业者和普通村民在内的被调研对象进行了田野调查。

在正式调研之前，魏航老师带领调查团队负责人分别走访了无极县七汲镇和郝庄乡的乡镇级干部，说明了本次调研的相关情况并完成镇长问卷。通过问卷，调研团队对本乡镇的创业情况有了详细的了解，对当地自然环境、基础设施建设、人口及青壮年劳动力流动比例等情况有了明确的认识，为后续具体村庄的田野调查提供了宏观的把握。

在调研期间，无极县千村调查团队于每日早晨八点集合，在当地乡镇领导的安排下前往各个村庄进行田野调查。由于事先安排得当，村庄联络人员早已集结相关村委会领导和相关村民在村委会大队等待调研团队的到来，跃跃欲试想要同调查者分享本村创业活动的相关情况。

在团队相关负责成员同各村村主任说明本次调研活动的主旨并进行有关本村基本情况的问卷调研之后，村主任从集结的村民中选出有代表性、能反映本村独特创业情况的创业者配合调研团队进行问卷的填写。与此同时，本村的村委会领导班子相关成员和相关村民也积极配合调查者进行一对一的专访，分享他们了解到的本村基层政治环境及创业环境等情况。

在田野调查中，调查者观察到，农村创业情况相对不容乐观，乡镇间创业情况存在差距大、企业结构转型困难、基础设施薄弱、贷款及土地租借困难等问题。以无极县为例，位于县城东部的七汲镇基本的创业项目为低端的蔬菜大棚，产业结构单一，利润收入低，年人均收入位于全县末尾且同西部乡镇差距较大。位于县城西部的郝庄乡创业环境较好，主要项目为汽车拆解、皮革加工、板挂加工等中端加工业，但在近年来环境污染整治及全球经济不景气的浪潮下，皮革加工面临初级加工领域逐渐淘汰、深加工领域贷款困难及缺乏配套基础设施等困境。调研团队认真对相关问题进行记录，并在问卷结束后对部分加工工厂进行了参观，详细调研了各个村庄的创业环境。

在每日的调研结束后，调研团队会根据一天的调研内容继续展开分析和讨论，分享、交流当天调查的见闻、心得和体会。项目组首席专家魏航老师也会结合一天的调研情况指导同学们改进日后调研的方法，分享本次活动中作为长者的所思所想。不仅帮助同学们优化了调研的过程，还让整个调查更富有切实的意义和情怀，使得本次调研活动不是一项为了完成而完成的工作，而是作为新时代有为青年真切认识中国底层社会的学术履历和做到厚德仁爱、增长眼界，立志匡扶时局、经世济国的人生起点。

（作者：李辰宇）

千村调查（9）淮安手记：让农民富起来，让老人有所依

上海观察　2016-10-17

千村调查是上海财经大学以“三农”问题为研究对象的大型社会实践和社会调查研究项目。2016年主题是“中国农村创业现状”，希望通过对中国“千村万户”的调研，挖掘出影响中国农村创业活力的关键性因素，确定农民创业企业的成长路径，涉及21个省、市、自治区的30个县。目前，各定点调研小组已经完成了艰苦的实地调研工作。在几天的调研过程中，大学生队员们在老师的带领下结束了这在广袤田野中生动的一课。在此精选的一系列调查手记中，他们共走访了10个乡村，了解了农村的真实面貌，在与村民们深度访谈中记录下点滴体会、感悟与思考。

穿过大片绿油油的稻田，成片的树林和散发着成熟气息的玉米地，我们调研小组来到地处江苏淮安洪泽县中部的东双沟镇进行调研。

东双沟镇位于宁连高速和宁连公路之间，交通便利，为其水产养殖外销提供了更大的市场。从县中心去往小镇的路上，除了眼前让人心旷神怡的绿浪，断断续续的淡水养殖塘和葡萄园镶嵌其中。与沿途静谧的风景不同，小镇中心热闹的集市反映出这里居民的活泼热情。看到一群大哥哥大姐姐穿着统一的服装来到这个淳朴的小镇，亚麻色皮肤的小姑娘害羞地躲进屋子，又不时探出头来好奇地张望。

因为青壮年人口的大量流出，前来参加调查的村民大多是中老年人。当问到村里妇女是否大多在家带孩子，一位大爷感慨地说现在带孩子的都是老人，年轻人无论男女都在外打拼。留守儿童的身心教育也是值得

重视的问题。

几天的调查让我们发现上一代人重男轻女现象的严重。男性受教育程度普遍高于女性，20世纪五六十年代的女性多为文盲。文化教育的缺失和对女性的歧视使得她们没有机会担任村干部和入党。但近10年来情况得到了很大改善，独生子女的政策和买房娶亲的压力促使男女平等观念深入人心，很多老年人认为女儿更孝顺，更懂事，她们再也不是“嫁出去的女儿泼出去的水”，而是“穿在父母身上贴心的小棉袄”。

由于学生太少，村里原来的初高中都撤销合并到了洪泽县中学，村里的孩子们只得大老远赶到县城念书。孩子太小，很多父母不放心，纷纷在镇上租房子陪读，有条件的干脆买了套房，一家三口搬到了县城，留下家里的老人守着几亩田地。年老力衰促使他们将耕地租给了包田大户，拿着一亩田每年一千元左右的租金过活。2016年粮价暴跌，包田大户赔了钱，租金也没法儿交了，这类纠纷在当地的村庄里越来越多，尽管村委会在努力从中协调，但也很难解决。

当我们问到粮价的大幅下跌问题，当地的村书记解释了两个原因，一是国际粮价的影响，泰国和澳大利亚稻米低廉的价格促使经销商大量进口外国稻米，本土稻米销量下降。二是当地的粮食收购制度没有得到很好的执行。现行的粮食收购制度的目的是为了保护农民的种植粮食的积极性，但是现在的粮食收购却演变成由粮食的中间商从农民处收购粮食，再以保护价格卖给粮管所。希望政府能采取更好的措施将农村的粮食收购制度落到实处，真正起到保护农民种植粮食的积极性的作用。

在青云村，我们发现原来的村委改名成了居委会，一直陪同我们调研的农技站王先生介绍道，这是政府近年为了推进城镇化的进程，不断加大了对城市建设的投入，并对各村的行政机构做出了相应的改革，一些靠近镇里的村就以居委会的要求进行建设。城镇化的建设使得村民们的生活条件得到改善。村里的文化氛围也十分浓厚，农家书屋的设立让家中没有书本的村民们能够了解到更多的医疗养生知识和各种有趣的见闻，丰富自己的精神生活。

调查完最后一个村子，热情的村主任带领我们参观了村里的养鸡大户。淮阴侯养鸡场共有约5万只蛋鸡，规模宏大，鸡蛋供应范围扩展到整个淮安市。低矮的鸡舍采用了上、中、下三层设计，最大化地利用了空间。四围墙壁由透气散热的特殊材质做成，因而夏季极少发生因闷热而造成的死亡。鸡场主向我们介绍了养鸡防疫的重要性和前段时间禽流感期间所经受的波折，让我们深深体会到农民创业的艰辛和其中蕴藏的学问，也让缺少乡村实践的我们大开眼界。

返途中我们经过洪泽的 4A 级风景区，夜晚的洪泽湖有种静谧安详的美。这座因洪泽湖而得名的城市，盛产植物和动物的水产养殖。芡实是这里一种重要的水生植物，销路遍布全国各地，芡实米有很高的药用和营养价值。因为外壳酷似鸡头，所以俗称“鸡头米”，而我们对于它的认知大约存在于每年中秋买回来的各种美食。王先生谈到，芡实外壳的剥取以前都是人工，而制作者多是乡间没有一技之长的老人和妇女。近年来剥壳机械的引进使得人工得以从中解放出来，但同时也造成了这些弱势群体的失业。在工业革命和科技革命如火如荼的今天，机械制造代替手工是不可逆转的潮流，而如何适时安顿好相关的失业人群，提高他们的受教育水平，提供相关的技能培训，也是不容忽视的课题。

短短 4 天的调查让我们了解到农村发展的困境和村民心头的烦恼，只有亲身体验，才能感同身受。尽管处于比较发达的省份，但苏北的农村经济还是令人担忧。农民手中没有钱，一家三代人背负着房贷，生活的重担压得他们无法喘息。

创业最需要的是资金和胆识，这群靠天吃饭，或在外苦苦打拼的年轻人，上有老下有小，冒不起倾家荡产的风险，也没有够硬的后台和可以挥霍的家产。他们是中国的大多数，是挣扎在生活与生存之间的那群人，也是我们应该心疼、应该帮助的那群人。

很多老人谈到最幸福的事情便是每逢春节在外打工或求学的儿孙回来拜年，这一整年的苦守让人心头发酸。如何让我们的农民富起来，如何让他们老有所依，如何让他们的子女在城市中能有一块立足之地，我想这是比很多事情更加急迫和严峻的课题。

（作者：王 萱）

千村调查（10）江西上饶余干县：鄱阳湖畔的人们

上海观察　2016-10-17

千村调查是上海财经大学以“三农”问题为研究对象的大型社会实践和社会调查研究项目。2016年主题是“中国农村创业现状”，希望通过对中国“千村万户”的调研，挖掘出影响中国农村创业活力的关键性因素，确定农民创业企业的成长路径，涉及21个省、市、自治区的30个县。目前，各定点调研小组已经完成了艰苦的实地调研工作。在几天的调研过程中，大学生队员们在老师的带领下结束了这在广袤田野中生动的一课。在此精选的一系列调查手记中，他们共走访了10个乡村，了解了农村的真实面貌，在与村民们深度访谈中记录下点滴体会、感悟与思考。

7月24日，由国际工商管理学院教授李劲松老师带领，来自经济学院、数学学院、国际工商管理学院、会计学院以及公共经济管理学院的10名同学，前往江西省上饶市余干县开展调研。本次调研前后历时6天，累计访谈180户左右，完成有效问卷149份，调研笔记3篇。

永兴村是采访的第一站。我们先来到了一个葡萄园，整齐的石柱旁支起了一排排透明的塑料棚。一下车，灼热的气息扑面而来，强烈的阳光令人有些眩晕。园主很热情，洗好了一盆葡萄招呼众人。而我们也顾不上吃，就投入了工作之中。段晨同学走上前去详细地询问园主在创业过程中的种种问题。据了解，葡萄园目前经营状况尚可，但在资金方面存在较大压力，而技术上与同类企业相比并不具备优势，因此园主希望政府能在相关方面给予更多更好的政策支持。笔者同时也认为，葡萄园发展到当前规模后，葡萄园主是否也应该对葡萄园进行规模化管理。在采访过程中我们注意到葡萄园所在地只是一个种植地，但是以该葡萄园所在地的交通通达度来考虑，笔者认为是否可以把当前的葡萄园发展成为一个种植和销售一体化的葡萄园基地呢。若成功规模化产业，那么笔者想葡萄园会有更多的销售渠道，会有更多的家庭主动到葡萄园来采摘采购葡萄。此外，记者还注意到葡萄园周围的道路不够宽阔，仅够车辆单行，在我们一个小时不到的调查过程中就发生了两次堵塞。

告别葡萄园我们开始进入村中居民聚居的地方，分散开来寻找村民完成非创业者问卷。正值“双抢”农忙时节，不少村民都在地里干活，找到调查对象实属不易，但是大家还是尽力完成了任务。

上午的工作就算结束了，师生一行 11 人到乡政府暂作休息，简单的工作餐透出浓浓的乡土气息和地方特色。饭后众人选择在一间办公室里等车，大家疲惫地躺在椅子里，有几位同学不知不觉就睡着了。

准时在大厅集合，前往第二个目的地——洪家嘴乡黄岗村。吸取了上午的经验，我们商议决定在村干部的帮助下将调查对象聚集到粮管所（分到不同房间）进行调查。

黄岗村的创业者以水产养殖（黄鳝）为主，均提及了水灾时养的黄鳝被冲走的经历。绝大多数创业者的状况还是处于个体与企业之间，运作还不够规范。跨领域投资的现象比较少，资金困难依然是经营中出现最多的问题。还有一个被创业者经常提及的问题是由于天灾造成的水产损失都是创业者自己买单，政府并没有给予他们什么实质性帮助。那么这方面可能就需要政府给出强有力的解决措施。而非创业者大多安于现状，部分年轻人对创业有些想法，但苦于手头没有资金；而年纪稍大一些的人则将创业视为遥不可及的事。笔者采访的村民汪政阳从事铝合金加工等工作，他说：“当然希望能够开始创业，但很大程度上为现实所累，不少家人要负担，而微薄的家力根本不足以承担创业的风险。”

在洪家嘴乡调研期间，村民热情好客的态度让初来乍到的同学们和老师都十分感动，在洪家嘴乡的 5 个村落中，其中东红村村委立在会议室墙一侧的一排书架至今在我们的脑海中挥之不去，书架上凌乱地摆放着各种农林牧副渔类、家庭理财相关的书籍，有的新有的明显历史已久。那么问题来了，村民真的都会看吗？在对东红村村干部的采访中我们的问题得到了解答，虽然东红村的产业结构中传统农业的比例已经呈现逐渐降低的趋势，但是个体工商户比例的提升并没有激发村民来会议室查阅书籍的热情。这让我们不禁想到了创业者在采访过程中频繁提到的技术问题，这究竟应该要怎么解决呢？显然光是依靠政府的培训和帮助是不足以解决的，或许对于这些村民来说最亟须的是在农村营造一个自学的氛围。只有当村民有了自主学习的习惯，村委会议室的书籍才能持续有效地发挥作用。

农村的建设尚还存在这样那样的问题，可问题不能掩盖我们在这个江南水乡看到的进步。在真正踏足农村土地之前，包括笔者在内的很多同学都先入为主地认为农村年轻劳动力外出打工，会留在这样一个贫困县创业的能有多少呢，就算创业估计也都是种田大户这样的吧。然而事实却狠狠地打了脸，村主任能列出来做生意的创业者基本都不止我们所需要的4个，并且这些创业者还都发展得很好。其中有一个从事葡萄园种植的创业者，他跟调查员们分享了自己的创业经历，他提到其实他有很多机会外出创业，但是他依然选择留在这“穷乡僻壤”经营着自己的葡萄园，只是为了给生养自己的这片土地带来财富。这名葡萄园创业者的做法深深触动了调查员们，是怎样的胸怀与强烈的归属感才能让人做出这样的决定呀！

洪家嘴乡的五个村已经全部调查完毕，笔者想为我们带了两天路的“片长”点个赞，是他始终带着微笑，给我们传来异乡的温暖。而当下正是有千千万万像他这样的大学生“村官”选择下基层，扎根地方，为国家的兴旺添砖加瓦。在这次调研的余干县洪家嘴乡，我们看到了许多可爱的人们，他们生活在鄱阳湖畔，用自己的双手努力地走向更美好的未来。

（作者：包宗源　齐　琪）

千村调查（11）读万卷书？还要行“问卷路”

上海观察　2016-10-17

千村调查是上海财经大学以“三农”问题为研究对象的大型社会实践和社会调查研究项目。2016 年主题是“中国农村创业现状”，希望通过对中国“千村万户”的调研，挖掘出影响中国农村创业活力的关键性因素，确定农民创业企业的成长路径，涉及 21 个省、市、自治区的 30 个县。目前，各定点调研小组已经完成了艰苦的实地调研工作。在几天的调研过程中，大学生队员们在老师的带领下结束了这在广袤田野中生动的一课。在此精选的一系列调查手记中，他们共走访了 10 个乡村，了解了农村的真实面貌，在与村民们深度访谈中记录下点滴体会、感悟与思考。

上海财经大学博士生导师高维和教授带领着我们贵州册亨小分队，于 7 月 25 日至 7 月 30 日在贵州省册亨县展开了有关农村创业情况的实地调研，这短短不到一周的调研经历让我们每一位调查成员都印象深刻。

在正式调研之前，高维和老师带领千村小分队首先联系上了册亨县金融办主任王娇，王娇十分热情地向我们初步介绍了册亨县的自然环境、美食人文及经济发展情况，并从册亨县的各镇中为我们选出了较有代表性的两个镇作为调查对象，分别是丫他镇和巧马镇。

正式的调研是从 7 月 25 日开始的，在之后的日子里册亨县千村调查小分队每天清晨 8 点集合，在当地乡镇领导的安排下前往各个村庄进行调查。

在丫他镇进行调查时，由于刚开始缺乏经验，和丫他镇的村庄联络员协调得不够好，调查小分队需要自行在村庄中寻找合适的调查对象。害羞的孩子会悄悄关上自家的房门，拒绝我们这群陌生人闯入，不过当我们说明来意后，淳朴的村民会拉我们进屋热情地用茶水招待我们，并开始侃侃而谈，十分配合我们的调研。大多数的村民都是愿意将身份证号码给我们登记信息的，有的村民甚至直接把身份证掏出来让我们照着抄，他们的朴实真诚让我们十分动容。

第二个调查的镇是巧马镇，由于事先的安排得当以及当地人员的配合，村庄联络人员早已集结好相关的村委会干部和相关村民在村委会等候着我们的到来，当地的干部和村民相当热情地与调查人员分享该村创业活动的情况，这使得我们的工作变得更加顺利，同时提高了调研的效率。在巧马镇的五个村中，印象最为深刻的应该是尾贤村了，我们绕着盘山公路爬过一座山，又下了一座山，这九曲八十八弯的山路让我们有些晕眩，而路上时不时蹦出来的小山羊又会让我们惊喜，那隐藏在大山深处的尾贤村却是最重视教育的，初高中毕业生最主要的去向就是继续升学，而村支书向我们一直强调的“教育扶贫”也让我们牢牢铭记。

十分感谢村庄联络人胡伯和卢哥，胡伯是一个工作几十年的老党员，卢哥是一个刚刚参加工作的年轻小伙，虽然年龄相差很大，可他们两人对待工作的认真态度却是一样的：胡伯对每一个村庄都了如指掌，甚至村主任想不起来的细节数据问题，他却可以脱口而出；卢哥会陪我们去到那些在山的那边的村庄，扛着单反为我们记录一个个调研瞬间。从他们二人身上我们学到的是，无论在什么岗位工作都要坚持的认真负责的工作态度。

在每日调研结束之后，调研小分队在高老师的组织下根据当天调研过程中出现的问题展开分析与交流，我们提出问题，讨论问题，同时也在解决问题。每一天的小总结使得我们每一天的调研都在进步，整个调研小分队的效率越来越高，而彼此分享各自的问题与心得也给整个调研活动增添了许多温馨愉快的回忆，那些热火朝天的讨论与欢笑是我们有关千村调查的回忆里不可缺少的一部分。

大家认真地讨论着。

总结我们的调研成果，我们发现册亨县的创业情况不容乐观，村庄普遍存在着缺乏资金和知识、发展空间小、制度不完善、交通和基础设施环境差等问题。由于当地的经济比较落后，当地的农村创业主要是集中在种养殖业，种植有甘蔗和桉树，养殖以黑山羊为主。

以巧马镇的一家养殖场为例，创业者2014年开始养了200头羊，但由于缺乏养羊的专业知识，所以当小羊开始生病时，创业者不能够及时地控制病情，导致大量小羊死亡，最后长大的羊也不是很健康。同时2016年的羊价相比2015年经历了大幅的下降，2015年一只羊能卖1 400元左右，而2016年只能卖到600元一只，创业者损失了一大笔钱，而更加值得我们思考的问题在于当地缺乏一个公开竞争的市场环境，养殖户在市场价格的获取上毫无主动性，他们只能纯粹被动地接受外部买家给出的价格，而这往往低于市场的正常价格。

所有这些有关当地创业情况的信息我们都认真地记录在调查问卷里，不仅仅局限于问卷上的问题，我们还在高老师的建议下在问卷上做了许多相关的备注，我们想让每一份问卷都更加翔实，能够还原限制册亨县创业发展的真实现状。我们希望尽自己的努力做到最好，不奢望改变世界，但求实事求是，有真知灼见。

贵州山水的自然美丽，盘山公路的曲折和颠簸，时不时蹦出来的小黑山羊，工作认真负责的村庄联络人，热情好客淳朴善良的老乡们，在奔赴下一个村庄闲暇途中的欢声笑语……通过这次千村调查，我们收获的不仅是一次专业调研的经历、一群逗比而认真的小伙伴、一位负责而有趣的指导老师，更是一次对我校校训"厚德博学，经济匡时"的真实体验。将所学投入实践，读万卷书、行万里路，是我们每一位年轻的读书人都应该积极去做的事，愿你我共勉共进步。

千村调查（12）安徽手记：“桐城派”今天在创业

上海观察　2016-10-17

千村调查是上海财经大学以“三农”问题为研究对象的大型社会实践和社会调查研究项目。2016年主题是“中国农村创业现状”，希望通过对中国“千村万户”的调研，挖掘出影响中国农村创业活力的关键性因素，确定农民创业企业的成长路径，涉及21个省、市、自治区的30个县。目前，各定点调研小组已经完成了艰苦的实地调研工作。在几天的调研过程中，大学生队员们在老师的带领下结束了这在广袤田野中生动的一课。在此精选的一系列调查手记中，他们共走访了10个乡村，了解了农村的真实面貌，在与村民们深度访谈中记录下点滴体会、感悟与思考。

8月10—15日，上海财经大学千村调查安徽省桐城小队在桐城市展开了为期6天的问卷调研活动。

上海财经大学的“千村调查”项目已经进入了第九个年头，2016年暑假我校依然致力于农村现状研究，选择了“中国农村创业”这一主题，在中国各个省市进行调查活动。安徽省安庆市桐城市就是这次定点调查的进行地之一，队员们对于能参与到这次千村调查的定点调查项目感到十分幸运，铆足了干劲儿。

最终，由国际工商管理学院汪立老师带领的一行11人，对桐城市范岗镇、双港镇2个镇、10个村进行了调查走访，累计访问2位镇长、10位村主任、19位村委、40名创业者与50名普通村民，完成了120余份问卷的访问工作。

忐忑中满怀期待——准备阶段

我们的调查原定于8月6日开始，但受不久前安徽水灾余威的影响，桐城市很多村镇的洪水还未退尽，为了不影响桐城的后续救灾行动，调查行程不得不延后，我们的计划似乎还未开始就出现了阻碍。大家只能怀着担忧和祈祷，一遍遍熟悉自己的分工和负责的问卷。终于，好消息传来，桐城的水灾影响已经基本结束了，我们的行程被敲定于8月10日开始。

10日下午，大家从不同地区出发，陆陆续续汇聚到桐城市118酒店。桐城市政府的接待人员热情地邀请我们吃了在桐城的第一顿晚餐，利用用餐时间大家进行了友好的交谈，队员们在增进友谊的同时，也对桐城这座历史悠久的小城有了更多的了解。

桐城市位于安徽省中部，面积1 571平方公里，总人口75万。206国道、合九铁路、沪蓉高速三大交通动脉纵贯全境，是皖西南的交通枢纽和承东启西的通衢之地，更是皖江城市带承接产业转移示范区的前沿阵地和合肥经济圈南翼门户城市，近年来，桐城农村创业发展一片欣欣向荣，形成了以印刷包装、机械制造、塑料加工、家纺服装等为主的优势行业。

虽然刚刚结束了旅途奔波，队员们却丝毫不敢懈怠，连夜开会对调查中可能出现的问题进行讨论。"村主任问卷的具体数据如果村主任记不清的话在哪里可以查找？""问卷中关于收入和存款的问题如果受访者不愿意说怎么办？""第一天的调查任务如果不能按计划完成要如何分配接下来几天的任务？"……大家一边细细翻看材料，一边想象着明天调查中可能出现的问题。在汪立老师的带领下，队员围坐在一起，解决掉所有疑惑，并将各份问卷都逐条查看思考后，才回到各自的房间休息，为第二天开始的调查工作养足精神。

中国制刷第一镇——范岗镇

11日，高温炙烤，烈日炎炎。小队备好了足够的饮用水和防中暑药品，来到了我们此次调查的第一站——有着"中国制刷第一镇"美誉的桐城市范岗镇。

随车一进入范岗镇，队员们你一句我一句讨论了起来："好多刷业啊！""刷业是什么？""又是一家制刷！""这就是'产业聚集'吧？"……不愧是"中国刷业城"，目之所及到处可见各种写着"刷业"、"制刷"的招牌，数都数不过来。热心的司机师傅向我们介绍了范岗镇的刷业现状，当得知李克强总理之前到这里来访过的消息后，大家更是对这座小小的村镇肃然起敬，忍不住更加端正态度投入到接下来的调查工作中。

小队在范岗镇的调查包括沥岗村、范岗村、铁铺村、月山村和新西村 5 个行政村。

沥岗村是我们真正展开问卷调查的第一个村，由于经验不足，虽然大家经过了周密的计划，但还是出现了一些小插曲。因为之前与村委沟通时并未说明队伍具体人数，村委会显然没想到我们浩浩荡荡来了十多人，加上陆陆续续到齐的受访者，20 多个人把小小的村委会塞得满满当当。虽然条件比较艰苦，但还是有许多让我们感动的细节。凳子不够了，村委的工作人员就把自己的凳子让出来给队员和村民坐；再不够的，队员想让自己的受访对象先坐下，受访的阿姨却执意站在旁边把凳子让给需要书写的队员；小空间闷热逼仄，好心的村委就把自己的台式电扇搬出来给我们扇风；村主任问卷数据不清楚的，几个村委便自发帮忙查阅起来……大家将这种感动转化为动力，一上午的辛苦后，大家终于结束了第一个村的访问。

我的第一位访问对象是朱阿姨，朱阿姨接受问卷调查时一直有点害羞地说自己没什么文化，觉得给我们的访问增加了麻烦。虽然很多问题都需要我进行解释，但朱阿姨的态度一直十分配合，认真地思考问题，偶尔面露愧疚地向我提出疑惑，反而是我觉得不好意思了。当问到"您家的幸福满意度"时，朱阿姨的脸上终于散去了疑惑，取而代之的是带着几分害羞的笑容，她十分肯定地回答我："很幸福！"那一瞬间，我突然明白自己的工作充满了意义。

结束了沥岗村的调查，队员们在返程的车上分享了自己遇到的问题，大家总结了沥岗村的经验教训，之后的调查也越来越熟练，按计划完成了我们在范岗镇的调查工作。

“塑料之乡”——双港镇

调查的后半段在双港镇进行。初到双港镇时，村口大石头上刻着“塑料之乡”“鱼米之乡”“教育之乡”的字样，之后的调查大家才意识到“塑料之乡”的名号并不是徒有虚名。我们走访了双港镇龙山村、山明村、福华村、双铺村、福桥村 5 个村，几乎每个村都有大量的塑料产业的创业者，全家齐创业，亲友都是个企创办者，这样的情况在双港镇十分常见。

对于在双港镇的调查见闻，大家都有一些感慨，创业确确实实给农村居民带来了更高的收入和更好的生活水平。负责创业者问卷的同学对此感受更为深刻，他们在和创业者的接触中，对于很多农村企业的绩效和发展有所了解：看似普普通通的村子，里面其实有不少红火的塑料产业企业；看似朴实无华的村民，很有可能就是某个年产值百万千万企业的老板；看似土生土长的个企老板，也有可能是几十年前厦门大学的学霸高材生……较高的文化水平和浓烈的创业氛围，对双港镇的经济发展起到了非常大的推动作用。

感动与不舍——结束行程

8 月 14 日，所有的调查任务都已完成，汪立老师带领我们认真总结了这次桐城之行的收获：第一，通过实地调研，了解了基层的状况和农村创业的现状；第二，克服了天气炎热的困难，大家团结协作，顺利完成调研任务；第三，了解了当地的历史和文化，如桐城学派和六尺巷，增长了见识，可谓收获颇丰。

15 日，大家收拾好行李，彼此告别，惜别了这座留下我们汗水与足迹的小城。而千村的工作并没有就此结束，后续的问卷录入、论文编写也紧锣密鼓地计划起来。

龙眠山脚城已眠，龙眠河畔人未眠。短短的 6 天时间，大家对桐城这座人杰地灵的小城已经产生了眷恋，从“桐城派”文化的一脉相承，到桐城人民浓烈的创业热情，都留在了我们的记忆中，而最令我们印象深刻的，是受访者提及生活与家庭时真心流露的笑容，是创业者谈及未来的满怀壮阔，是桐城人民对于美好生活的执着与追求。我们希望包括桐城在内的中国千千万万农村不断发展，更希望我们此次千村调查的工作能为它们的发展贡献微薄之力。

千村调查（13）
小王的选择：做“村官”还是去创业

上海观察　2016-10-17

千村调查是上海财经大学以“三农”问题为研究对象的大型社会实践和社会调查研究项目。2016年主题是“中国农村创业现状”，希望通过对中国“千村万户”的调研，挖掘出影响中国农村创业活力的关键性因素，确定农民创业企业的成长路径，涉及21个省、市、自治区的30个县。目前，各定点调研小组已经完成了艰苦的实地调研工作。在几天的调研过程中，大学生队员们在老师的带领下结束了这在广袤田野中生动的一课。在此精选的一系列调查手记中，他们共走访了10个乡村，了解了农村的真实面貌，在与村民们深度访谈中记录下点滴体会、感悟与思考。

创业讲座结束后的座谈中，我认识了大学毕业不久的小王，她是甘肃古浪县人，大眼睛，戴着一副黑框眼镜。高鼻梁，齐刘海，不太主动说话，总是带着一点羞涩的微笑。她跟我同岁，却已经从事村里的文员工作有将近一年的时间了。

“什么？你也创业过？我觉得你的气质和形象不太符合创业者呀！”听到她说自己创业过，我惊奇地瞪大了眼睛。

“对呀，所以我创业失败了嘛！”小王半开玩笑道，推了推眼镜之后，她向我娓娓道来：“那时候我还在兰州上大三，学校不是那么好，我也不太清楚自己想要什么，以后要做什么，突然有一天，我舍友跟我合计，要不要一起开个网店，卖甘肃特产。我想了想，我们古浪也有特色的大枣、土豆、枸杞，很多亲戚都是种这些的，货源也充足，如果在网上卖的话，还能帮家里卖点东西，这多好！我们宿舍几个姑娘都觉得不错，于是各自出了点钱，合伙在淘宝上开起了小店。”

“大三一般是最紧张的时间，你开网店会不会耽误学习呀，会不会很辛苦？”我很好奇她是如何平衡学习和创业的关系的。

“是呀，刚开网店的时候我们都很有热情，宿舍几个人争先恐后地建言献计、出钱出力，光想着怎么能把小店搞得更吸引人，当时卖出一笔特产我们都能高兴老半天，那时候虽然辛苦但是很开心，觉得自己做的事情有意义。但是，不得不承认，创业就是会分心分神，我一直都是比较听话认真的学生，学习成绩也非常好，但是这个网店让我的心理变得有些浮躁，有时在图书馆学习，一条旺旺消息过来，我的心就不安定了。为了这个淘宝店，我们几个对学习慢慢就有点松懈了。所以，我觉得要想平衡学习和创业的关系，肯定要对二者都保持热情，付出常人几倍的努力。”说到这，小王低下头不说话了。

“那听你这样说，生意还不错呀，为什么后来不做了呢？”我很不理解，也很惋惜，这样的热情和认真的态度，为什么要放弃呢？

“事情的转折发生在一次放假回家，家里人一起吃饭，可是我却忙着回复网店的消息，当时我就看到父母的脸色不太好，爷爷奶奶也说好不容易回一次家，光顾着看手机了。那天晚上，我爸爸跟我深谈了一次，他觉得大三正是紧张的时候，开网店太耽误时间了，而且家里条件虽然不太好，但是供我读书是没有什么问题的，所以让我不要想着给家里挣钱。至于以后的工作，他和我妈都希望我能脚踏实地，女孩子拿着大学文凭选择一份安稳的工作，不要瞎折腾。”

“对你来说，那天晚上应该是比较艰难的一晚，网店刚步入正轨，可是家里人说的也有一定道理。”我深深地体会到了小王心里的矛盾和委屈。

“回到学校以后，我明显觉得在网店这方面我的热情消退了不少，每每花时间在网店上时，我的内心就会出现一种莫名其妙的负罪感，我反复问自己：这究竟有意义吗？我以后想干什么？我真的要自己创业吗？不光是我，舍友的热情也开始消退了，大家忙着实习找工作、谈恋爱，都缩短了打理网店的时间。不花功夫网店自然没有什么收入，久而久之就荒废了，我们的投入基本上也没有收回来。”说到这小王脸上露出了惋惜的神情。

“那怎么选择做西部计划志愿者了呢？你真的想做这个吗？”我问道。

“一次偶然的机会我看到西部计划志愿者的招募，考试通过了就可以参加，而且可以回到古浪县里，父母非常支持，一方面，在古浪县离家里近，能常常回家，另一方面他们觉得这份工作稳定，做志愿者一年之后就可以进入基层机关工作，做得好就能层层上升了。相比于前途未知的创业活动，西部计划更有保障更适合我。”

说到这里，我已经确定这里的人更加偏好稳定的工作，也许窘迫的经济不允许他们在创业的路上一次次试错，又或许从观念里，人们更欣赏在政府机关、事业单位工作的“金饭碗”吧！“那你自己是怎么想的呢？你觉得创业好还是在政府工作好？做了快一年了，你后悔当初的决定吗？”我追问她。

“我也想过这个问题，其实没什么好后悔的，这里的人都觉得在政府工作更好，以后做一名大学生‘村官’父母脸上也光彩，稳定的工作和生活也没什么不好，就像你一开始也觉得我的气质和形象不符合创业者嘛！至于之前的创业经历对我来说也算是一些历练吧！”小王笑着说。

我想，小王在大学里创业的出发点可能也是为了帮助家里卖出一点东西，改善家里的生活条件吧，像她一样的创业者在古浪、在甘肃、在整个西部欠发达地区不在少数。这样的出发点容易受到家人的影响，不容易坚持下去；另外，他们承载着整个家庭的期望，窘迫的生活条件、固守的思想方式也让他们似乎不可能将创业视作一项毕生追求的事业。

千村调查（14）杨清育：巴中高塔乡的麦田守望者

上海观察．2016-10-18

千村调查是上海财经大学以“三农”问题为研究对象的大型社会实践和社会调查研究项目。2016年主题是“中国农村创业现状”，希望通过对中国“千村万户”的调研，挖掘出影响中国农村创业活力的关键性因素，确定农民创业企业的成长路径，涉及21个省、市、自治区的30个县。目前，各定点调研小组已经完成了艰苦的实地调研工作。在几天的调研过程中，大学生队员们在老师的带领下结束了这在广袤田野中生动的一课。在此精选的一系列调查手记中，他们共走访了10个乡村，了解了农村的真实面貌，在与村民们深度访谈中记录下点滴体会、感悟与思考。

7月28日，巴中市南江县千村调查团队来到高塔乡高塔村进行创业调查，在那里，我们见到了创业者杨清育。村委办公室中，这位忠厚老实的中年男人笑盈盈地跟我们讲述了他的创业故事。

在1996年之前，杨清育还是南江县高塔乡高塔村中一个再普通不过的农民，以种植水稻为生，日子也还算过得去。春耕秋收，从没有考虑过未来会是怎么样。一次偶然的机会，杨清育在村委会看到了政府的宣传手册，鼓励农民发展庭院经济，自主创业。对杨清育来说，创业是一个陌生而遥远的词，可是宣传手册上的内容又让他心动不已，他回家与妻子商量了很久，思前想后，迟迟不能下定决心。看看田地中跟邻居家一模一样毫无特色的稻子，又看看家中的妇孺老人和嗷嗷待哺的一对儿女，杨清育心中腾起一股豪情，一拍桌子，休整农田，改行种瓜！

杨清育是一个做事果断的人，说干就干。1996 年 3 月，他拿出了自己所有的积蓄，向银行借了一部分钱，准备好了西瓜苗，腾出了家里的农田，夫妻俩一起卷着袖管开始了新的事业。起步往往都是最艰难的时候，1996 年，当地还没有成规模的瓜田，也就没有前车之鉴。杨清育守着偌大一片瓜田，与妻子两个人研究怎么种瓜苗，怎么施肥，怎么通水，何时种苗，何时收割。作为当时村中唯一的瓜地，又经过杨清育夫妻一年勤恳打理，这片瓜地在第一年结束时就获得了不错的成绩，种出来的西瓜个大味甜，深受村民欢迎。杨清育得到了鼓励，干得更加卖力。几年后，他又从别人那里承包了一部分土地，种上了猕猴桃。虽然果园的事情越来越多，杨清育却不放心把自己的果园交给别人打理，从始至终，这片果园都由夫妻俩亲自照顾，尽管每天都很疲惫，但是看着自己地里的水果一天天长大，两人心中欢欣不已。

杨清育的果园经营也并非一帆风顺。2003 年，杨清育与别人产生了土地纠纷，并最终失去了一片果田。眼看着一片肥沃的土地就这样划入别人的地盘，杨清育的心仿佛在滴血。虽然在这之后他又想办法得到了另一块土地，但是这次纠纷还是给果园带来了不小的损失。杨清育不是个会轻言放弃的人，他很快调整心情，再次投入到果园的经营中去。

现在，杨清育已经有了一片占地 100 亩的果园，其中种植了西瓜、猕猴桃和草莓等水果，在这片土地洒下的汗水也终于得到了回报。2015 年，杨清育夫妇被评为巴中市庭院经济示范户，成了当地农民创业的标杆和楷模。杨清育告诉我们，他准备在果园中建一个农家乐，从单一的种植业向服务业转换。看着他自信满满的笑容，作为调查员的我们也不禁替他感到高兴。杨清育一辈子守在这个小小的村庄里，守在祖上传下来的土地旁，守在自己的事业上，这片土地养育了他，如今他也凭借自己的努力让这片土地更加肥沃多姿，让自己的家乡以自己为荣，希望他能够继续坚持下去，也希望农村会有更多的人像他一样自主创业，为农村添加更多的故事。

（作者：耿沁心）

千村调查（15）
甘肃武威手记：4 张调研面孔的剪影

上海观察　2016-10-18

千村调查是上海财经大学以“三农”问题为研究对象的大型社会实践和社会调查研究项目。2016 年主题是“中国农村创业现状”，希望通过对中国“千村万户”的调研，挖掘出影响中国农村创业活力的关键性因素，确定农民创业企业的成长路径，涉及 21 个省、市、自治区的 30 个县。目前，各定点调研小组已经完成了艰苦的实地调研工作。在几天的调研过程中，大学生队员们在老师的带领下结束了这在广袤田野中生动的一课。在此精选的一系列调查手记中，他们共走访了 10 个乡村，了解了农村的真实面貌，在与村民们深度访谈中记录下点滴体会、感悟与思考。

原本 36 小时的车程，因为发大水，硬生生又晚了 4 个多小时。在火车上待了 40 个小时的我，下车的一瞬间如获新生。7 月份的武威虽然已经过了晚上 7 点，但依旧夕阳高照，空旷清凉。我脑袋还在单曲循环火车发出的低音乐，肚子倒是来了精神，“咕咕”叫个不停。一碗兰州拉面下肚，满足！大睡一觉后，紧跟着老师和县委领导的安排，同学们进入了紧张的调研状态。

忙碌的日子总是转瞬即逝，看着辽阔的山丹军马场发呆，我脑海中突然浮现出四张西北汉子的脸。

面庞一：原则认真脸

调研第一天，我负责普通村民问卷，受访对象是一位约 45 岁的叔叔。学校给每位受访者准备了20元酬劳。我直截了当地介绍了此次调研活动的意图，叔叔听得很认真，还时不时竖起大拇指。嘴巴里念叨着“大学生做得好，响应党的号召，了解我们老百姓的生活”。接着，我把学校准备的给每位受访者的20元酬劳发给叔叔。可叔叔说什么也不要，他说：“你们大老远上海来的，辛苦。我没干啥，不要钱。”万般无奈，我们只好先进行问卷的填写。问卷中，一道题目说“当您为人父母时……”叔叔提出疑问“为人又是父母，是个啥意思？”我立马换种说法解释。虽然嘴上没说，但是心里想：实在不好意思，我太刻板了！不应该对不识字的叔叔使用四字短语。并且早该熟记问卷，及时转换成通俗易懂的语言介绍给他们。读书不能读死书，要接地气。

在填问卷的时候，叔叔的手机一直响，我都不好意思了，说：“叔叔没关系的，您去接电话，我等着您。”说了好几遍，叔叔才勉强出门接了电话，之后又急忙跑进来填写问卷。问卷整整填写了一个半小时，叔叔一直斜身面对我，认真地回答着每个问题。他不要钱，我心里又实在过意不去，好在学校还给我们准备了印有“上海财经大学千村调查”logo的本子，我送给了叔叔一个。随口问了一句：“回家本子给谁？”叔叔说：“给小孙子。”我立马笑了，前去请示老师，可不可以多发给叔叔一个本子。因为填写问卷的时候了解到叔叔家儿子生了双胞胎，送一个本子两个孙子得打架。老师立马批准了。叔叔拿着两个本子高兴地回家去了，瞧着他轻快的脚步，我也变得轻松愉悦了不少。

无论是谁，只要坚持原则，时刻保持一丝不苟的认真态度，就会得到尊重。我侧面了解到，武威县下的村庄平均每个务农男性打临工的日均收入为100元。可见确实存在着极大的南北人力资本收入差距。也许叔叔觉得又不费力气，说说话值不了这些钱，也许也是他体现了西北男人讲义气：村里的安排，我有义务来做调研，不用给钱。

面庞二：憨厚老实脸

问卷里有这样一道题目：“您觉得与2012年以前相比现在女性的自主创业机会更多了？”答案是5个程度选项，从完全不同意一直到完全同意。叔叔笑笑说：“那得看谁家的女人了？我家的女人就在家吧！哈哈。”他回答完不好意思地笑了起来。我想也许他知道女性应该有追求自己事业的权利，只是他还没有办法转变观念。可见思想转变不是一朝一夕的事情。

虽然部分农户住上了楼房，孩子也上了县城的幼儿园、小学、初中，年轻人也会偶尔去电影院看电影，在餐馆里吃麻辣烫、凉皮。但思想观念还是较为落后，或者知道应该怎样做，但不愿意付诸行动。还有一道题目这样问："您家存在重男轻女的现象么？"叔叔说"还可以吧！总还是把地留给儿子，女儿嫁远了！"叔叔说的是真心话，也是一个现实的情况。但似乎老年人住医院女儿陪伴的更多一些；老年人有心事更愿意找女儿倾诉。牵扯到病危通知书签字，遗产分配等事情则儿子必须出面。也许只是儿子女儿分工不同吧！请不要说只把财产留给儿子，女儿会伤心。不过我们这一代独生子女不会有这样的苦恼。

面庞三：幸福感恩脸

一位右手残疾并且右眼失明的创业者叔叔接受了我的访谈。他告诉我，他家原来在山里，用水、用电不方便。李村主任帮他搬到了这个移民村，走上了柏油马路，而且还有了路灯、自来水，头疼脑热直接去卫生所，很方便。原本他是不愿意来的，因为担心残疾找不到工作，山里还有一点地，和老伴吃口饭没问题。没想到村上给了"精准扶贫"的钱帮忙创业，一下子就给了5万元，无息借款3年。村干部带着买鸡苗，每个月还有兽医来给鸡舍消毒、讲解。鸡长大了贩子直接来家门口收，愿意卖就卖，不愿意卖就再养几天。真是日子过得有盼头，舒坦，儿女们回家来也方便，家里也宽敞了！感谢李村主任，感谢党。

面庞四：惊恐着急脸

此次调研之行由武威市共青团委王书记全程陪同。一次，我们3个人在一个小餐馆门口等当地的村委书记。旁边有个水渠水"哗哗"地流。大学二年级的一位同学不知怎么想的突然要跳过水渠，不料脚底一滑，差点一头栽进去。就在那个瞬间，只见平时和蔼可亲还有些圆乎的王书记一个箭步拽了他的衣角。这个动作可吓坏了在场的所有人。王书记惊得涨红了脸，可以说是愤怒地责备："你可吓死人了！这是高压井抽上来的水，一冲就找不见你了！可是吓死人了！"确实，我也被吓得半天惊魂未定。那位同学低下头，不好意思地站在旁边。不论在哪里，我们一定要注意安全，毕竟生命只有一次。

调研接近尾声时，我们发现普通村民部分的问卷还少16份。这可急坏了王书记，他一再抱歉，因为现在正是农忙季节，部分乡亲去收粮食了！王书记满头大汗，立马请示上级，约半个小时后我们又出发了，前往党员示范种植基地，前往黄牛养殖基地，前往幸福村。只见村主任带领着2位村干部、5位创业带头人和15位村民整齐地坐在会议室里等着我们。最后我们不仅进行了实地的考察参观，还超额完成了问卷填写任务。

贫瘠辽阔的土地，热情憨厚的人民，给我留下了难以忘怀的记忆。特此感谢上海财经大学为我们提供这次宝贵的调研机会；感谢甘肃省武威市古浪县各级政府的周到配合；感谢董老师、王书记的辛勤付出；感谢同学们的互帮互助……

（作者：赵 策）

千村调查（16）“85后”青年的农村创业路

上海观察　2016-10-19

千村调查是上海财经大学以“三农”问题为研究对象的大型社会实践和社会调查研究项目。2016年主题是“中国农村创业现状”，希望通过对中国“千村万户”的调研，挖掘出影响中国农村创业活力的关键性因素，确定农民创业企业的成长路径，涉及21个省、市、自治区的30个县。目前，各定点调研小组已经完成了艰苦的实地调研工作。在几天的调研过程中，大学生队员们在老师的带领下结束了这在广袤田野中生动的一课。在此精选的一系列调查手记中，他们共走访了10个乡村，了解了农村的真实面貌，在与村民们深度访谈中记录下点滴体会、感悟与思考。

八月，阳光灼灼，山东德州乐陵周边的农田，郁郁葱葱，一片繁盛。在冯晨老师的带领下，上海财经大学师生一行11人来到这里，开展“农村创业状况调查”。

8月15日下午，调查小队来到乐陵杨安镇堤北董村。在这里，我们采访到了经营调料品批发的张博。张博今年27岁，在众多受访的农村创业者中，可谓是“小鲜肉”一枚。在和他的交谈中，我们了解到“85后”青年独特的创业之路。

创业初期，热血澎湃

2012年8月，张博踏上创业之路。在此之前，他大专毕业，曾在国企监管部门工作了半年多的时间。谈及辞职创业的原因，张博微微一笑："太过于稳定了，少了很多激情。"于是，怀着满腔热血，张博开始建立属于自己的事业。创业初期，父母亲朋为他提供了很多资金上的支持，凭借着灵活的头脑和充盈的热情，张博在摸索中起步，一点点通过各项审批、建立销售渠道，使得批发点的经营逐渐步入正轨。

励精图治，站稳脚跟

经过几年的努力，张博的生意站稳了脚跟，不仅在杨安镇有很多客户，更在德州市外的省内其他地区开拓了市场。据张博描述，自己对外批发的调味品质量上乘，受到顾客的极大好评。销售额也从最初的1年两三万元增长到现在的1 000万元，可谓是实现了质的飞跃。说起自己创业成功的经验，张博表现得十分谦虚。他坦言，家人的支持和鼓励是他事业发展前进的重要因素。再加上他自身做事踏实可靠，善于与人沟通，与很多客户都建立起了良好的关系，才能取得如今不错的成绩。

面向未来，阻力重重

虽然现在生意做得风生水起，但是，面对未来的发展形势，张博表示不容乐观。首先是竞争压力越来越大。张博所在的杨安镇被誉为"中国调味品第一镇"，调料业极为繁荣，从事调料品加工和批发的商家逐年增多。而且各商家的产品差异并不明显，竞争变得更加激烈，近年来的利润率不断走低。为应对这样的形势，张博一方面想要拓宽销路，另一方面试图扩大经营规模。前者实现起来相对容易。张博充分利用互联网技术，拓展人际圈子，吸引客户的注意。他的微信联系人已达400多个，采访过程中还不断接到客户打来寻求合作的电话。然而，在日益增长的需求面前，资金的不足却成了张博的一个难题。亲戚朋友的赞助毕竟有限，申请创业贷款也存在条件要求高、审批难的问题。解决资金上的困难、在竞争中占据有利地位，成了张博目前事业发展的重中之重。

综观张博的创业之路，有两个方面值得一提。一是青年人农村创业的优势。根据采访结果来看，农村创业者以中年人居多，像张博这样的青年人占少数。然而，青年人往往思维活跃，对市场的变化感知敏锐，擅长利用互联网建立起复杂的人际网络，在农村创业应该说是大有可为。在人们争相盲目涌入“北上广”的今天，我们何不转换思维，提倡和鼓励当代青年发挥自身优势，到农村大胆创业呢?

另一方面，农村创业需要政府提供更多的支持。不仅要拓宽融资渠道，帮助张博一类的创业者更好地解决资金上的困境；更要加强方向上的引导，优化服务，推进转型，使得创业者们提供更具有针对性的产品或服务，从自身方面切实提高竞争实力。

结束采访后，一行人乘车返回。公路旁，万亩的枣树已经结满了青色的小枣，远远望去，煞是喜人。在“大众创业，万众创新”的响亮号召下，农村创业就像那树上的枣子，生机盎然，静待成熟。

（作者：刘晓雯）

千村调查（17）
创业之路，风雨兼程：从搬砖工人到企业家

上海观察　2016-10-20

千村调查是上海财经大学以“三农”问题为研究对象的大型社会实践和社会调查研究项目。2016年主题是“中国农村创业现状”，希望通过对中国“千村万户”的调研，挖掘出影响中国农村创业活力的关键性因素，确定农民创业企业的成长路径，涉及21个省、市、自治区的30个县。目前，各定点调研小组已经完成了艰苦的实地调研工作。在几天的调研过程中，大学生队员们在老师的带领下结束了这在广袤田野中生动的一课。在此精选的一系列调查手记中，他们共走访了10个乡村，了解了农村的真实面貌，在与村民们深度访谈中记录下点滴体会、感悟与思考。

段剑华，本是一名普通的搬砖工人，通过一步步的辛苦打拼，如今已成为江西上饶余干县石山村小有名气的企业家。他用十几年的年华，书写了一个平凡工人创业的不平凡故事。

打工起步，收获人脉

1999年，18岁的段剑华出门打工。初次离乡的他既没有较高的文化水平，也没有掌握专业的技能，只能到福建厦门的一个建筑工地上搬砖。那时候的他，平均每天工作11个小时，但酬劳却仅有20元。这样只靠体力工作十分辛苦，让他不由得开始思考自己未来的方向。

艰苦的条件激发出了段剑华的斗志，在大城市打工的三年也让他接触到

了更多不同的环境，发现了更多的工作机会。2002 年，21 岁的他换了份不那么耗体力但需要更多耐心的工作——做创可贴的推销员。这份工作要求他每天在外面跑业务，需要与不同的人见面打交道，推销创可贴。当时的他拿推销创可贴的提成，平均一个月能有 3 000 元的收入。这个工作经历大大开阔了他的视野，丰富了他的营销经验，同时也让他认识了更多的人，为他的创业打下了扎实的人脉基础。当然他也积累了 10 多万元的资金，这些便是他之后创业关键的本钱。

首次创业，攻克难关

2005 年，一次偶然的机会让他选择了面具这个行业。他在看电视时发现外国人的舞会上时常有很多人戴着舞会面具，这让已经积累了几年营销经验的他敏锐地发现了其中的商机。他立刻在网络上查询了大量相关资料，同时也立即咨询了不少相关人士。结果他发现做面具确实可以获得可观的收益。他心动了，下定决心要抓住这个“赚钱”的机会。于是，他拿着打工积累下来的钱，开始了自己的创业之路。然而，创业之路的开启并非一帆风顺，这其中必然有许许多多前所未有的困难，需要段剑华这位“创业初学者”一点点地翻越攻克。当笔者问起他创业初期遇到的困难时，他没有立刻回答，只是低下头，皱着眉，仿佛又回想起了创业时的辛酸与苦涩。过了一会儿，他抬起头，带着悠长的眼神缓缓地说：“最初，我也遇到了创业中最常见的三座大山：资金不足、技术缺乏、交易渠道找不到。”

首先，最迫切的是要解决资金不足的难题。要知道，创业仅用段剑华自己攒下的 10 多万元是远远不够的，买一台机器就要几万，更何况还要支付房租、员工工资等。那时他因为缺乏银行借贷知识和获得银行贷款的条件，并没有去银行借贷。于是他到处向亲朋好友借钱，勉强可以维持工厂的开销。考虑到自己的资金问题，他告诉自己“心急吃不了热豆腐”。当时他的计划是先让工厂初具雏形，然后再以滚雪球的方式积累资金，扩大生产规模。

接着就是技术难题。虽然在中国面具需求量不大，但这个行业的竞争仍然激烈，要想轻易获得其他面具厂的工艺技术是不大可能的。于是，他想到了一个学习技术的方法，并称之为“卧底行动”。他找到几个自己信任的员工，派遣他们去其他面具厂工作，在工作的同时好好学习那里的加工技术。加工面具的技术并不属于高技术，很容易被复制。几个月后，“卧底”员工圆满完成任务回到段剑华的厂里“待命”。此时，技术难题也解决了。

最后是交易渠道的问题，这直接关系到企业的利润收入，是企业的发展命脉。面具做出来了，也加工好了，那么销售给谁呢？应该怎么销售呢？就在这些问题出现的时候，段剑华之前打工跑业务的经历发挥作用了。他利用自己广泛的人脉资源，找到了第一个买家，然后通过这个买家找到了更多的销售渠道。渐渐地，他打开了欧美市场，从中国的农村走向了国外。有了充足销售渠道的段氏工厂此时的前途看似一片光明，可永远会有一个“但是”发生。

几经波折，重拾信心

2009 年，段剑华几乎倾家荡产。他之前进行的交易都是以诚信为本，用的是传统的交易方式：先交货，再收钱。这种交易方式让不法之徒有了可乘之机。一次，他接收到一笔向欧洲出口大批量面具的订单。这本是一笔让他兴奋不已获利颇丰的生意，然而，就在货物已经发出，需要接收付款的时候，对方突然销声匿迹，货款也随之石沉大海。尽管寻求了公安机关的帮助，最后还是没能将骗子捉拿归案。回忆起这段让他痛心疾首的经历，现在的段剑华只怪当时的自己经验不足，过于相信别人，缺乏生意上的法律知识。这个事件给段剑华带来的亏损数额巨大，工厂几乎倒闭。

然而真正的强者是不会在困难面前倒下的，这次的挫折反而让段剑华更加坚定了要将生意做大做强的决心。他没有在这场商业骗局中迷失方向，陷入悲伤，而是迅速重整旗鼓，努力弥补这次缺失，想方设法维持工厂的资金运转。在最艰难的时候，他四处奔波，到处向亲朋好友借钱支撑工厂的正常运行。几个月后，他的工厂终于慢慢恢复了元气，再一次步入正轨。亲身经历了这次风波的他也吸取了惨痛而又宝贵的经验教训，在与人洽谈生意的环节上变得更加谨慎。

到了 2011 年，国家环保检查标准变得更加严格，对面具生产的要求大大提高。段剑华工厂里已经做好的面具被查出不合格，必须全部销毁，停止出售。几十万的面具全部销毁，这对段剑华来说无疑又是一个巨大的打击。面对国家对产品质量严格要求的压力，他没有怀着侥幸心理逃避质检部门的检查，而是直面新的标准，在第一时间增加设备投入，改进技术。谈到工厂的技术革新，他扬起了自豪的笑容，眼神中充满了坚定："我要做出更好的面具才会无愧于心，工厂才能更好。"

几番波折，他重拾信心，在困难中抓紧了所有微弱的希望，一路走来未曾在风雨中停下前进的脚步。2012 年，段剑华的步维工艺品厂终于走上了正轨。现在的段剑华，正怀着最初的梦想带领着他的工厂，向着光明的未来大步前行。

千村调查（18）
江苏淮安洪泽县：小城的满足

上海观察　2016-10-20

千村调查是上海财经大学以“三农”问题为研究对象的大型社会实践和社会调查研究项目。2016 年主题是“中国农村创业现状”，希望通过对中国“千村万户”的调研，挖掘出影响中国农村创业活力的关键性因素，确定农民创业企业的成长路径，涉及 21 个省、市、自治区的 30 个县。目前，各定点调研小组已经完成了艰苦的实地调研工作。在几天的调研过程中，大学生队员们在老师的带领下结束了这在广袤田野中生动的一课。在此精选的一系列调查手记中，他们共走访了 10 个乡村，了解了农村的真实面貌，在与村民们深度访谈中记录下点滴体会、感悟与思考。

八月末，在夏日余热中，我们调研小队一行在国际工商管理学院李眺老师的带领下，对江苏淮安洪泽县朱坝街道的创业情况进行了调查。

没有缭乱的霓虹灯，没有喧嚣的动感音乐，洪泽县城中有的是密密麻麻的门户商店，顶着最简单明了的广告灯，默默度过夜晚。小城镇的亲切，欢腾，忙碌，与郊区葳蕤田地的安然平静，便构成了洪泽的基本景观。

八月正是水稻生长旺盛的时节，放眼望去，大有“土地平旷，屋舍俨然，有良田美池桑竹之属”的况味。调查下来，当地居民亦有“并怡然自乐”的神情。作为基督教盛行的乡镇，调研的每个村均设有基督教会，每周去唱唱歌、聊聊天的礼拜则进一步丰富了虽自在闲适却难免枯燥的农耕生活。镇下的村大多仅剩下些中老年村民，多是打工回来拾掇些旧田，几年辛苦下来有了积蓄，儿女也陆续在外地自立，伴随着物质条件的改善，生活自如而安适。

村民的简单生活洋溢着安然与满足，然而创业者所面对的环境显然更加复杂。小城的满足感推动着整体的和谐，但或许也有着止步不前、趋于自满的某种局限。

年迈的创业者

洪泽郊区第一产业较为发达。创业者仍然无法放下父辈与土地的羁绊，仍然以种植小麦水稻或养殖为主。

大魏村的魏近在当地做着绿植工程生意，近几年，他说自己已很少再承包建设工程，种植绿化植物已成为主要收入来源。随着年轻人的大量流出，已到中年的在乡创业者已不愿再折腾，同时儿女也不希望他们过度劳累，故很多创业者的规模始终固定在创业初期水平。此外，魏近感叹，在洪泽这种小县城鲜有配套设施，没有系列产业，很难形成规模。即使自己有野心，相比于苏南常州的夏溪大型专业化花木市场，洪泽绿植显然不具备竞争力，运输产业、种类数量等均无法匹敌。固而常州的夏溪抢占了更大的市场，而他的绿植产业份额多限于本县。

本地创业者的趋于老龄、安于现状，满足于开发单一产业且政府没能引导开发周边配套等诸多因素，导致了创业者应对危机的相对脆弱。

面对 2016 年粮食价格下跌，国内粮食产量过剩，种植大户迎来了前所未有的危机。朱高村的众多种植大户满脸愁容地向我们诉苦，前几年大面积承包土地积累下来的资金，现在大多已亏空。当尝试创业，突破自给自足的幸福桃花源时，小城赖以办事、耕种的简单人情关系已然不足以指出减小损失的明路。除了至多求助于同是种植户的亲友和村委会，洪泽种粮的创业者只剩默默承受粮价变动的风险。

投资环境需进一步改善

由粮价危机揭示的问题不止于此。朱高村的王进几年前从外地来到本村，开始大面积种植水稻。作为外地人，他在采访中认为外地人的投资和生存环境不佳，并且也没有改善的迹象。由于从事第一产业本身利润不高，本地人倾向于维持本地竞争现状，难免排斥外地投资者。

而我们在调查过程中，接触到的几乎全是本地创业者，除了本地投资配套环境不佳，本地竞争的排外性也是一大原因。如何提升当地农村的投资环境，健全相关的创业机制，是当地政府需要进一步努力的方向。

潜在的希望

相比于安于现状、畏惧创业变故的普通村民，我们也遇到了创业热衷者。一位村民数次尝试养殖毒蛇，曾被蛇咬到手指，几近丧命，自己胡乱尝试，竟也用中药治愈。他兴高采烈地向我们介绍，自己如今又开始养殖可食用无毒蛇。孤注一掷、如今了无积蓄的他讲得眉飞色舞，我们却无法高兴起来。勇于突破，缺乏技术与理性的指导又能走到什么地步呢？政府又在其中扮演了什么角色？

小城的满足现状，或许有老龄化的原因，却也有人为的因素制造了发展的障壁。此外，没有配套产业，不成规模，满足于当前和本地的创业环境，排斥外来者也使得创业者在洪泽难以形成气候。类似洪泽县的众多桃花源式的中国农村，如何摆脱孤立状态更好地发展，是村民和政府共同面临的严峻挑战。

（作者：徐　丹）

千村调查（19）这些老一辈的村里人啊

上海观察　2016-10-21

千村调查是上海财经大学以“三农”问题为研究对象的大型社会实践和社会调查研究项目。2016年主题是“中国农村创业现状”，希望通过对中国“千村万户”的调研，挖掘出影响中国农村创业活力的关键性因素，确定农民创业企业的成长路径，涉及21个省、市、自治区的30个县。目前，各定点调研小组已经完成了艰苦的实地调研工作。在几天的调研过程中，大学生队员们在老师的带领下结束了这在广袤田野中生动的一课。在此精选的一系列调查手记中，他们共走访了10个乡村，了解了农村的真实面貌，在与村民们深度访谈中记录下点滴体会、感悟与思考。

此次千村调查，我们的团队在河南鹿邑调查了四天。这四天我们遇到了很多人和事，而这些老一辈人的思想深深地印在了我的脑海里。

那天下午到达宋楼的时候，我们全都被那里的贫穷“吓”到了。调查是在宋楼小学进行的，小学里杂草丛生，没有空调，没有风扇，炎热的天气甚至连风都没有，大家有的席地而坐，有的搬个小板凳，有的蹲着，调查就这样开始了。受访者基本都是老人，甚至领导班子都是。我的第一位受访者是一位老大爷，他肤色黝黑，看得出来是因为长年在太阳下劳作。通过调查，我发现他的家庭条件不是很好，和老伴住在一起，身体也不是很好——腿由于不舒服而裹着厚厚的布。但是即使如此，老人家也没有对自己的生活怨声载道。虽然生活不尽如人意，谈不上幸福，但他对党、对政府很信任，思想很正派。对这一点，我很诧异。因为老人家现在的生活条件谈不上好，这位老人不是党员，甚至一辈子都没怎么与党、政府接触过，他对党与政府的好感实在让人觉得“莫名”。

回去后我就这个问题跟队友提了一下，有好几个都遇到了类似的情况，甚至有的受访者还说到“她不信任何宗教，只信党”。听到这里，我不知道要有怎样的一种心情。学校苦心孤诣对学生们进行思想教育，希望提高祖国的“花朵们”对党和政府的信心与信任，但是就自身体验来讲，效果并没有想象中的好。对这些老人，我是羡慕的，因为我们需要信仰，他们是有信仰的，党可以说是他们的信仰，而现在年轻一代又有多少人有信仰呢？

之后在河李村我又调查了一位老人家，退休前他是老师，后来又成了校长。算起来，他在学校待了三四十年。这位老大爷是我调查的所有人中最开朗的一位，调查过程中他一直带着笑，那种笑不是平常老人慈祥的笑，而是一种爽朗的笑，极富感染力。我相信跟他聊天的人都会很开心，至少我的调查过程如此。通过调查，我发现老大爷这一辈子基本没有发过脾气，一直都是笑盈盈的，保持着乐观的心态。同样地，老人对党与政府极度信任，他相信政府官员的专业，乐意支持他们的工作。老人还提到上层建筑与经济基础的关系——搞好上层建筑才能发展经济，也提到了政府工作公平、公开的重要性。

这位老人让我看到了老一辈知识分子特有的品质，他们正派、开朗、忠于党、忠于国家。

这几天来，受访者中许多都是老人，有些甚至是空巢老人。待在家中，他们也会无聊，所以许多老人都会用“掐辫子”来消磨时光。看到三五个老太太聚在一起“掐辫子”，我有一种很安心的感觉，就想那样静静地看着她们聊天，“掐辫子”，安度晚年。我想，看到这样安详和谐的场景，无论是谁都会深有感触的。他们不对子女讲自己对他们的想念，因为怕拖孩子的后腿。对待子女，他们从来是无私的。我希望她们的子女能够常回家看看，让这些老一辈人的晚年更加舒心。

通过这些老人，我看到了老一辈人特有的品质。我喜欢与他们聊天，因为在他们身上，能听到许多故事，能看到许多现在我们没有的东西，也能学到许多。这也是此次千村调查之行带给我的收获。

（作者：马晓婷）

千村调查（20）河南周口鹿邑手记：胡堂村一角

上海观察　2016-10-24

千村调查是上海财经大学以“三农”问题为研究对象的大型社会实践和社会调查研究项目。2016年主题是“中国农村创业现状”，希望通过对中国“千村万户”的调研，挖掘出影响中国农村创业活力的关键性因素，确定农民创业企业的成长路径，涉及21个省、市、自治区的30个县。目前，各定点调研小组已经完成了艰苦的实地调研工作。在几天的调研过程中，大学生队员们在老师的带领下结束了这在广袤田野中生动的一课。在此精选的一系列调查手记中，他们共走访了10个乡村，了解了农村的真实面貌，在与村民们深度访谈中记录下点滴体会、感悟与思考。

7月27日上午，我们到达河南周口鹿邑胡堂村村委会。看到村委会的一瞬间我们是放松的，因为跟前一天去的宋楼村相比真的好了太多。村委的对面是一家鞋面厂，看到这儿，我们也松了一口气——“这应该是村里的创业者开的吧”，创业者的问卷也不用愁了，毕竟根据之前的调查来看，农村的创业者并不多而且创业规模也不算大。

我的第一个受访者是一位上了年纪的老大爷，九点左右，调查开始。由于年纪大了，老人有点耳聋。做采访的时候他还要看着自己的孙子，小孩子总是有点坐不住的，所以老大爷要分散不少注意力在孩子身上。感觉到老人的心不在焉，我有点无奈。或许老人也觉得挺不好意思的，便给我讲了看孩子那么“紧”的原因。

就在2015年，几个外地人开着一辆车拐走了村里的一个孩子，甚至他的孙子在 2016 年也差点被别人“抱走”，还好老人家反应快，及时把孩子追了回来。老人说他的孙子只是被一块糖诱惑了，讲到这里可以看出老人挺生气的，因为他曾反复教导孩子不要跟陌生人说话，更不要拿陌生人的东西。

听到这件事的时候，我是震撼的，因为拐卖孩子这种事听说是一回事，发生在身边是另一回事，更何况孩子是在自己出生、成长的地方被拐的，这种行为未免太过猖狂。在多种消极因素的综合影响下，我国的拐卖儿童犯罪形势依然十分严峻。记得 2014 年有一部电影名叫《亲爱的》，这部有关儿童拐卖的电影引起了社会对此类事件的极大关注。电影里被拐卖的那一部分儿童可以被找到，但是现实生活中呢？那些孩子能够这么幸运地被找到吗？

根据受访者的孙子差点被拐卖的原因可以看出，拐卖儿童形势的严峻与孩子安全意识较淡薄是离不开的，家长、学校，甚至社会应该将孩子的安全教育进一步加强。

之后，问到老大爷对生活的满意度这个问题时，他表示整体是满意的，毕竟现在的生活与以前相比好了很多，只是村子里需要修路。我们进入村子的那条路基本只可以容一辆车过去，而且是土路。据老人所说，一到下雨的时候，村里的路就会变得极其泥泞，雨大的时候，路上根本就没地方下脚，人都没法出去。

俗话说：“要想富，先修路。”实践也证明这句俗语的正确性，上海、深圳等大城市的发展与发达的交通是分不开的。长期以来，我国农村道路受到“重城轻乡”观念和城乡二元经济的影响，农村道路的投资、建设力度均落后于我国农村的实际需求。但目前仍存在很多问题，需要切实加以解决。通过胡堂村的情况可以看出农村道路问题还有很多且是亟待解决的。

总的来说，胡堂村仍然比较贫穷，条件也不尽如人意。尽管如此，这里的村民很知足，大部分受访者都感到比较幸福，他们总是面露微笑，对我们很热情。在这里，我真正感受到了淳朴的民风。

现在国家对农村发展问题越来越关注，社会主义新农村的建设也开展得如火如荼，并且一些地方已经有了成效。相信，胡堂村将来会有更加美好的面貌。

（作者：马晓婷）

扶贫事业中的金融瞄准策略

《上海证券报》 2017-03-08

构建以金融瞄准措施为核心的新型扶贫战略，有助于解决农村贫困家庭内在能力不足的现象，加快扶贫战略目标的实现。新型金融瞄准政策的实质，就是发挥政策性金融与商业性金融的协同作用，区分导致农村贫困现象的不同原因，瞄准农户，采取有针对性的帮扶措施。

为了最大限度地减少农村贫困现象，需要将家庭瞄准纳入新的扶贫战略，与社会保障、区域开发形成扶贫政策框架的三大支柱。家庭瞄准就要针对每个农村家庭进行贫困识别和建档立卡，设计量身定做的扶贫方案。

鉴于导致不同家庭贫困的原因多种多样，可以教育水平作为代理瞄准工具；可以考虑在农村地区推行12年义务教育制度，普及高中阶段教育；率先对建档立卡的家庭经济困难学生实施普通高中免除学杂费、中等职业教育免除学杂费，让未升入普通高中的初中毕业生都能接受中等职业教育。

对于贫困家庭子女入学提供教育贷款可以起到内生的自我精准定位的作用，能更好地激发农村贫困家庭通过教育贷款提高子女教育水平的动机。针对农村贫困家庭医疗给付和养老投入不足的现状，出台专项扶贫保险，可以消除因病致贫和因病返贫的现象，对于巩固扶贫成果具有十分重要的保障作用。通过教育信贷支持和专项保险计划，能够消除导致贫困的共同因素，为金融瞄准提供坚实的基础。

我国“十三五”规划指出，农村贫困人口脱贫是全面建成小康社会最艰巨的任务，必须发挥政策性金融与商业性金融的互补作用。采取有针对性的金融瞄准政策，有利于实施精准扶贫、精准脱贫，提高扶贫效果。

多年来，在经济增长和扶贫开发政策的积极推动下，我国农村贫困状况大为缓解。但与此同时，我国农村贫困人口的分布特征也在发生改变，环境、资源等自然因素对贫困的影响逐步减弱，家庭自身的因素成为剩余贫困人口致贫的主要原因。上海财经大学的“千村调查”项目以“农村基础金融服务的覆盖与使用”为主题，进行了全国范围的随机抽样和定点调查，调查范围涵盖全国31个省、市、自治区（港、澳、台地区除外），231个地级市，520个县和1 179个村。除对农户进行随机抽样调查外，还在30个定点县，对当地县政府、当地主要农村金融机构、村委会进行了问卷调查，共走访农户2万余户。调查发现，非农收入已成为影响农户富裕程度的主要因素，越富裕的家庭，非农收入占比越高。进一步的数据分析显示，不同收入等级的家庭成员，受教育程度的差别十分明显，有83%的贫困人口其家庭成年人所受的教育年限不到9年，接近一半的贫困家庭中的所有成员最多只有小学文化程度。

对农村家庭来说，教育是一项重要的资产，它不仅会使受教育者本人得益，而且还使其家庭和所在地区、工作岗位受惠。对知识和技能的掌握，既决定着一个人的收入水平，也是社会经济发展的重要驱动力。当前，我国扶贫工作存在重生产性投入、轻人力资本投入的结构性缺陷。基于此，该调查认为，从长期来看，通过对农村家庭的教育投入，提升贫困人口的人力资本，会提高农村劳动生产率和资源配置效率，从而提高农户的经济效益，从根本上解决农村家庭的脱贫问题。教育扶贫无论在管理成本、瞄准精度和资金使用效率等方面，都值得政府加大政策力度，为扶贫对象启动人力资本的积累，有效缓解慢性贫困和贫困的代际传承，改变脱贫的脆弱性，抑制返贫的发生，最终实现农村人口对发展的本质上的要求。

实施以金融瞄准措施为核心的新型扶贫战略

随着贫困率的下降，贫困人口在地理上的分散将导致消除贫困人口变得更加困难，需要改变传统上以地区为主的瞄准机制。此外，为了实现贫困人口的稳定脱贫，以社会救济和区域开发为主的扶贫政策也需要做出相应的调整。我们认为，构建以金融瞄准措施为核心的新型扶贫战略，有助于解决农村贫困家庭内在能力不足的现象，加快扶贫战略目标的实现。新型金融瞄准政策的实质，就是发挥政策性金融与商业性金融的协同作用，区分导致农村贫困现象的不同原因，瞄准农户，采取有针对性的帮扶措施。

（一）由地区瞄准转向家庭瞄准

扶贫瞄准是扶贫政策指向的目标以及针对扶贫对象进行的资源投放的过程，包括瞄准对象和采用的瞄准工具。根据瞄准对象的范围大小，扶贫瞄准可以分为地区、县、村、户、人口等。

贫困人口是一个具有异质性的群体，导致其贫困的原因多种多样，这些原因包括其各自的家庭特性与社会环境，而不仅仅是其居住地区。随着我国扶贫事业的不断推进，剩余贫困人口的地域分散性将不断加强，如果采取传统政策，这些人群将更难触及。此时，家庭瞄准相比地区瞄准具有明显的优势。因此，为了最大限度地提高扶贫的效果，必须在社会保障、区域开发之外，把家庭瞄准放在突出的位置，形成扶贫战略的三大支柱。对贫困农户家庭的瞄准，就是要针对每个农村家庭进行贫困识别、建档立卡，并制定基于家庭的具有针对性的扶贫方案。

（二）农村贫困家庭获得的金融服务有限

整体而言，我国农村居民的贷款可得性偏低，无论家庭富裕程度如何，只有不到 20% 的农村家庭能够获得贷款的支持。对于经营性贷款（包括生产经营贷款和创业贷款），脱贫户得到贷款的比例为 6.63%，显著高于最贫困家庭的 3%。脱贫户获得消费贷款的比例最高，约为 7.8%，而相对贫困的家庭能够获得的消费贷款比例较低。也就是说，部分信贷项目资源流向了非贫困人口。对人力资本的投资具有在未来得到回报的特点，但贫困农户缺乏对人力资本投资的能力，相当部分的农户不能长期支持子女的教育，也无钱去看病。

贫困户获得贷款比例偏低，有两种可能：一种是没有贷款需求；另一种是有贷款需求但是由于信用价值低、无担保等原因而无法得到贷款。调查数据表明，收入越高的人群，需要借钱的比例越低，在特困户中，只有 5.48%

的家庭表示不需要借钱，这一比例在脱贫户中超过了10%。同样，越贫困的家庭，越表现出要么没有办法借钱，要么诉诸高利贷的现象。

通过对比得到贷款的贫困家庭与没有贷款的贫困家庭的人均收入，我们发现，没有贷款的贫困家庭其人均收入更低，也就意味着这些家庭的贷款需求可能是由于自身原因无法从金融机构获得贷款。而且，从人均收入角度而言，获得贷款的脱贫户的人均收入显著高于贫困家庭的人均收入，对于以市场规律运作的金融机构贷款必然也偏向于收入更高的脱贫户。

根据“千村调查”的数据样本，目前我国农村金融服务的可及性比较低，它们更多地依赖农村的非正规的金融活动，最主要的借款方式为向亲戚、朋友借款，占比约为73%，第二大的借款渠道是通过银行或农村信用社贷款，占比约为14%。

针对我国内地农村各种类型的资金来源，我们统计了不同富裕程度的农户在各种借款渠道中的比重。其中，脱贫户占传统资金来源的绝大比例。例如，从银行或信用社借款，从村镇银行、资金互助社贷款等，向亲戚、朋友求助等渠道中，脱贫户占比都超过60%，而极度贫困户和普通贫困农户只占10%的传统渠道份额。然而，通过借高利贷获得资金的方式，贫困家庭和有返贫风险的家庭占比超过了60%。在正式进入金融市场受阻的情况下，贫困户只能求助于高利贷，而也可能会导致部分人更加贫困。

（三）教育信贷支持是有效的金融瞄准措施

造成贫困的原因有很多，例如，可耕种的土地十分贫瘠、缺乏有劳动能力的家庭成员、长期患病的困扰、缺乏合适的农村就业机会等。如果采取家庭瞄准的政策，按照导致贫困众多因素的不同组合，可以将贫困人口分成多种不同类型，从而采取更有针对性的、面向家庭的扶贫方案。然而，除了导致贫困的个体因素外，有些因素仍然适合于贫困人群的大多数人。根据我们的调查，几乎所有贫困家庭的成年劳动者的教育水平都非常低，这使得他们很少有人能够获得非农业就业机会，也限制了他们外出务工的可能性。对这类贫困人群而言，增加对他们人力资本的投入，包括提高其接受教育的水平和增加职业培训的机会，是缓解慢性贫困的有效方式。

农村贫困人口的主要资产，就是其自身拥有的劳动力，在家庭规模给定的条件下，提高其收入的关键就是增加其劳动的报酬，以改善其生活条件。而报酬更高的就业机会，往往与劳动力已有的受教育程度有密切的关系。

调查表明，无论贫困程度如何，学历越低的家庭，其非农收入在家庭收入中的占比越低。因此，学历与劳动报酬有密切的关系。解决贫困的一个可行的方案，就是要进一步加大对贫困家庭教育投入的支持力度。

阿马蒂亚·森认为，贫困的根本原因并非简单的收入减少，而是因为这些人丧失获得收入的“能力”。由于人们所处环境的不同或环境发生了变化，致使这一群体获得收入的机会减少，因此他们得以实现其福利的能力相对于其他人而言显得尤为不足。我们的调查间接地支持了这种观点，在获得收入的能力中，教育显得尤为重要。受教育水平能影响贫困的代际传递，那些父母受教育水平低的子女更有可能生活在低收入的家庭之中。工作是迄今为止摆脱贫困的最有效的方式。我们的调查发现，大多数身体健康的农民都有强烈的劳动参与意识，但他们能够从事的工作技术含量低，因而是低收入的和间断的。另一方面，贫困家庭出于对经济能力的考虑，被迫提前结束了让子女接受充分教育的机会。

传统的观点认为，正是由于经济的贫困才使得部分地区的未成年人提前进入劳动力市场，以缓解个人或家庭的经济负担。我们通过与农户的访谈还发现，未成年人自愿弃学、被迫就业还有一个重要的因素，就是对能否在九年义务教育之后，顺利进入高中或职高就读的担忧。所以，解决农村贫困现象的一个必要举措就是进一步加大教育投入，可考虑率先在农村地区推行 12 年义务教育，提高农村家庭的人力资本。一方面，中国“三农”问题的解决，不能靠城镇人口，只能依赖广大农民自身，普及农村 12 年义务教育，提高农村劳动力素质，对于我国农村的长远发展有积极的意义。另一方面，农村子弟融入家乡的教育和升学系统，可以减少农村家长外出务工的顾虑，降低农村子弟在迁入地就读高中的高成本。此外，还可以盘活农村教育资源，有效缓解教育不公的程度。对于扶贫工作来说，实施 12 年义务教育的政策，提高农村人口的就业竞争力和劳动报酬，能够从根本上阻隔贫困的代际传递。

通过分析农户的贷款用途发现，农村家庭的贷款用途主要集中于助学贷款、医疗贷款、经营性贷款、消费性贷款以及其他贷款五大类。但不同收入家庭的贷款用途又表现出明显的差异，收入越高，将贷款投向人力资本形成的用途（包括助学贷款和医疗贷款）就越明显，而脱贫户用于助学和医疗的贷款比重只有 10.67%。因此，解决农村贫困现象的一个可行的手段，就是超越义务教育的范围，为高中教育提供更大的公共资源的支持，以更好地改善农村贫困人口的人力资本。由于传统的学费免除或补贴政策在这一领域的失效，因而就需要在这一领域重构传统的扶贫信贷补贴政策，以教育信贷作为瞄准机制，定位到农村贫困家庭，帮助他们进行补充投资，使有在校学生的贫困家庭不会因缺少劳动力而出现人均收入下降的情况，保证农村贫困家庭的学龄子女不会辍学。

通过信贷政策而不是财政补贴的方式，其优势在于，它不是免费的资金，从而减少了不合适的家庭争夺这笔资金的可能性。但教育信贷仍属于政策性金融支持的范围，在学生就读期间，家庭不需要支付这笔贷款的本息，一旦学生完成高中学业就业后，就需要制订专门的还款计划，利息可以享受政策性优惠贴息。如果学生能够进入大专以上学校就读，则可与大学助学贷款相接续，用助学贷款偿还高中期间的贷款本息，或至其大学毕业就业后逐步偿还。

（四）政策性医疗保险是重要的金融瞄准手段

在对风险的认知方面，我国农村居民认为对其生活水平影响最大的因素主要是疾病。无论贫富，有近一半的农村家庭担心疾病对其家庭造成的影响。此外，脱贫家庭比贫困家庭更担心意外事故对生活水平造成的影响。

通过调查数据我们进一步发现，农村家庭的成员罹患重大疾病的情况比较普遍，而且随着收入的不同存在明显的差异。平均有 24.07% 的农村家庭有成员罹患重病，这个比例随收入的递增而下降。41.44% 的特困户家庭，有成员患大病；而脱贫户这一比例下降为 21.06%，减少了约一半。我们大致可以推测，一些长期贫困家庭，因为有成员患有较严重的疾病，从而不能正常参与劳动，无法获得相应的劳动报酬，因此疾病成为导致贫困的一个重要因素。

此外，与已脱贫家庭相比，一些特困户、贫困户和风险户认为教育或医疗是家庭最大的一笔开支，除去日常消费和教育投入外，认为看病支出占比最高的家庭，平均高达 20%。这表明，在很大程度上因病致贫、因病返贫的现象依然十分突出。随着我国新型农村合作医疗的快速推广，农村医保的参保率大幅上升，覆盖的问题已基本得到解决。但是，目前的医保给付水平尚比较低，农村家庭成员一旦身患重病或大病，依然会给家庭带来沉重的经济负担。

因此，在农村地区针对贫困家庭建立大病医疗保险机制，对于脱贫的稳定性来说，具有一定的现实意义。拥有一份可负担得起的健康医疗保险为家庭和个人提供了最基本也是最重要的安全网，以减轻有家庭成员在遭遇大的医疗紧急事件或者患慢性疾病时给这个家庭带来的财务负担。

即便对于非医疗原因引起的贫困现象，保险服务的提供也有利于贫困程度的缓解。我们在此次调查中发现，农户对不同险种的需求与收入水平有密切的关系。随着收入的上升，购买人寿保险的家庭比例也逐步上升。但是，越贫穷的家庭，对养老保险越是关注，这反映了农村贫困家庭老龄人口较多的现实。此外，健康保险是农村家庭需求最大的险种，家庭收入越高，购买得越多，有超过 60% 的脱贫家庭购买了健康保险。对于财产保险的购买状况，特困户、贫困户和风险户没有明显的差异，在已购买过保险产品的家庭中，近 30% 购买过财产保险，而脱贫户购买财产保险的比例接近 50%，远远高于其他收入家庭。

面临风险的行为对农村贫困家庭具有十分重要的影响。出于风险防范的需要，贫困家庭还需要从本来就较低的收入中保留一定的预防性储蓄，这进一步降低了农村贫困家庭的消费水平。与传统的理论不一致，农民对保险有旺盛的需求，但目前国家提供的基础保险对贫困家庭来说还远远不够。因此需要进一步从扶贫专项资金中拨出一定的款项，成立专项扶贫保险，探索更有利于家庭瞄准的保险支持机制。

结论与建议

随着扶贫攻坚战略的实施和坚持不懈的努力，我国贫困人口逐年减少，越来越多的农村人口能够分享经济发展的成果。中国在扶贫领域取得的巨大成就，也为世界扶贫开发事业做出了重要的贡献。然而，目前剩余贫困人口在地域分布上更为分散，传统的以地区为基础的扶贫瞄准机制，其成效越来越受到限制，这使得我们进一步削减农村贫困人口的努力面临重大的挑战，到2020年，实现7 017万农村贫困人口完全脱贫的任务依然十分艰巨。

本次“千村调查”表明，农村家庭的贫困与教育水平较低存在显著的正相关关系，而且由于缺乏必要的教育也会导致贫困家庭难以通过经营性活动有效提高收入水平。缺乏教育，也就意味着具有较低的获取信息的能力，难以通过参与市场交易改善收入状况，尤其是随着现代产业升级趋势的发展，缺乏教育的农村劳动者将来也更难通过打工的方式获得收入。因此，缺乏教育是农村贫困人口产生的重要原因，是农村贫困家庭具有更大脆弱性的深层原因。缺乏教育，也意味着这部分农村贫困人口很难通过开发性扶贫政策的实施获益，难以获得经济增长带来的好处，甚至随着经济的增长，这部分缺乏教育和人力资本的贫困人口会日趋贫困。

尤为重要的是，对于贫困人口而言，虽然子女教育能够增加家庭的未来收入，但是短期收入对于贫困家庭的影响更大，带来的效用更高；同时，贫困家庭对于教育成本的增加更为敏感，在考虑到存在教育致贫的风险的情况下，贫困家庭更有可能产生子女辍学的情况。这一点，从贫困家庭有更高比例的小学最高学历就可以看出来，即使初中是义务教育，部分贫困家庭为了增加微薄的当期收入，子女还是选择了初中辍学。

在最高学历是初中的家庭中，贫困人口所占的比重依然最高，这也很好地说明了贫困家庭子女受教育水平存在的困境。而随着我国经济结构的转型，对于劳动力素质要求日趋提高，高中辍学的人群可能存在缺乏互联网等新的知识而不能满足要求，未来陷入新的贫困的可能性更高。我们的调查结果很好地说明了教育不足是贫困在代际传递的重要原因。与此同时，我们的调查也发现，农村贫困家庭对于教育贷款的需求最高，说明农村贫困家庭存在提高子女教育水平的需求，如果能用恰当的政策手段减少农村贫困人口的教育成本，同时增加农村贫困人口的短期收入，就能够较好地避免贫困的代际传递，对于从根本上提高农村贫困人口的收入水平具有特别重要的意义。

首先，为了最大限度地减少农村贫困现象，需要将家庭瞄准纳入新的扶贫战略，与社会保障、区域开发形成扶贫政策框架的三大支柱。家庭瞄准就要针对每个农村家庭进行贫困识别和建档立卡，设计量身定做的扶贫方案。

传统的扶贫政策，存在不能精准定位的缺陷，亟须加以改进。

其次，鉴于导致不同家庭贫困的原因多种多样，可以教育水平作为代理瞄准工具；可以考虑在农村地区推行12年义务教育制度，普及高中阶段教育；率先对建档立卡的家庭经济困难学生实施普通高中免除学杂费、中等职业教育免除学杂费，让未升入普通高中的初中毕业生都能接受中等职业教育。

再次，对于贫困家庭子女入学提供教育贷款可以起到内生的自我精准定位的作用，这是由贷款的偿还性所决定的。由于教育贷款未来需要偿还，非贫困家庭也就没有动力去申请这样的贷款，只要制定相对合理的申请标准，同时非贫困家庭有渠道获得生产经营性贷款，也就没有必要花费额外的成本申请教育类贷款，这样就能有效地降低教育扶贫贷款政策实施的信息和甄别成本。与此同时，贫困家庭对于教育贷款具有内在的需求，如果教育扶贫贷款在设计上具有如下的特征，就能更好地激发农村贫困家庭通过教育贷款提高子女教育水平的动机：首先，扶贫教育贷款并不是用来支付子女的教育费用，贫困家庭可以将扶贫教育贷款用于家庭的消费，这样就能够提高贫困家庭的当期收入，降低子女辍学带来的收入对于贫困家庭的效用水平；其次，扶贫教育贷款的期限要足够长，还款的主要来源是农村贫困家庭子女未来的收入。显然，子女教育水平的提高能够有效提高农村家庭未来的收入，从而有效保证了教育扶贫贷款将来偿还的概率。因此，教育扶贫贷款既具有内生的自我精准定位的功能，也具有内在的自我偿还的功能，对于农村精准扶贫政策的实施效果有着显著的正面影响。这样，通过实施扶贫教育贷款，可以整合政策性金融和商业性金融的优势，有针对性地出台教育贷款措施，提高农村贫困家庭成员的教育水平，实现更高的劳动回报。

最后，针对农村贫困家庭医疗给付和养老投入不足的现状，出台专项扶贫保险，可以消除因病致贫和因病返贫的现象，对于巩固扶贫成果具有十分重要的保障作用。

总之，通过教育信贷支持和专项保险计划，能够消除导致贫困的共同因素，为家庭瞄准提供坚实的基础。在此基础上，中国的扶贫事业将取得更大的成就。

（作者：柳永明　侯克强　曹　啸　张　健）

财大开展 2017 千村调查骨干教师赴浙江丽水调研

上海热线　2017-05-26

近日，上海财经大学信息管理与工程学院“千村调查”课题组组织十位骨干教师赴浙江省丽水市松阳县开展了为期两天的预调研活动。

作为财大组织在校大学生在暑期深入农村开展相关“三农”问题主题调研的一项品牌活动——“千村调查”，其调查范围覆盖全国 32 个省、市、自治区的近万个农户家庭。2008 年以来，“千村调查”已组织完成 9 次调查，今年的主题是“中国农村互联网应用状况”。

本次预调研活动由上海财经大学信息管理与工程学院院长、“千村调查”首席专家岳劲峰教授带队，劳帼龄、崔丽丽、曾庆丰、芮廷先、王炳雪、田博、向勤、魏玮、陈春霞十位教师组成预调研小组，对浙江省丽水市松阳县经济商务局和浙江农村信用社的工作人员进行访谈，并对松阳县象溪一村、西屏街道一村、上河村、大木山村的 58 户农户家庭进行走访调查，分别就松阳县农村电商发展状况、农村电商及创业信贷支持力度、农村互联网基础覆盖状况、农村电子商务应用、互联网金融应用、政情政务应用、相关教育培训与网络社交等情况开展询问和调研。

在松阳县经济商务局，崔丽丽老师详细介绍了上海财经大学“千村调查”的基本情况，并就今年“千村调查”的主题和主要内容做了介绍。预调研工作小组成员分别与经济商务局及农村信用社的工作人员进行了交流和访谈。据悉，松阳县目前已初步形成了以木质加工品、茶叶、地方特色农副产品、松香、服装等为主的几大电子商务特色产品销售，并连续 3 年被阿里研究院评为“中国电商百佳县”。

随后，预调研工作小组一行来到西屏街道一村街道办事处，由村主任介绍了治安、注册企业、税收、电商发展等情况，并与当地村民开展现场访谈。

在上河村便民服务中心，通过村主任的介绍，了解到该村主要产业为中华鳖、茶叶、香菇，其中中华鳖的养殖历史比较悠久、知名度较高，政府积极支持淘宝村的申办，希望通过农村电商平台的打造带动地方经济的快速发展。在与村干部交流情况后，各位老师分组开展村民问卷调研访谈。

预调研第二天，在以茶叶种植为主要经济收入来源的赤寿乡大木山村，各位老师深入农户家中，一边与村民攀谈，一边了解当地农村电商开展的基本情况，村民们用淳朴的语言热情地回答了调研问题。

经过两天紧张有序的访谈，本次预调研对浙江省丽水市松阳县 58 户农户家庭进行了访谈，共回收有效问卷 58 份。主要成效有：第一，对中国农村互联网应用状况和问题进行零距离的接触，增加了更多感性认识，搜集到大量第一手信息和资料，为调查问卷的修订完善提供了重要的实践和操作依据。第二，亲身体验了“千村调查”项目的全过程，认真分析总结了调研过程中存在的各种问题，为即将开展的大规模正式调研活动的开展积累了宝贵的经验。第三，通过预调研，课题组成员深深感受到，不了解“三农”问题就不了解中国的基本国情、就无法为中国经济的腾飞提供正确的智力支持，进一步增强了课题组完成好本次“千村调查”项目的决心和信心。

上海财大开展“千村调查”预调研

上海金融新闻网　2017-06-09

日前，上海财经大学信息管理与工程学院“千村调查”课题组，组织十位骨干教师赴浙江省松阳县开展预调研活动。

据了解，预调研小组与松阳县经济商务局、浙江农信社工作人员进行访谈，并走访58户农户家庭，就当地农村电商及创业信贷支持力度、农村互联网基础覆盖状况、农村电子商务应用、互联网金融应用、政情政务应用等情况开展调研，为即将开展的大规模正式调研活动积累了经验。

（记者：李　思）

出发，来一场收获满满的社会实践

《光明日报》 2017-07-08

编者按

又到了出发的时节。大学校园里，一支又一支暑期社会实践队伍，走出校门，走向火热生活。这不是一次旅游，这是一次需要抵达、观察和思考的学习。学生们期待什么样的社会实践，如何评判社会实践的效果？本期我们约请社会实践的指导教师与学生共同探讨——

科学指导、事前培训、预调研，一个都不能少

暑期社会实践承载着实践育人的任务，而社会调查本身是一门科学，它要求从选题确定、专业支持、实际调研到最后形成报告完整的过程都有科学的指导和明确的目标。因此，需要把功课做在社会实践之前。例如，上海财经大学的“千村调查”实践活动，每期都要聘请校内外著名的学者、专家作为首席专家，确定调研主题、问卷设计和专业指导，保证各项活动具备科研价值，符合科学研究的程序和要求。

在实践之前，应该通过适当的教育培训让学生对实践活动有充分的准备，这样才能让学生在实践平台上尽可能有收获。“千村调查”就事先成立了以社会学教师为主，各种学术背景教师参与的培训组，围绕选题指南、调研方法、论文撰写格式、学术规范和研究路径等内容对参加调查的学生进行培训，使得参加调查的学生能普遍接受一次社会调查的基本学术训练。

要实践顺利，还需要进行必要的预调查。每年在派出千余支队伍进行社

会调查之前，都会择取部分村庄进行预调研，及时发现调查问卷的问题并修正，确保正式实践完整、有效。

最后，调查成果应该能够反哺教学科研，促进第一课堂和第二课堂相互融合。既重视第一课堂教学对学生课外实践活动的指导，也充分估量社会实践对增益改造学生知识结构的重要性，促进学生实践知识对课堂知识的反哺。这样才能让学生们对社会实践活动保持长久的兴趣和专注度。

在社会实践中，我们常常遇到的问题是，大学生社会实践可能会由于管理等原因，出现思政工作队伍负责带头组织、专业教师甚至校内其他部门参与的热情和程度都不高的情况。

这种两边不配合，实际是对高校资源的一种浪费。一方面，高校的专家学者如果仅靠一己之力，虽然有专业知识支撑，但是往往很难组织大规模的、长时段的社会调研；另一方面，高校的学生工作队伍虽具有行政组织力的优势，但往往缺乏学术和专业判断力，单方面操持社会实践，结果就是后期成果往往学术含量和咨政价值较低。上海财经大学进行的“千村调查”，把实践主题开放性地在校内各专家中征集，并为选出的首席专家提供组织支持、队伍支持、经费支持，从而激发专业教师参与实践育人工作的积极性。

另外值得一提的是，社会实践并不是只有学生走进社会去接受新知识。至少我们在实践中发现，“千村调查”社会实践也成了上海财经大学海归教师的国情教育平台，并发挥了重要作用。那些长年在国外生活的教师，通过指导学生实践，增进了自己的国情认知，教学相长，推进教研实践活动国际化和本土化的结合，部分教师甚至还调整了自己的学术兴趣。

近十年来，已经有 15 338 人次的上海财经大学学生带着调研主题，踏遍 31 个省、自治区、直辖市）的 8 573 个村庄调查 112 119 户农户，共发放问卷近 16 万份，回收问卷近 13 万份，师生们撰写了近万篇带有“泥土气息”的调研报告，其中一部分在学术期刊上陆续发表。目前，上海财经大学的每位学生在校期间都会有一次“走进田间地头”的机会。只有在中国大地上把根扎得更深，将知化行、以行促思，走千村、访万户、读中国，这样的实践对师生来说才是有价值的。通过这样的实践，育人才能收获更丰盛的成果。

（作者：章益国）

给《乡村爱情》里的“大脚超市”找出路

腾讯大家　2017-08-04

导　读

强行改造老年人的生活习惯，将城市化场景移植于农村，既不现实，也有点残忍。那希望在哪?

2017年7月下旬，我带着本校的十个学生，到辽东K县做了为期一周的农村调查。

这是上海财经大学持续十年的“千村调查”实践育人项目的一部分。十年来，累计16 000多名学生10 000多支队伍走访了全国9 000多个村庄和近12万户农户。每年由一个学院牵头组织，配置一个学者团队，设定一个主题组织调研。今年是信息管理与工程学院牵头，调查主题是“农村互联网应用状况”。

说实话，我拿到这个题目后的一个直觉预判是，这似乎是一个更适于江浙沪“长三角包邮国”的主题，那里有不可计数、生生不息的淘宝村，也书写了不少引人入胜的“互联网+”传奇。在白山黑水之间、深山老林之处的辽东K县农村，会有什么互联网生根落地的可能性?农村也能像城市一样实现“无现金社会”吗?

放假前，也是临出发的前半个月，我在小组的预备会上建议学生抽空看看或者重温一下《乡村爱情》。这部跨越11年、前后共9部425集的东北“纸牌屋”、辽东半岛“琅琊榜”，有一个贯穿始终的重要场域——“大脚超市”。

有一个问题与农村互联网应用这个主题密切相关：为什么从 2006 年到 2017 年，《乡村爱情》中没有出现过一次移动支付的场景？因为大型网络公司们没有投资吗？

在调查的一周里，我们在 3 个乡镇的 8 个行政村，对农户做了 149 份问卷调查。在完成规定动作之余，我们主动寻访或偶遇了不少“明白人”，试着对上述“大脚超市”之谜做出一点解释。此处的“大脚超市”可视为一种虚指、泛指，不必较真。

一、作为象牙山村政治经济中心的“大脚超市”

计划经济时期，特别是 1953 年统购统销制度全面建立后，国家完全控制了大宗物资的购销链。在城市的黄金地段，人们凭各种票证去购买封闭式的货柜中摆放着的米面油布等有限的生活用品。类似于城市的国营百货系统，在农村则出现了供销合作社这样一个上下连接、纵横交错的全国性流通网络，成为满足农民日常生产生活需要、组织农村商品流通的主渠道。

那时候有一句话叫“城乡交流”，这个“交流”，指的不是我们通常理解的人与人之间的沟通交流，而是物资的交换。在一个以农业为主要产业、农产品为主要产品甚至重要出口物资的农业国，真正的硬通货是粮食。

统购统销制度将粮食从农村收购到国有粮仓，再分配到城市或出口换汇，这个流动方向是单一的。城市需要拿出基本“对等”的物资去农村交换，然而无论是火柴、肥皂这样的轻工业品，还是拖拉机这样的重工业品，当时实际上都是乏善可陈的。其必然的结果，就只能是所谓工业汲取农业剩余的“剪刀差”问题。农村的供销社，就是在彼时程度有限的“城乡交流”中，逐渐成为农民采购生产物资和生活用品的“百货商店”。

到了市场经济时代，供销社体系仍然存在。在它的最基层，不少农村供销社早已破败不堪甚至资不抵债而解体倒闭，但是很多农民特别是一些上了岁数的老农民潜意识里还是保留了对供销社全盛时期的印象，他们会习惯性地把去商店买东西，说成“上供销社去”，一如“生产队”这个词汇一样，在理论和逻辑层面已经消失，但在生活和实践层面仍然活着。

再偏僻的农村，也有一个空间布局的中心。一般而言，村“两委”或简称村部（村党支部委员会、村民委员会）所在地，是一个村子的当然中心。这是村庄政治的中心，在过去十多年新农村建设过程中，“村村通”道路硬化的首要通路指向它，村民文化广场、体育活动设施等文体专项建设的首选落地位置也往往环绕在它周围。所以，我们会看到很多农村村委会的前面就是一个广场，还有健身设施、儿童娱乐设施。这是在全方位地拱卫这一政治中心的功能定位。村部之外，供销社是另一个潜在的中心。从功能上说，它也必须被安放在人员熙来攘往、交往频密的区域。

当农村基层供销社面临经营困难被变卖出售给接盘者时，除了供销社的名字变成“商店”“超市”之外，其区位优势并未有丝毫损减。这次调查中遇到了不少这类案例，一位村支书甚至不是在村部接待，而是让我们“上供销社”（其实是转制了的私营商店）去访谈。“供销社”就在国道旁边，正逢老百姓赶集，里里外外热闹非凡。在我们的一再要求下，村支书也带我们去村部看了一下，位置偏僻，年久失修，门一打开扑面而来一股霉味儿，显然是许久不曾有人来过。

于是我们不难理解，为什么《乡村爱情》里的“大脚超市”不仅是村庄的经济中心，还是信息中心和某种程度上的政治中心。也许可以说，农村供销社体系的衰落和“大脚超市”们的崛起是同一个过程，后者从前者中脱胎而来。

二、“大脚超市”如何“跟上时代”

我们早已习惯了城市超市的电商化，据说很多老外也对这种出门不带钱包、手机在手满街走的中国“新四大发明”之一的移动支付艳羡。浙江走得更远，前不久还出现了无人超市。看上去，互联网时代“无现金社会”的小目标已经近在咫尺。可是到农村去看，还有不少距离。

“大脚超市”这类脱胎于农村供销社的乡村商店，承接的本就是一个小而全的基本盘，从农药、种子、化肥等生产资料到米面油、纯净水、卫生纸这类生活物资，无一不有。这样一个“麻雀虽小，五脏俱全”的格局，注定了其经营模式的变革和创新，必定要高度依赖供应链上端，借助于外力。

这里面又有两种可能。

一方面，从农产品销售来说，需要大的电商企业送平台下乡。而一些大型电商平台也确实设有“特色馆”“地方馆”之类的项目，促销农产品，但其全国性布点的条件往往比较苛刻。一位乡镇农技中心主任告诉我，他曾多方打听到某电商特色馆项目驻省负责人的电话，打过去，对方无奈地说，只在高铁沿线选点，K县这种山区，交通不便，根本没有纳入考虑范围的可能性。更何况缴纳保证金的门槛，也会把不少尚未实现规模化经营、政府财政和自有资金捉襟见肘的地区和企业排除在外。

电商企业进入农村的步伐缓慢，有一个成本收益的综合考虑。这与快递业在农村的发展过程是相似的。K县的一个镇，直到2015年，每个快递件送到镇上还需要加收5元的费用，而消费者网上下单时是被承诺包邮的，也即这5元完全是快递点的个人行为。但2016年开始，由于快递业务规模增长迅速，达到了盈亏均衡点，这笔额外费用就免掉了，实现了真正的包邮。

其实，从现有的网络和资源来看，最具优势的其实是邮政系统，既有最为便捷、直插到底、全面覆盖的体系，又有作为国企必须承担一定社会责任的基本要求。一般性的快递企业下不去的村，邮政网络都被要求必须送达。邮政系统也确实借助这个便利做了一些电商、网购业务，可惜收效甚微，也不敌专业性电商企业，故而始终是“犹抱琵琶半遮面”的鸡肋状态。

另一方面，从农资采购来说，需要农业物流商贸企业主动把服务向农村延伸，实现纵向一体化。K县的一位农村干部介绍，前几年，省内一家做农村便民服务的企业注意到辽东农村红白喜事需求很大。就像《乡村爱情》表现的那样，不妨称之为“庆典文化”——结婚要庆典、生孩子要庆典，甚至怀孕了也想着办庆典，没事不办庆典不舒服。

红白喜事要大规模采买物资，这时光靠“大脚超市”显然不够。他们从中看到商机，送设备和网络下乡，免费安装调试，在全省布点。K县119个行政村，每村的中心超市有一块触摸屏，村民可以通过相关操作交水电费和充值话费，超市老板可以实时传输进货需求，屏幕还被投放了商业广告和公益短片，除此外开设了一条专线电话为村民提供市场行情、病虫害防治、农业科技等多项免费的专家咨询。

农村超市电商化后，确实可以降低不少成本。一袋100斤的复合肥经过几层中间商倒手加价到农民手里的价格是135元，现在直接从厂家采购可以降低8～10元。生活物资采购成本也有明显下降。互联网的介入对实体农资商店产生了冲击，一位尝试网络采购农资的超市老板说，当他这样做以后，周围很多实体农资店的老板纷纷一面在朋友圈发布各种“善意提示”劝告农民网购农资有风险，一面又降低批发价以挽回局面。

看来，“大脚超市”电商化的发展前景是很可观的。那为什么又普遍没有实现呢？

三、当慢生活的节奏被时代打破

最大的障碍是农村的老龄化。K县是典型的山区，山区经济的特点，我在《达康书记在金山修路，怎么就出了人命？》一文中有过详细阐释。这里很多村庄都有丰富的特色资源，适宜靠山吃山和发展林下农业，榛子、桃子、人参，不胜枚举。但山区交通不便再叠加农村老龄化、空心化，就使这里的问题显得更为严重。

我们幸运地遇到一位非常前卫也很有学习意识的资深村支书老姜。老姜60岁出头，这把年纪，能把电脑、网络、微信、网购这些玩得很溜，城里人不稀奇，在农村的同龄人中绝对称得上达人。在别的村子要花费200元请人起草和打印各种材料的时候，老姜就已经一力承担起应对上级各种报表的文案工作了。我问他为什么没有配个大学生“村官”？在农村基层行政化的大背景下，很多大学生“村官”实际上被指派来处理这些事情。他苦笑说，我们这山旮旯哪留得住年轻人呢？1 400多人口，将近一半的人常年在外省甚至跨国务工，留下来的都是老弱病残，只能靠自己。

几年前，老姜让在县里工作的二儿子教会自己进行基本的电脑办公操作。2016年开始，又尝试网购农资、农具和日用物品。他比量和摆弄着养蜂的蜂箱，对我说：“这都是直接从网上发货过来，根本不用自己费事再安装。”

老姜毕竟是个案，不具有代表性。学术界曾有一波研究农业技术推广的热潮。普遍的看法是，农民接受新技术需要一个漫长的过程。转基因技术的争议且不去说了，即便是袁隆平的超级稻工程，实验数值已经突破了亩产2 000斤，而几十年来的国内外推广之路，往好里说也只能用“稳健”二字概括。

农民是风险厌恶型的生产者和消费者，对于新技术的应用一般是慎之又慎，因为农业是一个带有周期性的产业，汗滴禾下土，粒粒皆辛苦，却未必有付出就一定有回报，即便有回报也并不能立竿见影，这中间存在着巨大的风险和不确定性。老姜讲了一个故事：前些年当地政府号召种地瓜，结果一哄而上终至过剩滞销，最后农民把满地的地瓜摊在地上，你让农民冒险，出了问题农民只能找你报销。

互联网也是一种技术，农民对互联网的应用同样有一个漫长的观望和接受过程。对长期生活在经验世界中、通过生产生活的常识和直觉来做出日常判断和经济决策的农民来说，突然让他改变习惯，在触摸屏上指指点点就完成影响整个来年农业生产的农药化肥采购，这票生意确实大了点。

不少农村超市老板说，信息平台是不错，但大部分老百姓主要采购的仍然限于粮、油、纯净水、卫生纸“四大件”。而我们看到许多60岁以上的老年农民，倒是每天乐于来超市，如赵四、刘能一样除了在乡村信息站交换情报、对本村的地方性政治“参政议政”之外，就是坐在板凳上津津有味地看屏幕上滚动播放的商业广告或公益短片，有时竟也能一看半天，自得其乐。更多的情形则是到此打打麻将，在东北漫长的农闲时节消遣生活。所以，几乎每个农村超市总会摆几张麻将桌，那甚至是店主的主营收入，当然这些情节不可能出现在电视剧中。

互联网经济是消费社会下的一种体验经济，传统的农村社会则是一种封闭运行、规模有限的习俗经济。体验经济的生力军是年轻人，老年人少有体验的欲望，也提不起体验的兴趣。年轻人追逐时尚和品牌，老年人则无所谓，一瓶雪花膏够用大半年的。

电商和网购的确可以降低成本，却很难取代譬如说“赶集”这种习俗。消费社会剧烈地改造着整个商品世界的秩序，敦促每一件商品快速入场，再快速退场，加速折旧，互联网本身就是节省时间、压缩空间、为社会提速的重要媒介。而（山区）农村的生活节奏则是，早上四点多起床上山种参，在田林之中徜徉，夕阳西下回到家中，洗洗睡了是再自然不过的选择。没有消费的时空安排。所以农村需要集市，山里人每隔10天要出山赶集，这并非是一种憋了10天的饥饿营销“买买买”，而是一种极有必要的社会交往活动。走街串巷，逛逛亲戚，理个发，泡个澡，再买点东西，“山人自有妙计”。

农村本是天然的慢生活，一朝卷入现代化的涡轮，被裹挟着滚滚向前。农村是老年农业、妇女农业，外出务工的年轻人一批批留在城市，不再归来。青年人主导的城市转向了后现代，回过头来向农村要效率、要速度、要质量、要安全，还要乡愁。青年人指挥着老年人，要求他们尽快学习新技术，并适应这种新技术作为载体的互联网时代。我总怀疑这种“我都是为了你好”的可行性，它难道不是一种资源禀赋的错配、错置吗？

心有多远，却并不能走多远。心在天边，身在此地，根在农村。拔起头发并不能离开地球。阔起来的城市人陡然发现自己“手中有粮，心中不慌”的自信来源仍然要靠山沟沟里的老乡们。乡村于城市而言，依旧关系万千重。靠着机械化的推动，老年农业确实也勉力支撑了十几年的产量增长，增长成了常态，一旦稍有闪失，就动辄得咎。而机械化在山区根本派不上太大的用场。

老年人跟不上时代的步伐，技术落后、风险厌恶，你要改造他们，因为你自己不会回去，你又嫌他们太慢。这个改造会成功吗？有必要吗？也许需要整整一代人的彻底换血。想摆脱老人，又须臾离不开老人。从这个意义上说，年轻的城市对年老的乡村、青春创业对老龄农业继续保持着某种“啃老”状态。

四、“大脚超市”的出路，农村的出路

强行改造老年人的生活习惯，将城市化场景移植于农村，既不现实，也有点残忍。

那希望在哪？

此行发现了一个时髦的男性“谢大脚”。这位超市店主，40 岁出头，年轻时曾有过外出打工的经历。2008 年金融危机前后，城市经济开始不景气，工厂裁员，他返乡创业。2008 年这一轮返乡创业的能人，都很有故事，在《农村创业者老邓的故事》一文中也有过描述。

这位店主打工归来后，起初种经济作物。因为曾经沧海难为水，不愿种粮食作物，夫妻两人在技术上可以种一两百亩没有问题，也只有规模化才能有效益，但当地土地流转的传统非常弱，规模也偏小。搞设施农业种蔬菜瓜

果看似发财，其实很辛苦，夫妻两人弄十几二十亩，就累得不行。于是盘下了乡村超市做小买卖。

那几年网络购物刚刚兴起，但移动互联网还不见踪迹，只能通过电脑操作。作为村里最早安装互联网设备的家庭，他帮助村民网购，这种代购行为是无偿的，但也给自家超市积攒了人气。人们愿意来这里坐坐，一传十、十传百，口口相传，招揽了远近不少顾客。

前几年，村里地面上兴建一个大型的养牛场，建筑施工人员都是外来的，这些人见多识广，用惯了微信、支付宝等无现金移动支付方式，店主遂顺水推舟，令风气之先，成了远近闻名的较早实行扫码支付农村超市。外来建筑工人的消费示范效应，又影响本村的村民，他们开始从观望转向尝试，对互联网购物也从不敢接触、假手他人代购转向亲身体验，逐渐改变了购买习惯。

好事接踵而至，企业看中了他，想要找到撬动农村消费、进入农村社区的支点。店里安装了完备收付账系统、邮掌柜一体机系统，从超市监控、进出货数据记录，到账款结清实时联网和数字化。店主还建了自己的微信群，定期发布商品推荐信息和代购信息。

要知道，K 县的很多村，通讯还是基本靠吼，微信的使用并不普及，更不消说建群。而一个村庄以超市而不是村委为中心，建立起一个微型的社交网络，沟通上下，这本身就是很值得观察的一桩新事。群的需求是生活化的，而我们的很多群则是工作化的，以工作统领生活、侵入生活，那样的群“生不如死”，反倒是这位店主的建群方略，来得更为自然，也水到渠成。

在辽东 K 县这样老龄化较为严重的山区农村，要实现互联网技术的下乡并与乡村经济形态、社会结构和文化传统充分耦合，要有足够的耐心和充分的心理准备。根本上说，需要时间完成农村的代际更替，需要外部力量的注入和职业农民的兴起，这与近年来在农村基本经营制度改革完善过程中普遍发生的以家庭农场为代表性的新型农业经营主体，通过土地流转，渐近地达到适度规模，逐步地改变小农经营的结构，是同一个道理，非如此很难激发乡村的活力。

这样说似乎有些悲观，但如果否认这一根本路径，头疼医头、脚疼医脚地另起炉灶、大干快上，纯粹靠行政命令去一厢情愿地推动，最终很可能只是自娱自乐，打造一批“僵尸”平台，造就一片虚假繁荣。

（注：参加本次调查的有上海财经大学本科生刘雨樵、章程程、乔中恒、郭乃旗、唐莺杰、王琨、何金阳、李潇扬、李婉箐、宋爱萍十位同学，在此一并表示感谢。）

（作者：曹东勃）

后　记

上海财经大学千村调查项目自2008年创立之初，即得到新闻媒体的广泛关注和大力支持。历经十年寒暑，各媒体的新闻工作者秉持高度的责任感，热情投入、施展才华，通过报刊、网络等不同媒介精心采编了大量的新闻报道。他们用生动的笔触形象勾勒学校师生“从教室走向田野”，以真挚的情感深入挖掘背后的动人故事，从不同角度及时呈现项目研究成果和人才培养经验，为项目的不断完善发展提供了强大的精神动力和舆论支持。学校与多家媒体建立合作机制、保持良好互动，一直追踪报道千村调查项目的各位新闻工作者也积极出谋划策、贡献智慧，提出了若干建设性意见。在大家的共同努力下，千村调查项目的社会影响力得到持续提升，逐步发展成为国内一个重要的社会调查品牌，也正是上财人秉承“厚德博学，经济匡时”之校训精神，服务社会发展的有力印证。

在千村调查项目开展十周年之际，特将相关新闻报道编辑成册以兹纪念。在此也向参与千村调查项目报道的各新闻媒体和新闻工作者致以诚挚的感谢！

千村调查项目即将开启新的征程，上海财经大学即将迈入新的百年，学校的各项事业发展，离不开各新闻媒体的再关注、再支持！我们热切地希望社会各界继续关心和支持学校的建设发展！共同见证上财人励精图治、奋发进取，为成为国际知名、具有鲜明财经特色的高水平研究型大学而努力！